中国法院2023年度案例

国家法官学院　最高人民法院司法案例研究院 / 编

知识产权纠纷

中国法制出版社
CHINA LEGAL PUBLISHING HOUSE

《中国法院2023年度案例》通讯编辑名单

刘晓虹　北京市高级人民法院
王　凯　北京市高级人民法院
董　扬　天津市高级人民法院
童若涵　河北省高级人民法院
崔铮亮　山西省高级人民法院
杨智勇　内蒙古自治区高级人民法院
周文政　辽宁省高级人民法院
苏　浩　吉林省高级人民法院
王　妍　黑龙江省高级人民法院
牛晨光　上海市高级人民法院
缪　芳　江苏省高级人民法院
左一凡　江苏省高级人民法院
谷昔伟　江苏省南通市中级人民法院
宋婉龄　江苏省无锡市中级人民法院
杨　治　浙江省高级人民法院
李　波　浙江省高级人民法院
刘伟玲　安徽省高级人民法院
杨　宇　福建省高级人民法院
章光园　江西省高级人民法院
李　宁　山东省高级人民法院
张　琦　河南省高级人民法院
宋淼军　湖北省高级人民法院
黄　娅　湖北省宜昌市中级人民法院
唐　竞　湖南省高级人民法院
李　雪　广东省高级人民法院
邹尚忠　广西壮族自治区高级人民法院
韦丹萍　广西壮族自治区高级人民法院
李周伟　海南省高级人民法院
闫帅锋　重庆市高级人民法院
任　梦　四川省高级人民法院
杨俊杰　云南省高级人民法院
石　瑾　云南省昆明市中级人民法院
伍席芳　贵州省高级人民法院
余长智　贵州省贵阳市中级人民法院
王丽萍　西藏自治区高级人民法院
郑亚非　陕西省高级人民法院
张旦旦　甘肃省高级人民法院
王　晶　青海省高级人民法院
康　莹　宁夏回族自治区高级人民法院
石孝能　新疆维吾尔自治区高级人民法院
吉　雄　新疆维吾尔自治区高级人民法院生产建设兵团分院

序

法治是治国理政的基本方式，司法是法治体系的重要基石。党的二十大报告指出，要坚持走中国特色社会主义法治道路，建设中国特色社会主义法治体系、建设社会主义法治国家。加快建设公正高效权威的社会主义司法制度，努力让人民群众在每一个司法案件中感受到公平正义。人民法院始终坚持以习近平新时代中国特色社会主义思想为指导，深入学习贯彻习近平法治思想，围绕“公正与效率”这一主题，践行新时代能动司法理念，把加强司法案例研究作为加快建设公正高效权威社会主义司法制度，坚持为大局服务、为人民司法的重要途径，通过发布具有普遍指导意义的典型案例，统一法律适用，提高审判质效，提升司法公信力，努力让人民群众在每一个司法案件中感受到公平正义。

“中国法院年度案例系列”丛书，是国家法官学院和最高人民法院司法案例研究院精选全国各高级人民法院每年选送的优秀案例，深入挖掘典型案例内在价值编辑的实用精品丛书，旨在总结提炼典型案例的裁判规则和裁判方法，发挥司法规范、指导、评价、引领的重要作用，大力弘扬社会主义核心价值观，增强全民法治意识和法治素养，展现新时代我国司法领域新发展、新成就。

本丛书自2012年编辑出版以来，已连续出版12年，每年年初出版，受到读者广泛好评。本丛书出版之初有15个分册。近年来，为顺应审判执行实践需要，更加全面反映我国司法审判执行工作的发展进程，响应读者需求，2014年度新增金融纠纷、行政纠纷、刑事案例3个分册，2015年度将刑事案例调整为刑法总则案例、刑法分则案例2个分册，2016年度新增知识产权纠纷分册，2017年度新增执行案例分册，2018年度将刑事案例扩充为4个分册，2022年度将土地纠纷（含林地纠纷）分册改为土地纠纷（含环境资源案例）分册。在全国各级人民法院的大力支持下，丛书编委会现编辑出版《中国法院2023年度案例系列》丛书，共23个分册。

“中国法院年度案例系列”丛书以开放务实的态度、简洁明快的风格，追求“好读有用”，主要体现出以下特色：一是选编案例来源广泛、时效性强。

国家法官学院和最高人民法院司法案例研究院每年通过各高级人民法院汇集全国范围内上一年度审结生效的典型案例近万件，使该丛书有广泛的精选基础，可及时、定期提供全国范围内新近发生的多种类型的新型、疑难案例。二是由法官释理说法，全方位深度挖掘案例价值。大多数案例由主审法官撰写“法官后语”，深入阐释案例的裁判思路和相关考量，充分发挥典型案例在司法裁判、类案参考、法学研究、行为指引、宣示教育等方面的价值，力求引发读者的共鸣与思考，为读者提供借鉴和启迪。三是编排依次以案由和法律适用问题为序，方便读者检索。丛书充分体现“以读者为中心”的理念，每册内容主要根据案由分类编排，每个案例主要围绕法律适用问题，用一句话精要概括裁判规则、裁判思路或争议焦点，以其作为主标题，让读者能一目了然，迅速找到所检索的目标案例。四是注重裁判文书再加工，高度提炼案例内容。案例编写突出争议焦点以控制篇幅，剔除无关信息，尽可能在有限的篇幅内为读者提供更多与争议焦点、所查类案相关的有效、有益信息。

中国法制出版社始终全力支持“中国法院年度案例系列”丛书的出版，给了作者和编辑们极大的鼓励。2023年，这套丛书将继续提供数据库增值服务。购买本书，扫描前勒口二维码，即可在本年度免费查阅往年同类案例数据库。我们在此谨表谢忱，并希望通过共同努力，逐步完善，做得更好，真正探索出一条编辑案例书籍、挖掘案例价值的新路径，更好地服务司法审判高质量发展、服务法治社会建设、服务学习研究法律的读者。

“中国法院年度案例系列”丛书既是法官、检察官、律师等法律工作者的办案参考和司法人员培训的实用教材，也是社会大众学法用法的经典案例读本，同时是教学科研机构与人员从事案例研究的良好系列素材。当然，案例作者和编辑在编写、编审过程中也难以一步到位实现最初的愿望，客观上会存在各种不足甚至错误，欢迎读者批评指正。我们愿听取各方建议，不断拓宽深化司法案例研究领域，立足新发展阶段，推动实现中国特色司法案例事业的高质量发展。

国家法官学院

最高人民法院司法案例研究院

2023年5月

目　录

Contents

一、知识产权合同纠纷

二、知识产权权属、侵权纠纷

（一）著作权权属、侵权纠纷

（三）专利权权属、侵权纠纷

（四）侵害企业名称（商号）权纠纷

三、不正当竞争纠纷

四、商标行政纠纷

一、知识产权合同纠纷

1

特许经营合同所涉“两店一年”、备案规范属行政法规的管理性强制性规定，其条件满足与否不影响合同效力的认定

——肖某章诉乙果业公司特许经营合同案

【案件基本信息】

1. 裁判书字号

湖南省高级人民法院（2021）湘知民终523号民事判决书

2. 案由：特许经营合同纠纷

3. 当事人

原告（上诉人）：肖某章

被告（被上诉人）：乙果业公司

【基本案情】

案外人甲果业公司注册成立于2013年4月9日，有两家直营店。该公司于2014年1月10日创作完成并首次发表了“果××店面装潢照片”美术作品，并获得了《作品登记证书》；于2014年10月14日注册了“果××”文字商标，核准使用商品含广告、广告宣传、替他人推销、替他人采购（替其他企业购买商品或服务）等；于2014年12月7日注册了“果××”文字商标，核准使用商品

含新鲜水果、新鲜浆果等，前述商标均处于有效期内。为拓展衡阳市“果××”品牌特许经营活动，甲果业公司在衡阳市投资注册成立了乙果业公司，并授权乙果业公司于2018年4月6日至2023年4月5日在衡阳市区域内有权使用（含转授权）其持有的前述美术作品及“果××”注册商标专用权。

乙果业公司（甲方）与肖某章（乙方）分别于2018年1月21日、2月1日、5月7日签订了三份《商业特许经营合同》，合同主要内容为：乙方通过多方了解、考察，自愿加盟到甲方。甲方同意乙方根据本合同约定的条款和条件，授予乙方在注册地址（衡阳市）设立并经营加盟店，在加盟店中使用“果××”商标，并只能按约定的范围和方法使用。乙方在本合同签订时一次性向甲方支付平台授权费、品牌许可费、服务费（包含设计费、陈列指导费、培训费和开业指导的费用）人民币50000元。肖某章向乙果业公司支付三份合同平台授权、品牌许可、服务等费用共计150000元。此后，肖某章在乙果业公司的指导下于2018年3月5日、4月27日、5月15日开设了“果××”加盟的第7号店、第18号店、第23号店。肖某章认为乙果业公司缺乏特许经营资质，又于2018年7月转让第23号店，同年9月转让第7号、第18号店。

另查明，2021年4月20日甲果业公司出具《情况说明》，认可肖某章与乙果业公司双方在此前签订的《商业特许经营合同》及肖某章有权使用“果××店面装潢照片”美术作品和“果××”注册商标。

【案件焦点】

1. 乙果业公司是否遵守了《商业特许经营管理条例》（以下简称《条例》）中“两店一年”和备案有关规定及是否导致特许经营合同无效；2. 涉案特许经营合同是否应予解除及责任如何承担。

【法院裁判要旨】[①]

湖南省衡阳市中级人民法院经审理认为：根据《条例》的规定，商业特许

① 本书【法院裁判要旨】适用的法律法规等条文均为案件裁判当时有效，下文不再对此进行提示。

经营，是指拥有注册商标、企业标志等经营资源的企业，以合同形式将其拥有的经营资源许可其他经营者使用，被特许人按照合同约定在统一的经营模式下开展经营，并支付特许经营费用的经营活动。因此，乙果业公司以合同形式许可肖某章在其店铺中使用“果××”商标并按“果××店面装潢”装饰店铺开展统一经营，该合同已符合前述基本特征，属于商业特许经营合同。

经审查，《条例》第七条规定主要要求特许人应具备成熟的经营模式和指导被特许人开展经营活动的能力，目的是保障特许经营行业的稳定健康发展。经查询，甲果业公司已按规定备案，可以跨省从事特许经营活动，并且开设两家直营店，满足了《条例》规定的“两店一年”及备案条件。乙果业公司是甲果业公司的控股公司，其已获得相应授权并可转授权，可以实施相应特许经营活动。另，《条例》第七条第二款规定属于行政法规的管理性强制性规定，不影响合同的效力。同理，前述备案规定亦如此。特许经营人是否满足“两店一年”及经营备案条件，不必然导致解除合同的后果。特许经营合同的一方当事人未按约定履行合同致使合同根本目的难以实现的，双方当事人可以根据法律规定解除合同。肖某章在乙果业公司指导下开设加盟店并利用其经营资源已进行正常经营，双方已按照约定履行合同主要义务，合同目的亦已实现。肖某章主张解除涉案合同并要求乙果业公司返还“平台授权费”的事实及理由不能成立，依法应予驳回。

湖南省衡阳市中级人民法院依照《最高人民法院关于适用〈中华人民共和国民法典〉时间效力的若干规定》第二十条，《中华人民共和国合同法》第八条、第九十四条、第九十六条，《中华人民共和国民事诉讼法》第六十四条第一款之规定，判决如下：

驳回肖某章的诉讼请求。

肖某章不服一审判决，提起上诉。

湖南省高级人民法院同意一审法院的裁判意见，判决如下：

驳回上诉，维持原判。

【法官后语】[①]

随着国家知识产权战略的实施，以知识产权许可为核心的商业特许经营活动伴随我国经济高速发展而迅猛增长，特许经营合同纠纷也越来越多。本案属于特许经营合同纠纷，审理的难点在于特许人是否遵守《条例》中“两店一年”和备案有关规定的效力认定，以及被特许人是否享有任意解除权的问题。

一、是否符合“两店一年”规定对判定特许经营合同效力的影响

强制性规范根据对合同效力的影响可分为效力性强制性规范和管理性强制性规范。具体而言，违反效力性强制性规范时会导致合同无效的结果发生；违反管理性强制性规范时，则需依据具体法律规定对合同效力进行评判。

《条例》第七条规定，特许人从事特许经营活动应当拥有至少2个直营店，并且经营时间超过1年，即简称“两店一年”规定。虽该条例中规定特许人从事特许经营应满足前述条件，但未满足前述条件是否必然会导致特许经营合同无效呢？这需要对前述规定的性质予以判定。首先，该条例第二十四条已经规定了，特许人不具备“两店一年”的条件由商务主管部门责令改正，没收违法所得以及罚款；其次，该规定不涉及对公共利益的侵害；再次，该规定是国家有关部门对特许人进行特许经营行为的经营条件限制，是为便于行政管理；最后，该规定属于行政法规的管理性强制性规定，特许人不具备前述条件，并不必然导致特许人与被特许人签订的特许经营合同无效。故“两店一年”的规定属于管理性强制性规范。因此，本案中乙果业公司不具备“两店一年”条件，也不必然导致其与肖某章之间的特许经营合同无效。

二、特许经营合同是否备案对判定特许经营合同效力的影响

《条例》《商业特许经营备案管理办法》均规定特许人与被特许人自首次订立特许经营合同之日起15日内应向备案机关申请备案。未按规定期限备案是否影响特许经营合同的效力，亦应对前述关于备案的规定性质予以判定。我们认为，该备案规定属管理性强制性规范。理由如下：其一，该规定主要功能是便

---

① 本书【法官后语】对此类法律问题涉及的法律法规等内容进行了时效性更新，下文不再对此进行提示。

于商务主管部门掌握特许经营情况并对特许经营活动进行规范和监督；其二，《条例》规定，特许人违反备案规定，主管部门责令限期备案、罚款、公告等行政处罚措施；其三，《北京市高级人民法院关于审理商业特许经营合同纠纷案件适用法律若干问题的指导意见》（以下简称《北京高院指导意见》）第七条第二款亦规定，特许人未及时向商务主管部门备案的，一般不影响特许经营合同的效力。因此，本案中乙果业公司违反备案规定不必然导致涉案特许经营合同无效。

三、被特许人是否享有任意解除权

《条例》第十二条规定，特许人和被特许人应当在特许经营合同中约定，被特许人在特许经营合同订立后一定期限内，可以单方解除合同，即被特许人在一定期限内享有任意单方解除权。我们认为，该单方解除权不受合同约定限制。一方面，该规定是为了保护弱势方，平衡双方的缔约能力，参照《中华人民共和国消费者权益保护法》第二十五条关于冷静期的规定；另一方面，《北京高院指导意见》第十八条第二款规定，未约定的，被特许人在特许经营合同订立后的合理期限内仍可单方解除合同，但被特许人已经实际利用经营资源的除外，同时该资源也应限定为该特许人在商业活动中拥有经营优势的核心经营资源。

本案中，肖某章已经利用乙果业公司的经营资源开设三个加盟店且已转让，作为守约方的乙果业公司的合法权益应当受到保护，肖某章不享有任意单方解除权，在其未能举证证明合同存在其他解除合同事由的情况下，其诉请不应得到支持。

编写人：湖南省衡阳市中级人民法院　张武　谭云鹏

2

对特许经营合同性质的把握应采取实质性认定原则

——杨某诉餐饮公司特许经营合同案

【案件基本信息】

1. 裁判书字号

北京知识产权法院（2021）京73民终1296号民事判决书

2. 案由：特许经营合同纠纷

3. 当事人

原告（被上诉人）：杨某

被告（上诉人）：餐饮公司

【基本案情】

2019年11月28日，餐饮公司（甲方）与杨某（乙方）签订《服务协议书》及《项目标识使用协议》各一份。《服务协议书》中约定“本合同指导培训服务包括经营管理、操作流程、物品采购、设备使用等方面的理论指导及技术实操培训；甲方为乙方从业人员提供3至4名培训名额进行餐饮技术等相关方面的培训，同时根据乙方的实际需求，提供有偿技术带店、有偿运营带店以及有偿店面管理等服务；甲方提供设备及材料、指导培训方面的服务与建议，是否采纳由乙方自行决定，同时甲方不干预或参与乙方的经营活动，亦不对乙方的经营体系、财务管理体制、经营管理体制、生产服务程序、员工服装、经营口号、经营理念等各项内容具有任何控制力”。《项目标识使用协议》中约定“就甲方授权许可乙方使用其餐饮项目相关标识用于经营餐饮店面等相关事宜，双方经友好协商订立本合同；餐饮项目名称：××甜蜜；项目许可使用方式：普通许可；甲方许可乙方使用项目标识的范围仅限于山东省济南市历下区（具体以乙方申请的企业工商登记住所地为准）代理餐饮项目；未经甲方同意，乙方不得使用甲方项目标识跨越合作区域范围从事本协议指定项目或其他项目的经营；合同在终止或解除后，乙方不得以任何理由再使用‘××甜蜜’名称，并立即拆除乙方原有带标识字样等一切含甲方名称的装饰用具、店面装修、灯箱宣传品等；甲方仅提供项目标识普通许可使用与指导培训方面的服务与建议，是否采纳由乙方自行决定”。

合同签订后，杨某向餐饮公司支付培训服务费 15 万元。杨某主张餐饮公司此后未向其发送相应设备，亦未提供培训，故诉至法院要求解除合同、退还服务费并支付违约金。餐饮公司主张双方之间是技术服务及品牌标识使用许可关系，并非特许经营关系，并主张因杨某未选址、未提供收货地址且未提出培训申请，因此未发送设备和提供培训。

【案件焦点】

1. 双方签订的《服务协议书》及《项目标识使用协议》是否属于特许经营合同性质；2. 餐饮公司的行为是否构成根本违约。

【法院裁判要旨】

北京市丰台区人民法院经审理认为：关于争议焦点一，《服务协议书》及《项目标识使用协议》的合同目的系杨某在餐饮公司的指导下，使用餐饮公司的相关经营资源，开展“××甜蜜”餐饮项目的经营；两份合同的内容包括餐饮公司提供杨某经营资源、杨某缴纳费用、杨某可按照餐饮公司的统一经营模式进行经营等，可以看出合同内容相互补充，共同体现了特许经营合同的基本特征；同时，杨某是基于餐饮公司能够提供上述经营资源及统一经营模式的指导从而愿意支付合同对价并承担相应的合同义务。因此《服务协议书》及《项目标识使用协议》的合同性质应统一认定为特许经营合同。关于争议焦点二，根据已查明的事实，杨某向餐饮公司支付服务费后，餐饮公司始终未向杨某提供设备和培训等服务，致使杨某合同目的无法实现。餐饮公司辩称杨某未向其提出培训申请和提供发货地址，但双方签订的《服务协议书》上已经载明了双方地址，餐饮公司发货并不存在障碍，且餐饮公司亦未提供相应证据证明其积极主动与杨某就培训及发货事宜进行了联系，故该辩称理由依据不足，杨某有权行使合同解除权。餐饮公司的行为构成违约，应当承担相应的违约责任。

北京市丰台区人民法院依照《中华人民共和国合同法》第九十四条第（四）项、第九十六条、第九十七条、第一百零七条、第一百一十四条，《商业特许经营管理条例》第三条，《全国人民代表大会常务委员会关于授权最高人民法院在部分地区开展民事诉讼程序繁简分流改革试点工作的决定》之规定，判决如下：

一、确认杨某与餐饮公司于2019年11月28日签订的《服务协议书》及《项目标识使用协议》于2020年9月30日解除；

二、餐饮公司于判决生效之日起十日内返还杨某培训服务费15万元；

三、餐饮公司于判决生效之日起十日内给付杨某违约金7000元；

四、驳回杨某的其他诉讼请求。

餐饮公司不服一审判决，提起上诉。

北京知识产权法院同意一审法院的裁判意见。

【法官后语】

根据《商业特许经营管理条例》第三条的规定，特许经营具有如下特点：一是特许人拥有商标、专利、专有技术等经营资源，并通过合同方式授权被特许人使用；二是被特许人在使用特许人的经营资源开展经营活动的过程中，需要按照合同约定的统一的经营模式来进行；三是被特许人需要按照合同约定向特许人缴纳特许费用。需要说明的是，当事人可以在特许经营合同中直接约定特许经营费用，也可以通过货款返点、盈利提成、服务费等形式约定特许经营费用。

具体到本案中，双方签订的《服务协议书》及《项目标识使用协议》具有统一合同目的，两份合同的内容也共同体现了特许经营的基本特征。即餐饮公司向杨某提供经营管理、操作流程、物品采购、设备使用方面的指导培训服务，授权杨某使用“××甜蜜”项目标识，上述服务及标识均为餐饮公司具有的能够形成某种市场竞争优势并可以授权他人使用的经营资源，杨某按照合同约定向餐饮公司缴纳特许费用。虽然《项目标识使用协议》中约定无须交纳使用费，但该约定系基于《服务协议书》中已经约定了服务费，在此基础上约定合同期限内项目标识许可不收取杨某费用。《服务协议书》约定餐饮公司向杨某提供包括经营管理、操作流程、物品采购、设备使用等方面的理论指导及技术实操培训在内的指导培训服务，杨某应当及时接收相应方案及文件，按照餐饮公司的要求参加相关培训；《项目标识使用协议》则约定餐饮公司许可杨某在其自营餐饮店面使用项目标识，杨某不得任意改变餐饮公司许可使用的相关项目标识的文字、图形或者其组合，不得超越许可的产品范围及地域范围进行使用。同时两份协议中均约定对于杨某没有严格执行餐饮公司提供的纠正通知的，餐饮公司有权解除合同。因此餐饮公司提供的指导培训服务及项目标识使用许可具有一定的统一化、规范化、标准化特征，符合统一的经营模式特点。虽然涉案《服务协议书》及《项目标识使用协议》均约定餐饮公司仅提供项目标识普通许可使用与指导培训方面的服务与建议，是否采纳由杨某自行决定，且餐饮公司不干预或参与杨某的经营活动，亦不对杨某的经营体系、财务管理体制、经营管理体制、生产服务程序、员工服装、经营口号、经营理念等各项内容具有任何控制力，但杨某作为被特许人，是基于餐饮公司能够提供上述经营资源及统一经营模式的指导而愿意支付合同对价并承担相应的合同义务，并利用餐饮公司的经营资源按照统一经营模式进行经营，符合特许经营合同关于被特许人按照合同约定在统一的经营模式下开展经营这一特征。因此，涉案两份协议仍符合特许经营合同的性质。

特许经营合同案件的审判实践中，经常遇到特许人为规避责任，利用优势地位在与被特许人签订的合同中约定“双方合作不属于特许经营”“我方仅提供项目运行方面的服务与建议，是否采纳由对方自行决定”等内容。判断双方合同是否属于特许经营性质，应当根据特许经营的上述特点，从合同的整体内容进行分析。

编写人：北京市丰台区人民法院　俞凯欣

二、知识产权权属、侵权纠纷

（一）著作权权属、侵权纠纷

3

短视频模板作品独创性的判断标准

——甲科技公司、乙科技公司诉丙科技公司、丁科技公司著作权侵权案

【案件基本信息】

1. 裁判书字号

杭州互联网法院（2020）浙0192民初8001号民事判决书

2. 案由：著作权侵权纠纷

3. 当事人

原告：甲科技公司、乙科技公司

被告：丙科技公司、丁科技公司

【基本案情】

A软件是一款视频编辑软件，为用户提供多种素材、音乐、特效等，协助用户自行对短视频进行编辑。乙科技公司是B软件的运营者。A软件由A软件

官方出品，经乙科技公司授权确认，由甲科技公司负责运营。2020 年 2 月 27 日，制作人“×宝”在 A 软件上发布了“为爱充电”短视频模板，用户可通过替换模板中的可更换素材形成自己的短视频。二原告经制作人授权取得相关著作权权利。同年 2 月 28 日，丙科技公司、丁科技公司在运营的 C 软件上上传了被控侵权短视频模板，用户可点击播放，也可替换素材嵌入模板进行编辑、下载及分享等。被控侵权短视频模板在 C 软件上以售卖会员等方式收费。二原告主张二被告侵害其信息网络传播权、复制权、改编权及汇编权，诉请二被告立即停止提供被控侵权短视频模板的在线播放及供用户使用、下载服务，并刊登声明消除影响、赔偿经济损失及合理费用 50 万元。二被告辩称涉案短视频模板使用的是公开元素，且时长较短，不具有独创性，不构成著作权法上的作品；两个短视频模板中作为核心要素的人物不同，两者不构成实质性相似，被诉行为不构成侵权。

【案件焦点】

1. 涉案短视频模板作品是否具有独创性；2. 涉案被诉行为是否构成侵权。

【法院裁判要旨】

杭州互联网法院经审理认为：第一，涉案短视频模板作品具有独创性。首先，涉案短视频模板创作过程中选择了 A 软件中已有的音乐、贴纸、特效等元素，判断其是否系独立完成应以该短视频模板与上述元素间是否存在能够被客观识别的差异为条件。本案制作者将上述元素进行选择与编排制作出的短视频模板与既有各个独立的元素存在客观明显的差异，且没有证据证明在发布前存在相似的短视频模板，故应当认定由制作者独立创作完成。其次，涉案短视频模板具有创作性，具体体现在剧情的安排和画面的组合上，其以“女生节表达爱意”为主题，在画面的组合上，以手机充电图标中粉红色电量不断升格的动画形象表达了爱情的升温。当“电量”满格后，背景图中原先朦胧的女生以清晰的图像显现，音乐随之高昂，彩虹、爱心、星星散花般迸出布满屏幕，产生类似“烟花爆炸”的特效以表达恋爱圆满后的幸福甜蜜。制作者根据想要表达的思想主题，选择合适的背景音乐、图片，再根据音乐的节奏搭配不同的贴纸、特效、滤镜、动画等元素，并结合主观需要协调多种元素的排列方式、大小、顺序和持续时间，具有独特的选择、安排与设计，充分体现了制作者的个性化表达。最后，涉案短视频模板的展现具备连续动态效果的表现形式，具备摄制在一定介质上，由一系列有伴音或者无伴音的画面组成，并且借助适当装置放映或者以其他方式传播的特性，故而认定其属于类电作品。第二，涉案被诉行为构成著作权侵权。被控侵权短视频本身亦属于短视频模板，其与涉案短视频模板相比，除可自由替换的两张人物图片外其他不可编辑部分基本相同，两者在整体上构成实质性相似。二被告在网络上传播被控侵权短视频，已构成对二原告作品信息网络传播权的侵害。

杭州互联网法院依照《中华人民共和国著作权法》第三条、第十条、第十一条、第四十八条、第四十九条，《中华人民共和国民事诉讼法》第六十四条之规定，判决如下：

一、二被告立即停止在C软件中提供涉案短视频模板的行为；

二、二被告共同赔偿二原告经济损失及合理费用合计4万元；

三、丙科技公司另行赔偿二原告经济损失及合理费用合计2万元。

判决后，双方当事人均未上诉，本判决现已生效。

【法官后语】

作品是著作权保护的起点。作品独创性的认定涉及创作者与公众之间的利益分配，划定的考量因素在于有利于作品的创作与传播。独创性的价值判断不仅是事实判断，亦是价值判断；其不仅体现法官个体的价值判断，同时应尽量追求公众普遍认同的公共价值。特定客体是否属于法定作品类型仍会因独创性标准的弹性而具有一定的解释空间。要妥善运用著作权权利的独创性的裁量标准，对于确有保护必要、有利于产业发展的客体，可以根据最相类似的作品类型给予保护，保护新兴产业发展壮大。短视频模板允许其他用户替换要素的特性增进了与网络用户之间的交流，丰富了公众的娱乐生活，在符合独创性标准时理应受到法律保护，同时我们需要对短视频保护时的独创性标准作出回答。

短视频模板本身属于短视频，其由创作者对图片、音乐、特效等各类元素进行编排形成短视频框架，并预留出可供其他用户进行替换的要素，方便用户替换后形成含有个人元素的短视频。其认定标准包括：一方面，短视频模板必须由作者独立创作完成，不能复制或剽窃他人作品；另一方面，短视频模板必须是作者创造性的智力成果，是作者思想或情感内容的表达，可以体现作者的个性。具体而言：第一，短视频模板时间的长短与创作性有无的判定没有必然联系，该模板能较为完整地表达制作者的思想感情，时长较短不影响创作性的判定。第二，从短视频模板的创作过程来说，一般需要首先选定想要表达的思想主题，奠定整个短视频的风格基调，其次寻找合适的背景音乐以及视频或照片，再根据音乐的节奏点搭配不同的文字、贴纸、特效滤镜、背景、亮度、对比度等元素，且多种元素的排列方式、大小、顺序、持续时间等均可根据主观需要自由协调。整个创作过程存在非常充分的智力创造空间。第三，在个性化表达的判断上，独创性标准取决于短视频模板行业本身的特点，素材的选择范围较小，个性中独有的差异，不是思想、意图或者是创作过程中的差异，是作品的最终形态与现有或同时产生的表达相比，是否存在可以识别的差异。从表达层面来看，短视频模板基本是由不同的既有素材排列组合而成的，因此素材的选择和编排方式应当视为判定其独创性的关键因素。就本案而言，如前所述，涉案短视频模板设定了5月20日“女生节”的主题，该模板前半部分由“手机充电”“手机时钟”“滑动解锁”等动画贴纸组成，后半部分加入转场特效、“爱心气泡”动画、背景音乐等创作元素，对于上述的素材的编排和组合已经足以体现作者的个性化表达，使整个短视频模板具备了独立的艺术美感，应当认定满足了作品独创性的要求。

在网络短视频爆发式增长背景下出现的短视频模板，属于互联网内容制作新产物。本案系侵害短视频模板著作权案件，涉及短视频模板能否得到著作权法保护、得到何种程度保护等新类型法律问题。法院根据相关领域著作权在作品特性、创作空间等方面的特点，充分考虑网络创新的需求和特点，合理确定作品独创性判断标准，划清了著作权范围与公共领域的界限，为规范短视频模板使用提供了行为指引，推动了短视频文化产业的健康有序发展。本案判决生效后，双方当事人参照判决对双方平台上的大量短视频模板进行了一揽子协商解决，取得了良好的社会效果。

编写人：杭州互联网法院　沙丽

4

美术作品实质性相似的司法认定标准

——甲文化传播公司诉乙文化传播公司著作权侵权案

【案件基本信息】

1. 裁判书字号

上海知识产权法院（2021）沪73民终535号民事判决书

2. 案由：著作权侵权纠纷

3. 当事人

原告（上诉人）：甲文化传播公司

被告（被上诉人）：乙文化传播公司

【基本案情】

甲文化传播公司系权利作品的著作权人。权利作品系主体部分为热气球、背景是绵延云朵的立体美术作品。甲文化传播公司曾于2017年10月16日售出印有权利作品的立体贺卡，于2019年2月12日完成作品登记。

乙文化传播公司系被控侵权图案的著作权人。被控侵权图案的主体部分为乙文化传播公司于2016年1月14日售出的彩色气球立体贺卡中的形象，该彩色气球于2018年4月27日完成作品登记，背景是绵延的云朵形象。被控侵权图案的相关立体贺卡最早于2018年9月4日售出，于2018年12月5日完成作品登记。

2020年11月11日，甲文化传播公司通过公证购买方式进行取证，主张被控侵权图案在空间布局、创意构思、折纸方式等方面与权利作品基本相同，乙文化传播公司侵害其就权利作品享有的复制权、发行权与改编权，要求其赔偿经济损失及合理费用支出共计20万元。

经比对，双方美术作品均系以一热气球为主体、两层云朵为背景、云朵上方漂浮热气球的立体贺卡，主体热气球、云朵等位置布局基本一致，细节表达差异包括：（一）权利作品主体热气球底座为正方形，外有纵横单线条纹路点缀，内有一男一女卡通人物，热气球连接绳从底座四角处往上提升，连接以五片圆形纸张纵横经纬交错形成的球体，球体上有镂空纹路。被控侵权图案主体热气球底座为正方形，外有纵横双线条纹路点缀，热气球连接杆镶嵌在框内，与底座的正方形框交错，连接以五片圆形纸张纵横经纬交错形成的球体。被控侵权图案主体热气球形成时间早于权利作品。（二）权利作品云朵前小后大，被控侵权图案云朵前大后小，另有四片蓝色小云朵飘在白色云朵之间，云朵形态不同。（三）权利作品与被控侵权图案的小热气球的表达方式不同，被控侵权图案另有眨眼微笑的太阳在前排左侧云朵之上。（四）权利作品展开面有平面镂空小气球及云朵，被控侵权图案展开面有镂空小鸟、小气球及云朵。两者平面镂空云朵及热气球表达方式不一。关于折纸方式，双方美术作品主体热气球均在卡片中心位置、以纵横经纬纸片形成可收缩状态，背景条形云朵均以一定角度对称排列以控制张合平整。

原告甲文化传播公司提出诉讼请求：1. 乙文化传播公司立即停止侵害美术作品的复制权、发行权及改编权；2. 乙文化传播公司赔偿经济损失及合理费用支出共计20万元。

【案件焦点】

1. 空间布局、创意构思、折纸方式相同是否构成侵权；2. 被控侵权图案与权利作品是否构成实质性相似；3. 被控侵权图案是否系以改变权利作品形成新的作品。

【法院裁判要旨】

上海市徐汇区人民法院经审理认为：

第一，著作权法的基本原则是不保护思想、技术方案和实用功能。立体贺卡中的美术作品为了实现展开达到三维视觉功能，即便具有一定的艺术美感，也无法与其实用性相分离，折纸方式属于技术方案和实用功能，不被著作权法所保护。乙文化传播公司也许在创作的过程中借鉴了权利作品中以热气球为主体、由连绵云朵作为背景的创意，但著作权法不保护思想。故甲文化传播公司主张权利作品的创意构思、折纸方式被侵害，于法无据。

第二，因受立体贺卡本身结构的限制和热气球升空状态这一物理事实，其表达方式有限，布局相似并不一定构成著作权法意义的实质性相似。热气球立体场景作为用于描述热气球升空后的图形作品，本身独创性空间较小，热气球、云朵、小鸟、太阳均是常见的创作元素。甲文化传播公司着重强调的图形的整体布局近似，但除了涉案图形中原属于乙文化传播公司所有的独立热气球作品之外，背景处的云朵和小热气球仅占整个图形的一部分。就该部分多处细节表达及整体效果均存有差别。主要包括：云朵和小热气球的形状、数量不同；卡片展开面其他区域的小热气球和云朵形状、数量、摆放位置也有较大差异。故两者不构成实质性相似。

第三，仅仅根据原作品的思想创作出新作品并非受改编权控制的行为，只有在保留原作品基本表达的情况下通过改变原作品创作出新作品，才是著作权法意义上的改编行为。被控侵权图案除构思与权利作品相近外，每一个元素都有其独特的表达方式，并未构成原作品的改编。

上海市徐汇区人民法院依照《中华人民共和国著作权法》第三条第四项、第十条第五项、第六项、第十四项、《最高人民法院关于审理著作权民事纠纷案件适用法律若干问题的解释》第十五条之规定，判决如下：

驳回甲文化传播公司的全部诉讼请求。

甲文化传播公司不服一审判决，提起上诉。

上海知识产权法院依照《中华人民共和国民事诉讼法》第一百七十条第一

款第一项之规定，判决如下：

驳回上诉，维持原判。

【法官后语】

在著作权侵权纠纷案件的司法实践中，判定被诉侵权作品是否使用了权利作品，普遍适用“接触+实质性相似”规则。“接触”的事实相对容易认定，美术作品“实质性相似”的整个判断过程带有主观色彩。我国司法实践普遍可以归纳为两个步骤：一是限定美术作品受保护的范围，这包括排除不被保护的思想与过滤公有领域的创作元素；二是具体比对。

一、区分美术作品的思想与表达

著作权法只保护思想的具体表达，而不保护思想本身。在判定两幅美术作品是否构成实质性相似时，首先需要区分两者的相似之处属于思想还是表达，所采用的手法、构思、创意、风格等均不属于表达的范畴。合理适度地借鉴或模仿前人作品的元素，再进行新的创作是被允许的，如过大扩张原告作品的保护范围，将妨碍他人的创作自由。在司法实践中，对美术作品需要在个案中结合双方作品的内容和创作手法的异同情况来划定思想与表达的界限。本案甲文化传播公司主张权利作品的创意构思被侵权，就属于未划分美术作品的思想与表达。

二、过滤公有领域的创作元素

著作权法中的公共领域，就是著作权法中不受著作权保护的方面，该定义划定了社会公众可以自由利用的范围。现代文化创作、技术创新，传承着前人的智慧结晶，是站在巨人的肩膀上发展起来的，属于公有领域的表达不能被个人所独占。但应该避免所有公有元素一律被排除，一是美术作品涉及的公有元素是否有新的表达空间；二是对公有元素的选择和排列本身也是独创性的体现。本案中，热气球立体场景作为用于描述热气球升空后的图形作品，本身独创性空间较小，热气球、云朵、小鸟、太阳均是公有领域的创作元素，判断是否侵权应当过滤这些元素的简单表达，但对这些元素有进一步创作并排列组合的美术作品，均应当进行保护。

三、抽象观察与整体观察相结合综合判断

我国司法实践中适用较多的是“抽象观察法”和“整体观察法”这两种方法。“抽象观察法”采用解构主义的方法，“整体观察法”则不将作品拆分，而是侧重于整体视觉效果。具体案件中，不必囿于具体比对方法的模式，可采各家之长。如果两件美术作品多要素达到实质相似，但整体给一般理性大众的感觉完全不同，那一定是在表达创新上达到突破；反之，如果两件美术作品让一般大众感觉很相似，但是仔细分析其细节要素又不构成相似，不能仅凭大众的感觉就认定其实质相似，而忽略其在美术要素中的创新。本案中被控侵权美术作品初见便让一般大众感觉与原告主张的权利作品很相似，容易让人忽略了这两件美术作品各自在美术元素的表达上都有创新之处，这也是原告不服判决坚持上诉的原因。总而言之，既注重细节的处理，也考虑整体特征，将两种方法结合适用更具说服力。

编写人：上海市徐汇区人民法院　张冬梅

5

实用工艺品的著作权保护

——许某扬诉照明公司著作权侵权案

【案件基本信息】

1. 裁判书字号

广东省中山市中级人民法院（2020）粤 20 民终 5039 号民事判决书

2. 案由：著作权侵权纠纷

3. 当事人

原告（被上诉人）：许某扬

被告（上诉人）：照明公司

【基本案情】

2016年3月31日，广东省版权局向许某扬颁发了作品著作权登记证。该著作权作品登记证书载明：作品名称为合金纹饰摆饰瓶，作品类别为F美术，作者为许某扬，著作权人为许某扬，作品首次出版和制作时间为2015年4月2日。

2020年1月2日，许某扬向广东省深圳市公证处申请保全证据公证。2020年1月6日，该公证处出具公证书对上述过程予以证明。2020年1月3日，许某扬的委托代理人邱某来到深圳市公证处申请网页保全证据公证。2020年1月7日，该公证处出具公证书对上述操作计算机及打印页面所得内容的客观记载过程予以证明。诉讼过程中，拆封上述公证封存物品（粘贴公证处封条的纸箱），内有一个海棠花瓶造型的台灯底座及灯座垫。

经比对，许某扬认为被控侵权产品与许某扬主张权利的涉案作品相同，两者整体造型、元素的数量及分布、小鸟位置、外观颜色等基本一致，仅简单增加了灯罩及底座。照明公司确认被控侵权产品系其销售。

照明公司主张案外人宋某莲授权其生产被控侵权产品，提供了外观设计专利证书复印件。该证书载明外观设计名称为台灯底座（SY-6026），专利申请日为2019年3月15日。附图为水仙花造型台灯底座。照明公司主张进货渠道为五金饰品厂，提供了送货单、聊天记录、视频为凭。许某扬对上述证据不予确认。照明公司于2015年12月9日成立，系有限责任公司（自然人独资），经营范围为生产、加工、销售：照明灯具、灯用电器附件及其他照明器具。许某扬主张自己起诉照明公司的著作权侵权纠纷案件共计三件，本案公证费为1000元、购买产品费用为740.19元。本案海棠花造型花瓶出售价为2310元。

许某扬向一审法院提出诉讼请求：1. 照明公司立即停止一切侵权行为，包括但不限于停止侵害涉案著作权的复制权、发行权及网络传播权，立即停止制造、销售、许诺销售侵权产品，销毁库存的侵权产品及相关的生产侵权产品的专用模具、销毁并删除侵权产品图片、拍摄底片、相关资料及网页中展示的侵权产品图片；2. 判令照明公司消除影响，在《中国知识产权报》上刊登一期道歉声明，并承担由此产生的费用；3. 判令照明公司赔偿许某扬的经济损失人民币200000 元；4. 判令照明公司承担本案的全部诉讼费用并向许某扬支付办理本案的合理支出，包括产品购买费 740.19 元，公证费 1000 元、律师费 25000 元。

【案件焦点】

照明公司是否侵犯了许某扬的著作权。

【法院裁判要旨】

广东省中山市第二人民法院经审理认为：本案中，首先，根据许某扬提交的作品著作权登记证，许某扬诉请保护的涉案作品为合金纹饰摆饰瓶，属于实用工艺品，涉案作品的实用性部分和展示艺术美感的部分，在观念上可以分离，即使对艺术设计部分加以改变，也不会影响其实用功能；其次，涉案作品通过艺术构思、要素组合、整体布局及色彩安排等使其创作具备了艺术美感，故涉案作品属于《中华人民共和国著作权法》保护的美术作品。在本案未有相反证据的情况下，本院确认许某扬为涉案的摆饰瓶美术作品的著作权人。

照明公司是否侵犯了许某扬的著作权。许某扬的涉案作品于 2015 年创作完成并进行著作权登记后，将其美术作品以展会展览、市场销售等形式公开发表。照明公司作为灯饰产品经销商，在参展会议或在市场接触到许某扬美术作品的可能性较大。照明公司销售的被控侵权产品与许某扬享有著作权的涉案作品均为摆饰瓶，两者在整体的设计、装饰花纹图案、形状及各元素的构图、色彩安排等均相同，与许某扬提交的作品著作权登记证反映的涉案作品基本一致，故本院认定两者构成相同。在作品构成实质性相似且存在接触著作权人作品可能性的情况下，本院认为，照明公司在网店上销售与许某扬享有著作权的涉案作品相同的被控侵权产品，已侵害了许某扬美术作品著作权中的发行权、信息网络传播权。关于照明公司提出的被控侵权产品有合法来源的抗辩是否成立的问题。本院认为，一是案外人宋某莲的外观设计专利证书为复印件，缺乏原件印制的真实性，即使该证书真实，但该专利证书仅指向水仙花一种产品，相关授权日期晚于许某扬权利作品登记日期。二是五金饰品厂的送货单即使真实，也仅能证明照明公司与该厂之间存在交易往来，但缺乏合同等相应证据佐证，照明公司提出的被控侵权产品有合法来源的抗辩不成立。

广东省中山市第二人民法院依照《中华人民共和国涉外民事关系法律适用法》第四十四条，《中华人民共和国著作权法》第三条第四项、第九条、第十条第一款第六项和第十二项、第四十八条第一项、第四十九条，《中华人民共和国著作权法实施条例》第二条、第四条第八项，《最高人民法院关于审理著作权民事纠纷案件适用法律若干问题的解释》第七条第一款、第二十五条第一款和第二款以及《中华人民共和国民事诉讼法》第六十四条第一款之规定，判决如下：

一、被告照明公司于判决发生法律效力之日起立即停止侵犯原告许某扬著作权的行为，即停止销售侵犯原告许某扬作品海棠花造型的合金纹饰摆饰瓶产品、删除在被告照明公司经营的网店网页上海棠花造型的合金纹饰摆饰瓶图片；

二、被告照明公司于判决发生法律效力之日起向原告许某扬赔偿经济损失及为制止侵权行为的合理费用共计 30000 元；

三、驳回原告许某扬的其他诉讼请求。

照明公司不服一审判决，提起上诉。

广东省中山市中级人民法院判决如下：

驳回上诉，维持原判。

【法官后语】

一、实用艺术作品保护的司法审查思路

通说认为，著作权法只保护思想的表达，不保护被表达的思想，因此，独创性通常是指表达的独创性，而非思想的独创性。对于一般美术作品而言，独创性体现作者对线条、形状、色彩及其组合的个性化选择以及变化，并进而形成有审美意义的平面或者立体的造型，也可以说，美术作品的艺术性来源于创作者对艺术、对美的理解，来源于创作者对线条、色彩、构图的个性化选择，美术作品艺术性的根本在于创作者个性的张扬。著作权侵权判断的规则是“接触+实质性相似”。许某扬诉请保护的涉案作品为合金纹饰摆饰瓶，属于实用美术工艺品。

根据实用艺术作品的特点及著作权法一般原理，受我国著作权法保护的实用艺术作品至少应当符合以下两个要件：一是艺术性与实用性能够相互分离。实用艺术作品一般是指具有实际用途或混合于某一实用物品之中的艺术作品，不同于其他种类的作品，实用艺术作品兼具实用性和艺术性。实用性体现实用功能，包含着实现实用功能的技术方案，属于思想范畴，相反艺术性则属于思想的表达，对于实用艺术作品而言，著作权法保护的是其艺术方面的独创性表达，而不保护其体现实用功能性的内容，否则将与著作权法的立法本意背道而驰。因此，当物品的实用性与艺术性在物理上或观念上可以分离时，包含于该物品中的艺术性表达，才可能属于受我国著作权法保护的对象。反之，如果该物品设计制作者的设计追求完全或者主要在于功能的实现，所谓的艺术性仅是在追求功能的过程中附带显示出来，而最终设计制作的物品其功能的实现和艺术美感的表达所依托的表现形式又具备同一性，对艺术美感的改变势必会影响功能的实现，则实用性和艺术性无法在物理上或观念上分离，该艺术性成分亦被归属于思想范畴而无法受到著作权法的保护。

二是作品必须具有独创性，体现一定高度的艺术美感，能够体现作者在美学领域的独特创造力和观念。也有观点认为，只要作品系作者独立创作完成，并体现出其某种程度的取舍、选择、安排、设计等个性，即应认为具有独创性，且此种独创性应为最低限度的创造性。

具体到本案中，涉案作品的实用性部分（摆饰瓶）和展示艺术美感的部分（摆饰瓶整体的艺术设计，包括设计的图案、形状、色彩及其组合等），在观念上可以分离，即使对艺术设计部分加以改变，也不会影响其实用功能；鉴于其价值主要通过实用功能予以体现，其艺术方面的独创性标准应高于一般美术作品，需具有相当高度的艺术美感，至少应使一般公众足以将其视为可供欣赏的艺术品而非单纯的实用工业制品。此外，实用艺术作品因其兼具实用性和艺术性，往往也可以申请外观设计专利进行保护，因著作权在权利取得、保护范围、有效期限等方面均具有明显优势，如在实用艺术作品的独创性高度判断上过于宽松，将导致无人愿意申请外观设计专利，进而导致专利法相关制度形同虚设，破坏工业产权保护体系的完整。基于此，亦有必要严格审查作为美术作品保护的实用艺术作品独创性要件。

本案中，涉案作品能够独立存在的艺术设计部分即摆饰瓶整体设计的图案、形状、色彩及其组合，呈现华贵生动的风格，体现了作者的选择、判断及其独特的个性，作品通过艺术构思、要素组合、整体布局及色彩安排等使其创作具备了艺术美感，故涉案作品具有独创性且系能以某种形式复制并具有审美意义的智力成果，属于《中华人民共和国著作权法》保护的美术作品。许某扬主张的美术作品中独创性部分是花瓶上的图案。将被诉侵权图案与许某扬权利作品进行比对，两者均是以树枝连接几朵海棠花，树枝从瓶身一路向瓶口延伸，并配以绿叶修饰，其中在枝干上部站立一只小鸟，比对的实质应为双方作品上的细节元素、颜色、表现层次以及整体布局是否构成实质相似，从比对结果而言，二者构成实质性相似。足以让普通之民众无法分辨两者的区别，进而产生误认两者为同一人所创作生产。许某扬作品首次发表于2015年4月2日，且将其作品以展会展览、市场销售形式公开发表，照明公司存在接触可能性，可推定照明公司接触了许某扬的权利作品。

二、合法来源抗辩的审查判断

本案中，被告照明公司辩称，被控侵权产品来源系案外人宋某莲授权给照明公司销售，相关产品系从案外人处进货，照明公司并未生产被控侵权产品。照明公司为此提交了案外人宋某莲的外观设计专利证书、五金饰品厂的送货单、视频、聊天记录等，以证明销售被控侵权产品是得到宋某莲合法授权及从五金饰品厂合法进货。对此，一审法院认为，一是案外人宋某莲的外观设计专利证书为复印件，缺乏原件印制真实性，即使该证书真实，但该专利证书仅指向水仙花一种产品，相关授权日期为2019年3月15日，晚于许某扬权利作品登记日期。二是五金饰品厂的送货单即使真实，也仅能证明照明公司与该厂之间存在交易往来，但具体交易的内容及是否包括被控侵权产品等情况，缺乏合同等相应证据佐证，且被控侵权产品上没有五金饰品厂的相关信息，故上述证据未能形成完整证据链证明被控侵权产品的来源。退一步来说，即使上述证据可以证明被控侵权产品的来源，照明公司作为专业经销灯饰产品的企业，其购进的被控侵权产品没有任何生产制造者信息，也没有附带标注生产制造者信息的外包装箱、使用说明、合格证等，不符合正规商品的形式，故其在购进、销售被控侵权产品时并未尽到合理的审查义务。综上，照明公司提出的被控侵权产品有合法来源的抗辩不成立。

二审中，照明公司虽然另行提交了订货合同、送货单、出仓单，但由于上述单据没有公司印章，三者之间不能形成一一对应关系。二审法院同样未予采信照明公司被控侵权产品有合法来源的抗辩理由。

编写人：广东省中山市中级人民法院　李世寅

6

游戏连续画面权属的认定

——计算机公司诉科技公司著作权侵权案

【案件基本信息】

1. 裁判书字号

广东省深圳市中级人民法院（2021）粤03民终2926-2929号民事判决书

2. 案由：著作权侵权纠纷

3. 当事人

原告（上诉人）：计算机公司

被告（上诉人）：科技公司

【基本案情】

计算机公司诉称，未经权利人许可，A软件用户“×夏”等擅自在A软件平台发布游戏视频内容，侵害其对涉案游戏及游戏画面享有的信息网络传播权；

并攀附涉案游戏知名度获取不正当利益，构成不正当竞争。科技公司与 A 软件用户构成共同侵权，依法应当共同承担赔礼道歉、赔偿损失等民事责任。

科技公司辩称，涉案游戏视频系游戏用户操作游戏后形成的连续画面，著作权属于游戏用户，计算机公司无权阻止视频的传播；且涉案视频系 A 软件用户自行上传，科技公司不构成侵权。

法院经审理查明：涉案游戏里包含的人物形象、场景、装备等游戏元素构成美术作品，计算机公司对前述游戏元素享有著作权。科技公司系移动端应用软件“A 软件”的开发主体和运营主体。A 软件用户“×夏”等共在 A 软件平台上发布 1106 条与涉案游戏相关的短视频。涉案视频分为两类：1. 对游戏连续动态画面进行录制、剪辑、配乐和解说后制作；2. 单纯对游戏及相关功能界面的介绍（19 条）。前述视频均已删除。

【案件焦点】

1. 短视频的法律性质应如何认定；2. 科技公司是否侵害腾讯计算机公司的著作权，科技公司是否构成不正当竞争；3. 如科技公司构成侵权，民事责任应如何承担。

【法院裁判要旨】

广东省深圳市南山区人民法院经审理认为：计算机公司对游戏连续画面享有著作权，涉案视频均构成侵权作品。未经权利人许可，“×夏”等四名 A 软件用户擅自在 A 软件平台发布涉案游戏视频，提供侵权作品，侵害计算机公司对涉案作品享有的信息网络传播权；科技公司对用户上传侵权视频的提供行为构成帮助侵权。

广东省深圳市南山区人民法院依照《中华人民共和国著作权法》第十条第一款第十二项和第二款、第十一条、第二十二条第一款第二项、第四十八条第一项、第四十九条，《中华人民共和国著作权法实施条例》第二条、第四条第十一项、第二十一条，《最高人民法院关于审理侵害信息网络传播权民事纠纷案件适用法律若干问题的规定》第三条、第四条、第七条、第十三条、第十四条，《最高人民法院关于审理著作权民事纠纷案件适用法律若干问题的解释》第七条、第二十五条第一款和第二款，《中华人民共和国民事诉讼法》第六十四条之规定，作出如下判决：

一、科技公司于判决生效之日起十日内，向计算机公司赔偿经济损失、支付维权合理开支共计55万元；

二、驳回计算机公司的其他诉讼请求。

双方当事人均不服一审判决，向广东省深圳市中级人民法院提起上诉。

广东省深圳市中级人民法院经审理认为：涉案游戏里包含的人物形象、场景、装备等游戏元素构成美术作品，计算机公司对前述游戏元素享有著作权。计算机公司、游戏用户对游戏连续画面的独创性均作出不可或缺的贡献，共同享有著作权。涉案视频均使用了前述游戏元素，构成侵权视频。未经权利人许可，“×夏”等四名A软件用户擅自在A软件平台发布涉案游戏视频，提供侵权作品，侵害计算机公司对涉案作品享有的信息网络传播权；科技公司对用户上传侵权视频的提供行为构成帮助侵权。

广东省深圳市中级人民法院依照《中华人民共和国民事诉讼法》第一百七十条第一款第一项规定，判决如下：

驳回上诉，维持原判。

【法官后语】

随着网络游戏的发展，围绕游戏的直播、短视频等周边产业也迅速发展，故游戏连续动态画面的权属认定涉及游戏行业的重大利益分配及价值导向。作品，是指文学、艺术和科学领域内具有独创性并能以一定形式表现的智力成果。即作品的法定构成要件为具有独创性、可复制性的智力成果。智力是指人认识、理解客观事物并运用知识、经验等解决问题的能力。包括记忆、观察、想象、思考、判断、理解等。游戏连续画面具有独创性、可复制性，体现人的智力活动，构成视听作品，该观点已成共识。但围绕作品的权属认定，长期以来存在以下两种观点的分歧：

一是“游戏开发者权属论”。针对涉案游戏画面的权属，司法实务的主流观点是游戏开发者为著作权人。第一，网络游戏连续动态画面有其特点。从网络游戏产品的运行角度来看，未运行状态的游戏产品包括游戏软件本身及游戏资源库两个模块，而游戏连续动态画面系游戏客户端软件调用资源库中的素材，将这些素材有序展现并向用户展现出来的一系列连续的动态影像效果。由此，游戏连续动态画面系基于游戏开发者的创作而形成，其著作权应当归属于游戏软件及游戏资源库的创作者。第二，涉案游戏作为一款多人在线竞技类手机游戏，情节复杂，游戏互动性较强，游戏用户有巨大的发挥空间，但用户操作涉案游戏时没有创作意图，并非有目的地创造出各种连续画面。游戏用户通过游戏引擎调动游戏资源库中的游戏元素，是在游戏创作者设定的整个逻辑框架内进行，其作用仅是使游戏内含的虚拟不可感知的连续活动画面变成了视觉可以感知的连续活动画面，本质上不过是将某些游戏画面由不可视到可视的再现。在这个再现过程中，游戏用户虽存在一定主动性，但主动性不等于独创性，无论游戏用户再现出多少种连续活动画面，具有独创性的游戏引擎与游戏资源库相结合的涉案游戏始终具有同一性，游戏用户既未创作出任何具有独创性的新游戏元素，也未创作出可以单独从涉案游戏中分离的任何具有独创性的新的连续活动画面，因此游戏用户不管是对内在的游戏引擎和游戏资源库，还是对外在体现游戏内容的可以视听的连续活动画面，都未付出著作权法意义上的独创性劳动。因此，游戏用户对涉案游戏运行形成的整体画面不享有著作权。

二是“游戏用户权属论”。游戏用户对其创作的游戏连续动态画面具有独创性贡献，相关著作权应归用户所有。第一，从游戏运行画面的形成角度来看，游戏运行连续画面完全由游戏用户操作后形成。涉案游戏属于多人在线竞技类游戏，由用户选择角色后组成两队在地图上相互竞争，在竞技游戏过程中不包含剧情等固定情节开展，动态画面完全是由用户进行游戏操作形成。第二，游戏运行画面的独创性来源于游戏用户。尽管游戏为用户设立了每一个角色的制约和权限，但无法准确预测游戏运行画面的形成。涉案游戏只提供预设参数的英雄以及少量游戏规则，用户具有极高的自由度，用户之间通过组队进行配合与对抗使得结果有无数多的可能性。在游戏结束之前，无人能够预测到游戏局势将如何发展以及游戏结果为何。游戏虽然提供给用户发挥的空间，但游戏开发者无法精准预测到用户的所有行为及结果。正如字典的编写人可以预见文章作者的每一个字都来源于字典，但其并不阻碍文章作者构成著作权人。第三，游戏开发者不能预先料想到游戏运行画面的最终呈现效果，其未参与游戏运行画面的实际运行过程，故其对游戏运行画面的形成没有创作意图。因此，游戏开发者不应当作为游戏运行画面的主要权利人。有时用户的游戏推进过程不但是不可重复，甚至也是游戏开发者无法预料的，游戏开发者还要根据用户的展现去调整游戏，可见在游戏操作中用户享有足够的可创作空间。在此情况下，用户的行为具有很高的独创性，其对该动态画面的形成付出创造性劳动，足以构成著作权法意义上的创作。

对此，笔者认为，判断游戏连续动态画面是否具备独创性，主要考虑其是否由作者独立完成，以及是否体现了作者个性化的取舍、选择、安排和设计。若游戏画面系游戏程序根据游戏用户操作指令、按既定规则调用游戏开发商预先设置的游戏元素自动生成，该用户操作行为不属于创作行为，不影响对游戏画面的定性判断。若游戏为游戏用户预留创作空间并提供创作工具，游戏用户在游戏预设的视听表达范围以外创作了其他表达元素，相关创作成果符合作品构成要件，该游戏用户作为相关创作成果的作者享有相应著作权。故认定游戏运行中形成的连续画面的权属，不能局限于游戏计算机软件、游戏元素的权属，而是应当从促进游戏产业长远发展的角度出发，在保护权利人的著作权和游戏用户、视频观众的相关权利之间取得利益平衡，还应充分考虑游戏本身是否为游戏用户预留创作空间。就案涉游戏画面的权属，游戏开发者权属论、游戏用户权属论均有失偏颇，逻辑不能完全自洽，“游戏开发者+游戏用户”共有论比较合理。笔者按照游戏画面产生的时间、权属认定的逻辑顺序，逐一论述。

一、与游戏计算机软件直接关联的游戏画面“作品”只存在于虚拟空间，不具有可复制性，不构成《中华人民共和国著作权法》意义上的作品

如前所述，任何一个思想要成其为作品，必须融入人的智力劳动，成为可视化的表达，即作品必须在客观世界具有可复制性。首先，游戏画面形成的技术基

础是游戏的计算机软件。从技术上讲，涉案游戏画面最终呈现的任何一个视觉效果都是由涉案游戏计算机软件的代码所决定的。游戏开发者创作涉案游戏计算机软件，他的智力成果已直接体现在计算机软件的源代码和目标代码中。涉案游戏属于多人在线竞技类游戏。五个己方选择的英雄人物和对方选择的五个敌人进行战斗，谁先把对方的水晶摧毁即为胜利；地图中只有三条路，围绕三条路有类似于森林或者石头之类的设置，地图相对射击类游戏而言非常狭窄；每一个人物只有三个选择路径：打野、线上发育、推塔。从理论上讲，“游戏人物+个人路径+游戏元素”排列组合能形成的连续游戏画面的可能性无限大。其次，与计算机软件直接关联的游戏画面“作品”只存在于虚拟空间，不具有可复制性，不构成著作权法意义上的作品。该“作品”如果用技术语言表达，可以称为“游戏画面即时演算过程”，就是指计算机软件代码根据用户操作，去调取资源库里的资源形成连续画面这一个演算过程。而最后游戏画面视觉效果的成型，取决于用户的选择和操作。即游戏用户通过游戏引擎调动游戏资源库中的游戏元素，在游戏开发者设定的整个逻辑框架内进行，使游戏内含的虚拟不可感知的连续活动画面变成了视觉可以感知的连续活动画面，本质上是将某些游戏画面由不可视到可视的再现。如没有游戏用户的智力劳动，那些在理论上由计算机代码决定的数量无限多的游戏画面永远只存在于虚拟空间，不可触碰也无法感知，连思想都算不上，因为连游戏开发者自己都不知道那些可能存在的游戏画面有多少、是什么。虚拟“作品”不可复制，不存在于真实时空，不构成作品。

二、客观世界的游戏画面系游戏用户的直接智力劳动形成，如让游戏开发者（一般同时为游戏计算机软件著作权人）垄断权属，会背离独创性原则

“谁独创谁有权”。创作出作品的自然人是作者，作者一般为著作权人。故认定游戏画面的权属，首先应考虑独创性的来源。对于网络游戏画面等网络用户喜闻乐见、深度围观的特殊作品而言，独创性的来源可参考客观的用户感知标准。吸引用户观看的点，就是独创性的源泉。因为游戏画面不同于传统意义上的视听作品，后者作者的主观意志、智力活动与作品的内容直接关联，作者对作品最后呈现出来的视觉效果有大致的目标和认知；而游戏用户打游戏时的主观意志和目

的是赢对方、打得漂亮，并不是创作出最后网络用户看到的视听作品，最后打出来的游戏画面是什么视觉效果其并不明知。在某种意义上，是用户的观看与凝视，赋予了游戏画面具有独创性的现实意义。首先，连续画面的独创性直接来自游戏用户。连续画面的独创性主要来自每一个视频都呈现不同的人物、打法、进展、胜负。亦即用户的主观因素对独创性的贡献不可或缺。如果没有用户操作，连续画面不能现实呈现。因为对于视频观众（用户感知标准）而言，在观看涉案视频时，其看到的连续画面是游戏用户在无数可能性中即时选择的唯一确定性。尤其在多人场景中，整个连续画面的视觉效果由多个用户的选择即时呈现，具有随机性和不可再现性。而涉案游戏画面的魅力、观赏性，正是基于游戏用户个人能力、选择、打法与对方碰撞出的随机性和不可再现性，吸引观众观看游戏录制视频的也正是这种随机性、不可再现性背后体现的游戏用户的水平和实力。但即使十名游戏用户同时在线，十名游戏用户同时即时录制游戏连续画面，呈现出来的视觉效果都会不同。即游戏用户个人的智力活动对其独立主体视角下形成的游戏画面的独创性具有直接关联性、唯一决定性。网络用户选择任何一个游戏用户的直播视频观看，能够得到不同的视觉刺激及体验。其次，由游戏开发者垄断权属弊大于利。如果在权属认定中完全排除游戏用户的智力贡献，将全部连续画面的著作权均归属于游戏开发者，可能会忽视游戏视频吸引力的本质所在，不利于新兴产业的发展，不利于创造新的市场需求。游戏的开发者、运营者为游戏付出的经济成本已通过付费道具、游戏周边产品等方式得到超值回报、巨额利润，如将游戏连续画面的著作权全部归属于游戏开发者，可能会导致产生垄断，会不当抑制游戏的传播，从而影响游戏直播、短视频等新兴行业的长远健康发展。

三、认定游戏画面权属的考虑因素

如前所述，认定游戏画面的权属应首先考虑独创性的来源，此处不再赘述。考虑到游戏画面的创作、完成过程不同于传统的视听作品，认定其权属还应综合考虑以下因素：

（一）游戏开发者为游戏用户预留创作空间的大小

首先，涉案游戏的开发者为游戏用户已预留创作空间。关于是否预留创作空间的问题，与前面论述的独创性来源属于硬币的两面：既然认定游戏画面的独创性来自游戏用户，必然可以倒推出游戏开发者为游戏用户已预留创作空间这一逻辑前提。其次，预留空间大小的问题。游戏类型不同，预留空间不同。如将涉案游戏画面著作权全部认定给游戏用户，可能会导致以下弊端：其一，涉案游戏为游戏用户预留的创作空间比较小，游戏用户（权利人）之间的利益需要平衡。其二，今后游戏界可能会陆续出现预留空间比涉案游戏大的新游戏，不同游戏之间的利益也需要平衡。司法审判对权属的认定，应为新业态的发展预留一定的空间。如果使用非此即彼、“一刀切”的权属认定方法，容易陷入机械决定论的被动局面。

（二）创作工具（游戏软件）、游戏元素与游戏用户智力活动是否深度融合，二者对特定游戏画面独创性的产生是否具有不可分离、不可替代的作用

传统的美术作品、视听作品的创作工具与创作过程均具有一定程度的分离性、可替代性。涉案游戏画面是很特殊的视听作品，其创作过程完全离不开特定的游戏软件、游戏元素。其形成系创作工具、游戏元素与游戏用户智力活动的深度融合，二者对游戏画面独创性的形成彼此具有不可分离、不可替代的作用，在现实世界中完全找不到形成该作品的第二条路径，缺一不可。

考虑到游戏开发者为用户预留创作空间，对独创性的实现提供技术支持、奠定基础，涉案游戏画面的形成系创作工具、游戏元素与游戏用户智力活动的深度融合，二者对游戏画面独创性的形成均具有不可分离、不可替代的作用，均作出不可或缺的贡献，涉案游戏画面的著作权可由游戏开发者、用户共有。著作权共有的比例及衍生游戏直播短视频传播中的利益分配问题，可由游戏开发者、用户、短视频经营平台在游戏直播、短视频等数娱行业的发展过程中进一步协商、博弈，多方共赢。

随着网络游戏的发展，围绕游戏的直播、短视频等周边产业也迅速发展，故游戏连续动态画面的权属认定涉及游戏行业的重大利益分配及价值导向。司法审判对此应保持适度的审慎和谦抑：应充分考虑游戏开发者、游戏用户、网络平台、网络用户等多方主体及相关公众的利益平衡，营造良好的网络环境、

法治化营商环境。本案认定涉案游戏用户对游戏连续画面构成作品付出独创性劳动，与游戏开发者共同享有著作权，有利于引导行业朝向规范化、良性竞争的方向发展，推动社会尊重和保护游戏知识产权；同时，本案坚持公正合理保护，防范游戏开发者权利过度扩张，依法妥善处理互联网领域视频创作及著作权保护新问题，促进游戏作品传播利用及数娱产业深度融合：即带动游戏直播、短视频等数娱行业加新业态加速发展，实现泛娱乐视野下游戏行业的全产业链繁荣。

编写人：广东省深圳市中级人民法院　黄瑜瑜

7

"洗稿"式文学作品的实质性相似认定

——冯某诉谭某等著作权侵权案

【案件基本信息】

1. 裁判书字号

广东省深圳市中级人民法院（2021）粤03民终7723号民事判决书

2. 案由：著作权侵权纠纷

3. 当事人

原告（被上诉人）：冯某

被告（上诉人）：文化公司

被告：谭某、郭某飞、网络公司、科技公司

【基本案情】

冯某为《××疑云》（以下简称《疑》）谋杀之谜游戏剧本的作者及著作权人，该作品于2017年12月8日创作完成并已公开发表。

2018 年 6 月至 7 月，郭某飞（文化公司法定代表人）向谭某购买游戏剧本《××画师案》（以下简称《画》）并提出修改意见。《画》定稿后，谭某将其出售于郭某飞。之后，《画》在郭某飞的网店、文化公司经营的店铺销售。2018 年 9 月 26 日，郭某飞经营的工作室与科技公司签订版权协议，将《画》的信息网络传播权及电子形式的改编权、复制权等著作权、财产权利，独家、排他地授权给科技公司，并约定了著作权保证条款。2018 年 10 月，科技公司经营的游戏社交平台上架销售《画》。

冯某认为谭某所作《画》完全抄袭了其作品《疑》，文化公司发行、复制该侵权产品，网络公司作为销售平台未尽到合理注意义务销售侵权产品，文化公司、网络公司、科技公司在线上线下大量销售、盈利，严重影响了《疑》的商业形象，侵犯了其合法权益并造成重大经济损失，据此，冯某诉至法院。

一审法院经比对，《画》在人物“×郎”的相关情节设置、人物“×福”的相关情节设置、人物“×三”的相关情节设置与涉案作品《疑》基本一致。

【案件焦点】

《画》与涉案作品《疑》是否构成实质性相似。

【法院裁判要旨】

广东省深圳市福田区人民法院经审理认为：冯某系文字作品《疑》的著作权人。经比对，《疑》《画》均为剧本杀游戏剧本，虽然在具体表达上存在差别，但两作品围绕凶杀现场、作案手法、凶案执行者及协助者、见证者设置的情节具有相似的整体外观，且凶杀现场、作案手法的情节设置是《疑》中具有不可替代作用的核心情节，因此，《画》基本包含了《疑》的故事内容架构，构成实质性相似。

《疑》已公开发表。谭某实质性使用其人物设置、人物关系、具有较强独创性的情节以及故事情节的串联整体进行改编，配以不同的故事背景、增加少量的新的人物设定形成新作品《画》，且其中包含的情节设置已经占到了《疑》的足够充分的比例，以致受众足以感知到《画》来源于《疑》。谭某的上述行为超越了合理借鉴的边界，侵害了冯某基于《疑》享有的改编权。基于此，郭某飞、文化公司应当对其复制、发行、宣传《画》的行为承担相应的侵权责任。科技公司不存在重大过失，已尽到合理注意义务，承担停止侵权、返还侵权所得利润的民事责任。网络公司已充分履行其基本义务，无须承担侵权责任。

广东省深圳市福田区人民法院依照《中华人民共和国著作权法》第十条第一款第十四项、第四十九条，《中华人民共和国侵权责任法》第八条，《最高人民法院关于审理著作权民事纠纷案件适用法律若干问题的解释》第十九条、第二十条之规定，判决如下：

一、文化公司立即停止《画》剧本的宣传行为，即撤除其实体店铺《画》剧本的宣传资料并删除大众点评网的宣传图片；

二、谭某、郭某飞在全国公开发行的报纸上刊登致歉声明，向冯某公开赔礼道歉，消除影响；

三、谭某、郭某飞连带赔偿冯某经济损失25000元；

四、文化公司赔偿冯某经济损失5000元；

五、科技公司向冯某返还侵权利润3000元；

六、谭某、郭某飞、文化公司向冯某支付维权合理费用20000元；

七、驳回冯某的其他诉讼请求。

文化公司不服一审判决，提起上诉。

广东省深圳市中级人民法院同意一审的裁判意见，依照《中华人民共和国民事诉讼法》第一百七十条第一款第一项之规定，判决如下：

驳回上诉，维持原判。

【法官后语】

思想与表达二分法是著作权法的灵魂。思想是抽象的，表达是具体的，抽象的思想是具体表达的内在核心，具体的表达是抽象思想的外在表现。

以文字作品为例。表达层面上，字、词、句、段以至篇章，文字的汇集犹如金字塔的构建，逐级而上。思想层面上，主题和构思是塔尖，具有明显的思想性和高度概括性；往下则是故事主线和叙述方法，以一种若隐若现的形式构成作品的骨架或支撑，表达开始隐现；再往下则是人物设定、情节选择、结构安排和情节推进设计，表达大幅出现；具体的人物描写和故事情节则是金字塔基，具体、翔实的文字表述构成了作品的基础表达。

判断两部具体表达不一致的文字作品是否构成实质性相似，需要层层抽丝剥茧，寻找其间隐匿的思想，并以此辨认该抽象思想映射的具体表达，继而判断该表达是否属于权利人的独创性表达，是否受到著作权法的保护，以及两作品之间是否具有创作来源关系，在后作品有无合理使用该独创性表达的正当理由。

一、确定两作品的相似之处是否属于表达

确定表达的范围需要运用思想与表达二分法，抽象、分离不受保护的思想。但思想与表达的区分并无明确的界限，甚至不同类型的作品，受创作空间影响，其受保护的表达元素也不完全相同。对剧本、小说等文学作品而言，其表达元素不仅包括文字性的表达，也包括文字所表述的故事内容，但该故事内容应当包括足够具体的人物设置、人物关系、情节事件、情节发展串联、人物与情节的交互关系、矛盾冲突等。也就是说，当文学作品的情节选择、结构安排、情节推进设计足以反映作者独特的选择、判断、取舍时，可以成为著作权法保护的表达。

此外，比对两作品的相似表达时，还应当排除相同或类似题材、主题作品中的必要场景和表达唯一或有限的情形。

二、权利作品的该部分表达是否属于著作权法保护的独创性表达

如上所述，不同类型作品受保护的表达元素不完全相同。因此，判断文字作品的表达是否具有独创性，首先应当根据作品类型明确其受保护的表达元素，其次才是判断该表达元素是否具有独创性。

正如文学小说，情节是承载作品思想的基石，其既是文学作品的基础表达，也是文学作品独创性判断的基础单元。在情节的独创性判断上，审查原则主要有：

1. 情节表达设计上如果实现了独创的艺术加工，则具备区别于其他作品相关表达的独创性。

2. 个性化的、具体的人物关系对情节的起承转合产生了关键性的推动作用时，此时特定作品中的这种特定人物关系就将基于作者的独创设计脱离公知素材的维度，从而纳入著作权法的保护范畴。就文学作品常见的经典情节设定而言，单一情节本身不具有独创性，但基于作者个性化的选择，通过特定的故事结构、剧情冲突、逻辑推演等手法将全部情节紧密贯穿为完整的个性化创作表达，就赋予了作品整体的独创性。

另外还应当注意的是，表达是否受著作权法保护，关键在于它是否具有独创性，而不在于相似比例。相似比例影响的是合理使用问题，而非独创性判断。

三、两作品之间是否具有创作来源关系

是否具有创作来源，关键在于读者是否足以感知到在后作品来源于在先作品。此时的感知标准应当是普通读者的标准，而非艺术标准。普通读者的范围则可以参考商标法中“相关公众”的概念。

对文学作品而言，相同的情节设计或有限表达在不同的故事结构、情节排布、逻辑推演配合下，可以形成不同的作品。因此，如果用来比较的先后作品基于相同的人物设定、故事结构、情节排布、逻辑推演等形成相似的整体外观，即使在作品局部情节安排上存在部分差异，但从整体效果上看也可以构成对在先作品的再现或改编。另外，相同类型的文学小说，情节表达的设计重点往往存在趋同性。比如，言情小说的主要表达在于主要人物感情的变化走向，悬疑小说的主要表达在于线索的推理解密。故在判断两作品创作来源关系时应当重点比对剧情冲突的主要节点。而通常情形下，两作品在情节排布顺序和相关细节设计上不会完全一致，如该差异并非文学作品中戏剧冲突功能的实质性差异，不引起情节间内在逻辑及情节推演的根本变化，则不会动摇作品主要剧情冲突对整体效果的影响。

四、在后作品有无合理使用该独创性表达的理由

在后作品使用该独创性表达的正当理由，一是构成著作权法上的合理使用；

二是构成文学意义上的“致敬”。“致敬”，即在某一文学片段中刻意模仿前作中广为人知的桥段。这种“致敬”虽未点明出处，但因选用的是流传度广泛的作品，并不会使读者产生创作来源关系的联想，故而也不构成侵权。

编写人：广东省深圳市福田区人民法院　李雯

8

装扮动漫形象进行表演，以及使用他人动漫形象拍摄电影侵犯具体著作权权利的司法认定

——制作株式会社诉动画传媒公司等著作权侵权案

【案件基本信息】

1. 裁判书字号

上海知识产权法院（2020）沪73民终544号民事判决书

2. 案由：著作权侵权纠纷

3. 当事人

原告（上诉人）：制作株式会社

被告（上诉人）：动画传媒公司、甲文化传播公司、乙文化传播公司、影业公司

被告：传媒技术公司

【基本案情】

原告制作株式会社系初代某动漫角色形象的著作权人，被告动画传媒公司等公司使用被诉某动漫形象制作电影并进行放映，还在发布会上组织演员身着某动漫形象制成的面具和人体彩绘形象进行表演。原告主张各被告使用的某动漫形象系对初代某动漫形象的改编，使用被诉某动漫形象拍摄电影的行为侵犯

其作品的摄制权；各被告组织身着某动漫形象制成的面具和人体彩绘形象进行表演的行为侵犯其作品的表演权。因此，诉请法院判令各被告停止侵害、消除影响，并赔偿损失1000万元。动画传媒公司等公司辩称系从案外人处获得使用某动漫形象的授权，不构成侵权。

【案件焦点】

1. 制作株式会社主张动画传媒公司等公司装扮动漫形象进行表演构成对其作品表演权的侵犯能否成立；2. 制作株式会社主张动画传媒公司等公司使用被诉某动漫形象拍摄涉案电影构成对其作品摄制权的侵犯能否成立。

【法院裁判要旨】

上海市浦东新区人民法院经审理认为：原告制作株式会社对初代某动漫形象作品享有著作权，被诉某动漫形象构成对原告某动漫形象的复制，动画传媒公司等公司辩称其从案外人处获得授权的主张不能成立，所有被诉行为均构成对原告作品复制权的侵犯。

上海市浦东新区人民法院依照《中华人民共和国涉外民事关系法律适用法》第四十八条、第五十条，《中华人民共和国侵权责任法》第八条、第十五条第一款第一项、第六项、第八项、第二款，《中华人民共和国著作权法》第十条第一款第五项和第十二项、第四十八条第一项、第四十九条第一款，《最高人民法院关于审理著作权民事纠纷案件适用法律若干问题的解释》第二十六条，《中华人民共和国民事诉讼法》第一百四十四条之规定，判决如下：

一、动画传媒公司、影业公司、传媒技术公司、甲文化传播公司、乙文化传播公司于判决生效之日起立即停止涉案著作权侵权行为；

二、动画传媒公司、影业公司、甲文化传播公司、乙文化传播公司于判决生效之日起十日内，共同在特定网站连续十日刊登声明（声明内容须经一审法院审核），以消除其侵权行为给制作株式会社造成的不良影响，同时分别在各自相应的网站及社交媒体平台连续三十日刊登相同内容的声明；如不履行，一审法院将在相关媒体上公布判决的主要内容，所需费用由动画传媒公司、影业公司、甲文化传播公司、乙文化传播公司承担；

三、动画传媒公司、影业公司、甲文化传播公司、乙文化传播公司于判决生效之日起十日内共同赔偿制作株式会社经济损失 200 万元及为制止侵权行为所支付的合理开支 50 万元；

四、驳回制作株式会社的其他诉讼请求。动画传媒公司等公司停止侵权、消除影响、并赔偿原告经济损失 200 万元及合理费用 50 万元。

制作株式会社、动画传媒公司、甲文化传播公司、乙文化传播公司、影业公司不服一审判决，提起上诉。

上海知识产权法院经审理认为：被诉某动漫形象系对初代某动漫形象进行了改动，但主要特征未发生变化，构成对原告作品的复制。被告使用被诉某动漫形象拍摄电影构成对原告作品摄制权的侵犯；被告组织演员身着某动漫形象制成的面具和人体彩绘形象，仅是将某动漫形象通过真人人体这一特殊载体进行了原样再现，并非演员通过其动作、声音或表情再现作品，不构成对作品表演权的侵犯，而是对复制权的侵犯。

上海知识产权法院依照《中华人民共和国民事诉讼法》第一百四十四条、第一百七十条第一款第一项、第一百七十四条，《最高人民法院关于适用〈中华人民共和国民事诉讼法〉的解释》第三百三十四条之规定，判决如下：

驳回上诉，维持原判。

【法官后语】

在表演活动中以真人装扮成动漫形象进行表演，以及使用他人动漫形象美术作品拍摄电影侵犯具体著作权权利，是本案涉及的两个重要法律问题。

一、以真人装扮成动漫形象进行表演是否构成对表演权的侵犯

近些年的司法实践中，美术作品的权利人在多起案件中主张被诉行为侵犯其作品的表演权，且多数案件获得法院的支持。此类案件所指控的行为主要包括以下两类：一是演员在演出活动中使用美术作品所涉形象制作的玩具作为表

演道具。例如，在产品公司诉食品公司案[①]中，法院认为，站立在表演者左肩上舞动的小黄鸭动态造型与原告涉案作品左边的小黄鸭全身站姿形态造型一致，该造型应为原告权利作品的同幅作品。被控行为侵犯了原告对涉案美术作品依法享有的复制权和表演权。二是工作人员在商业活动中，或者演员在演出活动中装扮成动漫形象进行表演。例如，在文化传媒公司诉百货公司案[②]中，法院认为，被告的工作人员装扮为案涉卡通形象，在商场中与顾客互动发放礼品，侵犯了权利人享有案涉卡通形象美术作品的表演权。又如，在文化传播公司诉地产公司等案[③]中，法院认为，被告未经著作权人许可，让涉案舞台剧的演出人员以接近案涉美术作品的形象造型，在舞台上表演节目，构成对上述美术作品表演权的侵犯。上述认定是否正确，涉及如何正确理解著作权法意义上的表演权。

根据《中华人民共和国著作权法》第十条第一款第九项的规定，表演权是指公开表演作品，以及用各种手段公开播送作品的表演的权利。表演包括现场表演和机械表演，上述涉及侵犯美术作品表演权的案件中所指控的行为均属于现场表演。所谓现场表演，是指演员直接或者借助技术设备以动作、声音、表情公开再现作品或演奏作品。《保护文学艺术作品伯尔尼公约》（以下简称《伯尔尼公约》）对于表演权的具体适用作了相关的规定。根据《伯尔尼公约》第十一条的规定，戏剧作品、音乐戏剧作品或音乐作品的作者享有许可公开演奏

① 参见湖北省武汉市中级人民法院（2017）鄂01民初3996号民事判决书，载中国裁判文书网，https：//wenshu. court. gov. cn/website/wenshu/181107ANFZ0BXSK4/index. html？docId=SSXpFOf4N9ntUMU/b64h5sQnVbkSTw2WOll8Xhp9/lxy7VmWMRH9+PUKq3u+IEo4w4OaGAbnG2A8A8lfcm2NXSN05NRB6QgWvb77MR4zDn4PJTjd3jXCFTR7T1zt7c9O，最后访问时间：2023年2月1日。

② 参见金华市婺城区人民法院民事判决书（2015）金婺知初字第142号民事判决书，载中国裁判文书网，https：//wenshu. court. gov. cn/website/wenshu/181107ANFZ0BXSK4/index. html？docId=PAToVzfjJQMcyboHEjGiJ99JJ8woOK8BkBK29UoCGr4etxNIw6EGv/UKq3u+IEo4w4OaGAbnG2A8A8lfcm2NXSN05NRB6QgWvb77MR4zDn7Mz0ppTJ7paxE9Ln09gAwe，最后访问时间：2023年2月1日。

③ 参见广东省佛山市禅城区人民法院（2015）佛城法知民初字第49号民事判决书，载中国裁判文书网，https：//wenshu. court. gov. cn/website/wenshu/181107ANFZ0BXSK4/index. html？docId=0TrwnmdfJ4vjEGds8AzSAMJVF/ID+KULJsFou/DRjBwhZS1xnwcpz/UKq3u+IEo4w4OaGAbnG2A8A8lfcm2NXSN05NRB6QgWvb77MR4zDn4v6dzMx1IXbb4BSSXiol3d，最后访问时间：2023年2月1日。

和公演其作品，包括用各种手段和方式的公开演奏和公演的专有权，文学作品作者享有许可公开朗诵其作品，包括用各种手段或方式公开朗诵其作品专有权。由此可见，《伯尔尼公约》规定的表演权所涉及的作品类型仅包括戏剧作品、音乐戏剧作品或音乐作品，以及文字作品。之所以就表演权涉及的作品类型进行适当限定，这与表演权所控制的特定行为密切相关。音乐作品、戏剧作品、文学作品之外包括美术作品等其余类型的作品，其在客观上难以直接或者借助技术设备以动作、声音、表情公开再现或演奏，故表演权在通常情况下不涉及美术作品，尤其是单幅美术作品。但美术作品是否在任何情况下都不具有表演权，笔者认为可能有一种类型的美术作品可以被表演，即不带有文字的连环画作品。此类作品通常具有一个相对完整的剧情，演员可以通过动作、声音或表情再现连环画作品的思想。

就前文所列举案件中的被诉行为而言，笔者认为均不构成对美术作品表演权的侵犯。表演权控制的行为是直接或者借助技术设备以动作、声音、表情公开再现作品，此种再现方式并非对作品表达方式的原样再现，否则将与复制行为无异。在演出活动中使用美术作品作为道具，显然不是对美术作品以动作、声音、表情的方式进行再现。在商业活动或演出活动使用动漫形象装扮人物进行表演的行为则略显复杂，该行为在表面上使得静态的美术作品动态化，使得观众体验到了不同于静态美术作品的表达。但是，以动作、声音、表情公开再现作品的表演方式是一种“无形”的方式，通过这种无形的方式来传达作品的思想是表演权所要控制的行为。演员装扮动漫形象只是通过真人人体这一特殊载体对美术作品以有形的方式进行了原样再现，其本质上是一种复制行为。至于演员装扮成动漫形象后的所进行的表演活动，这种表演可能是演员的即兴表演，也可能是对已有剧本的表演，但均不是对美术作品的表演。

综上，对表演权的理解不能望文生义，表演活动中使用美术作品作为道具，以及装扮成美术作品中的动漫形象进行表演，其与对作品本身进行表演是两种完全不同的行为，不能认定为属于对作品表演权的侵犯。

二、使用他人美术作品拍摄电影侵犯具体著作权权利的认定

近年来，有关在拍摄视电影时未经许可使用他人美术作品的案件逐渐增多。在司法实践中，对于此类行为认定构成著作权侵权并无争议，主要分歧在于该行为侵犯了著作权中的何项权利。一种观点认为，该行为属于对作品摄制权的侵犯。例如，在科技公司与影视工作室等著作权权属、侵权纠纷案[①]中，法院认为，涉案电影对游戏中的四个角色形象采用的是近乎“原样照搬”式的使用，是以摄制电影的方法将乐玩公司享有权利的上述美术作品固定在了相应载体上，构成了对摄制权的侵害。另一种观点则认为，该行为属于对作品复制权的侵犯。例如，本案一审法院认为，被告使用被诉某动漫形象美术作品拍摄电影的行为并非摄制权所控制的范畴，而系侵犯作品的复制权。对于将美术作品拍摄进电影的行为究竟应认为侵犯何项著作权权利，本文具体分析如下：

根据《中华人民共和国著作权法》的规定，摄制权是指以摄制视听作品的方法将作品固定在载体上的权利。著作权法赋予著作权人摄制权，主要在于控制根据小说、戏剧等文学作品拍摄电影的行为。此种行为显然并非复制行为，而是在原作品基础上创作出新作品的行为。因此，通常认为摄制权是控制作品演绎行为的权利。但根据我国著作权法有关摄制权的定义，以摄制电影的方法将作品“固定”在载体上的行为与复制权所控制的行为在本质上并无不同。将美术作品直接拍摄进电影，该行为显然并非对作品进行了演绎，而是以摄制的方式对美术作品进行复制，在本质上属于复制行为，原理上可以被复制权所控制。但根据我国著作权法对摄制权的定义，至少从文义解释的角度出发，其亦可被摄制权控制，是立法者对此种行为进行了特殊安排。在著作权框架下，将作品直接拍摄进电影的行为究竟应为何种权利控制更为妥当，需要作进一步的分析。

《伯尔尼公约》关于摄制权有专门的规定。其第十四条规定，文学和艺术

---

① 北京市海淀区人民法院（2018）京0108民初64742号民事判决书，载中国裁判文书网，https：//wenshu. court. gov. cn/website/wenshu/181107ANFZ0BXSK4/index. html？docId=HhxJUUuixFBMCEcUv5o5UkqvVDRN7fgElhTpmzoG9/mZwYmpcpiPYfUKq3u+IEo4w4OaGAbnG2A8A8lfcm2NXSN05NRB6QgWvb77MR4zDn6WFhUFFwkELFV3byn2Oy29，最后访问时间：2023年2月1日。

作品的作者享有下述专有权：许可把这类作品改编或复制成电影以及发行经改编或复制的作品。根据上述规定，《伯尔尼公约》所规定的摄制权，包括了改编和复制行为。同时，《伯尔尼公约》在第九条专门规定了复制权。由此可见，《伯尔尼公约》在已经规定了复制权的情况下，仍把为拍摄电影复制作品的行为纳入摄制权的范畴。通常而言，著作权法设定的各项权利原则上应当互斥，即同一被诉行为不应同时侵犯两项或两项以上的著作权权利，否则将使权项划分失去意义。但同时，不能排除立法者基于某种目的对本质上已可以被纳入某项权利控制范畴的行为，另行作出单独规定，上述《伯尔尼公约》有关摄制权的规定即如此。由于拍摄电影之前通常需要对原作品进行复制、改编，《伯尔尼公约》将为拍摄电影的复制、改编行为纳入摄制权范畴。例如，动漫美术作品的权利人许可他人将其作品拍摄成电影时，其在合同中约定授予的权利为“摄制权”，如果将摄制权仅限定为控制演绎作品的权利，则被许可人直接将动漫形象拍摄进电影的行为即属于超过许可范围行使权利，构成了对美术作品复制权的侵犯。如果将摄制权的内容界定为包括为了拍摄电影而复制作品的权利，则被许可人的行为不构成侵权。显然，从商业角度而言，把为拍摄电影而实施复制作品的行为纳入摄制权的范畴，在客观上更有利于权利的行使，通常情况下亦更符合当事人真实的意思表示。立法者亦认为，摄制权“并不仅仅指将小说拍成电影片、电视剧等，未经许可将一部乐曲作为电影的音乐、未经许可将美术或摄影作品摄入电影、电视等也构成侵犯摄制权”。①

综上，在司法实践中将为拍摄电影而进行的复制行为纳入摄制权的范畴，符合我国著作权法有关摄制权规定的文义，且不会导致著作权权利体系的混乱，更有利于商业交易的便利，是更为妥当的解释。

编写人：上海知识产权法院　范静波　邵望蕴

① 胡康生主编：《中华人民共和国著作权法释义》，法律出版社2002年版，第59页。

9

家谱因不具备独创性而并非著作权法中的作品

——金某中诉金某炳、出版社著作权权属、侵权案

【案件基本信息】

1. 裁判书字号

浙江省台州市中级人民法院（2021）浙10民终1417号民事判决书

2. 案由：著作权权属、侵权纠纷

3. 当事人

原告（上诉人）：金某中

被告（被上诉人）：金某炳、出版社

【基本案情】

原告于2012年间完成了关于某氏宗族楼旗派宗族历史及历次修谱经过的涉案序言作品，作品名称为《某氏楼旗派十三次重修宗谱序》。同年，原告将该作品刊载于某氏宗族楼旗派内部保存的《某氏宗谱》内，并在位于村祠堂门口的石碑上，也刻写了该作品供当地居民阅看赏鉴。

上述《某氏楼旗派十三次重修宗谱序》中的主要内容，系原告仿照了原《某氏宗谱》之“旧序”中的“八修旧序”（之一）、“八修旧序”（之二）、“九修旧序”“十修旧序”“十一修旧序”“历祖行实总序”以及“楼旗小宗祠记”等文章记载的相关内容所作。

2015年12月间，某氏家族后代中的有关人士（原告金某中在内）发起了修编《某氏志》这一书籍的倡议，继而开始了相应的筹备工作，并在关于筹备修编《某氏志》告知书中将被告金某炳作为该书籍的主编。后原告金某中等从

修编《某氏志》的原班人员中退出，而相关人员则新加入了修编工作，从而导致修编《某氏志》的人员发生了变化。

2018年11月1日，被告金某炳以“金某炳（某氏志编委会）”为甲方，与乙方被告出版社签订了图书出版合同，双方约定：作品名称为《某氏志》；作者署名及著述方式为金某炳主编；（第一条）甲方授予乙方在合同有效期内，以纸质图书形式和电子图书（以因特网、磁盘和光盘为载体，通过计算机、数字化的阅读器或具有类似功能的设备读取使用的图书）形式出版发行上述作品中文简繁字、少数民族语言文字和外文版的专有使用权（含信息网络传播权）。如上述作品被侵权，则甲、乙双方均有权以自己名义向侵权人索赔，所获赔偿为各自所有。同时在本合同有效期内，甲方同意将本作品著作权的下列附属权利授予乙方或委托乙方授予第三人……（三）出租权、展览权、改编权、汇编权。（第三条）甲方保证拥有第一条授予乙方的权利。因上述权利的行使侵犯他人的著作权的，甲方承担全部责任并赔偿因此给乙方造成的损失，乙方可以终止合同。如作者非甲方本人，甲方应提供作者的授权书和作者本人身份证复印件。

2020年1月，被告出版社出版了《某氏志》。该书籍第51页至第52页“楼旗房谱序”的内容与原告的《某氏楼旗派十三次重修宗谱序》内容相似。原告认为被告的行为侵犯其著作权，因此诉至法院，诉请：1. 判令被告金某炳、被告出版社立即停止侵犯原告作品署名权、修改权、保护作品完整权、复制权、发行权的行为；2. 判令被告金某炳向原告赔礼道歉以消除其侵权影响（内容须经法院审核）；3. 判令二被告赔偿原告经济损失及维权合理支出人民币10万元整。

【案件焦点】

1. 对家谱进行汇编所产生的作品是否具备独创性；2. 该作品是否受著作权法保护。

【法院裁判要旨】

浙江省温岭市人民法院经审理认为：本案中被告金某炳以“金某炳（某氏

志编委会）”为甲方，与乙方被告出版社签订了图书出版合同，并在合同的作者署名及著述方式条款上注明金某炳为主编，而“某氏志编委会”未经登记设立，并非为一个适格的民事主体，故甲方签订、履行该图书出版合同的法律风险理应由被告金某炳承担（尽管金某炳在事后可依法就有关损失向他人追偿），故此，原告主张《某氏志》的出版侵害了其著作权中的相应权利，从而在提起的诉讼中将金某炳等作为被告并无不妥，至于原告主张的诉讼请求应否予以支持则另当别论。

《中华人民共和国著作权法实施条例》第二条规定：著作权法所称作品，是指文学、艺术和科学领域内具有独创性并能以某种有形形式复制的智力成果。由此可见，独创性是界定著作权法意义上的作品的前提条件和实质要件，它直接影响作品著作权的法律保护和侵权责任承担。从本案原告涉案序言作品《某氏楼旗派十三次重修宗谱序》的内容来看，该作品主要是记载某氏家族的撰谱历史，还包括历代家族名人等简要内容，原告在撰写序言作品时，主要是在原《某氏宗谱》之中的“旧序”的基础上，摘录了相关内容（略有改变）加以编辑，并在“旧序”中表示年份内容的旁边加上阿拉伯数字以明示，如在“道光辛丑年”后添加（1841）。故此，原告的序言作品《某氏楼旗派十三次重修宗谱序》的主要内容只是对上述“旧序”中已记载的客观事实的反映，并非原告独创，且具有有限性的表达形式，不具有独创性，不应受著作权法的保护。正因如此，本案中以被告金某炳为主编，并由被告出版社出版的《某氏志》中“楼旗房谱序”的内容虽然与原告涉案序言作品相似，但原告关于被告金某炳擅自使用其创作的序言作品，严重侵害了其对该作品享有的署名权、修改权、保护作品完整权、复制权、发行权，以及被告出版社未尽合理审查义务，亦应承担相应的侵权责任的主张于法无据，不能成立。

浙江省温岭市人民法院依照《中华人民共和国著作权法》第三条、第十一条，《中华人民共和国著作权法实施条例》第二条、第三条的规定，判决如下：

驳回原告金某中的诉讼请求。

金某中不服一审判决，提起上诉。

浙江省台州市中级人民法院经审理认为：独创性是界定著作权法意义上的作品的前提条件和实质要件，作品必须在内容的表达形式上具有独到之处。上诉人的涉案《某氏楼旗派十三次重修宗谱序》，其主体部分内容是某氏宗族楼旗派宗族及家族名人历史、历次修谱经过，相关素材属于公有领域的信息，并且上诉人在撰写时，主要是在原族谱“旧序”的基础上略加编辑，这种创作未达到独创性的最低要求，不能体现创作者的个性。其主体以外部分，其中“族之有谱犹国之有史史以纪一国之政而垂鉴万世谱以纪一族之事而垂示将来其纪事”部分，亦系对“旧序”内容的复制；其中“此次续修宗谱本着尊重史实寻根留本清源备查增知育人血肉联情承前启后的原则力求接近历史原貌补前修之遗漏”“水有源木有本倘若我之族人每览宗谱而知某氏本源所在而生尊祖敬宗之心则无辱于先人不悖于修谱之目的也”部分，均是对他人此前网络上发表文章内容的简单复制、编排，同样属于对已有作品的复制。综上，上诉人撰写的《某氏楼旗派十三次重修宗谱序》不具有独创性，不应当受著作权法保护，金某炳主编并由出版社出版的《某氏志》中刊载“楼旗房谱序”亦不构成侵权。

浙江省台州市中级人民法院依照《中华人民共和国民事诉讼法》第一百七十条第一款第一项之规定，判决如下：

驳回上诉，维持原判。

【法官后语】

本案系同一宗族子孙因家谱所产生的纠纷，其主要矛盾在于经过整理、编写的家谱，是否构成作品，编写者是否享有著作权。

一、著作权的产生以独创性为前提

根据《中华人民共和国著作权法》第三条的规定：本法所称的作品，是指文学、艺术和科学领域内具有独创性并能以一定形式表现的智力成果。可见我国对于是否属于作品的判断，以具备独创性为必要前提。而独创性又可细分为独立性和创造性。独立性即是独立完成，不抄袭、复制他人作品。创造性的定义核心在于要求作品投入了智力劳动，并且能够反映作者独特的思想和情感。

二、家谱主体内容是否具有独创性

家谱系以表谱形式，记载关于同宗共祖血缘集团世系人物和事迹等方面情况的特殊文献。由此可见，家谱的主要内容是某一宗族内的各个历史人物的人物关系及其生平事迹等。总体而言，这两类内容均属于历史事实，只不过可能存在部分已经为公众所知，部分尚未被揭露的情况。但是无论属于何种情况，其均为对客观事实的描述，并不能反映作者的独特的思想和情感，也并不蕴含着作者的智力付出。大多对家谱主张著作权的人，其出发点在于其对于散在材料的收集及整理付出了大量的体力及智力劳动。当然，可能存在部分编著者通过富有创造性的方式或者投入了大量智力劳动，才发现了散见于历史长河之中的祖先事迹。但其所发现的内容与其进行发现的活动之间并无任何关系，该内容自历史事实发生之日起就已存在，具有客观性，并不因后来的发现方式的变化而变化。如果对此类行为予以保护，反而不利于对于历史事实的传播及再利用，有悖于著作权法的初衷。综上，单纯对宗族人物及其生平事迹进行描述的家谱，其内容上并不具备独创性，也不受著作权法保护。

三、家谱排版形式是否具有独创性

家谱虽然在内容上大部分是对客观事实的描述，但是，是否可以对其从汇编作品角度予以保护？根据著作权法的基本原则："著作权法不保护思想，但是保护思想表达的形式"以及《中华人民共和国著作权法》第十五条的规定："汇编若干作品、作品的片段或者不构成作品的数据或者其他材料，对其内容的选择或者编排体现独创性的作品，为汇编作品，其著作权由汇编人享有……"即便家谱的内容系单纯的事实描述，但只要其编排形式具有一定的独创性，便仍有可能落入著作权法的保护范围内。对于编排形式的独创性，仍然同上文判断标准相同，以是否投入智力活动，并能反映作者的独特的思想和感情作为标准。对于家谱而言，大多数的编排形式系以时间为轴，或以人物为轴的线性表现模式。对于此类表现形式，任何人都有可能独立创作出来，或者说，只要告知规则，任何人作出的结果都是一致的。因此，此种表现形式并不具备智力投入，更多的是一种体力付出，也根本无法体现编著者的独特思想或感情。

但是，如果某人对家谱采取了异于常人的编排模式，并且此种模式能够反映其对宗族人物、事迹的独特评价或者感受的，那就有可能构成汇编作品。换言之，如果对其进行编排的方法进行披露，而不同人采取该同种方法所产生的结果仍存在差异并具有艺术性，便可认定该方法具备一定独创性。

四、本案中的家谱是否享有著作权

结合到本案，原告所作的《某氏楼旗派十三次重修宗谱序》其主体部分内容是某氏宗族楼旗派宗族及家族名人历史、历次修谱经过。其素材来源于原《某氏宗谱》之中的"旧序"，系对该"旧序"摘录了相关内容并稍加改动。即该家谱大部分素材属于客观事实，并属于公有领域的信息。因此，其主体内容不具备独特表现形式，并不能反映原告的独创性的思想和感情，原告对其所付出的也仅为简单的体力劳动，而非智力劳动。故就其内容而言并不能构成传统意义上的作品，亦不受著作权法保护。

从汇编作品角度来看，原告虽对家谱进行了排版形式上的编辑，但属于极为简单、机械的排版修订。比如，在"旧序"中表示年份内容的旁边加上阿拉伯数字以明示，又如，在"道光辛丑年"后添加（1841）。由此可见，此种排版的修订甚至未改变原有排序规则，只是将年号编译成公元历，属于对客观事实既存的两种表达形式之间的转换而已。故原告的汇编行为，并不能体现出其对案涉家谱的独特见解或者情感，并不属于汇编作品。

编写人：浙江省温岭市人民法院　李天靖

10

服装设计作为实用艺术作品受著作权法保护的构成要件

——设计公司诉服饰公司著作权权属、侵权案

【案件基本信息】

1. 裁判书字号

重庆自由贸易试验区人民法院（2021）渝 0192 民初 994 号民事判决书

2. 案由：著作权权属、侵权纠纷

3. 当事人

原告：设计公司

被告：服饰公司

【基本案情】

2019 年 8 月 5 日，设计公司创作完成《圆梦××》作品，并于 2020 年 3 月 16 日取得数字作品备案证书。该作品为女装太阳裙的三张图片，包含设计手稿图、效果图、成衣图，创作灵感说明为太阳裙版型活泼俏皮，黑白波点图案，时尚又讨人喜欢，采用隐形拉链，方便穿脱，时尚美观又有复古感。4 月 2 日，设计公司在其网店发布《圆梦××》服装销售信息。5 月 30 日，服饰公司在其网店开始销售其生产的涉案侵权服装。7 月 1 日，设计公司在该网店购买了 1 件涉案侵权服装。设计公司认为服饰公司生产、销售涉案侵权服装的行为侵害其美术作品（《圆梦××》服装）著作权，遂诉至法院，请求法院判决服饰公司立即停止侵权并赔偿经济损失及合理费用 150 000 元。

【案件焦点】

1. 服装设计是否构成受我国著作权法保护的作品；2. 被告行为是否侵犯原告涉案作品著作权。

【法院裁判要旨】

重庆自由贸易试验区人民法院经审理认为：具有独创性、艺术性、实用性、能以一定形式表现，且艺术性与实用性能够分离的服装设计，可以认定为实用艺术作品，并作为美术作品受著作权法的保护。《圆梦××》服装系设计公司独立完成，该服装采用太阳裙版型结合黑白波点图案及独特的拼排组合，均体现出作者个性化的选择、设计、布局等创造性劳动，体现了一定的设计理念和美感，该服装具有审美意义，具备美术作品的艺术创作高度。改动该服装的黑白波点图案、太阳裙版型等设计，其保护身体、调节体温、适应身体活动的实用功能并不受影响，该服装的实用功能与艺术美感能够分离并独立存在。因此，该服装作为兼具实用功能和审美意义的立体造型艺术作品，属于受著作权法保护的美术作品。被诉侵权服装发布时间晚于《圆梦××》服装发布时间，服饰公司作为服装经营者，其能够从公开途径接触到有关该美术作品的相关信息。对于兼具实用功能和艺术美感的美术作品，著作权法仅保护其艺术美感。将《圆梦××》服装与被诉侵权服装进行比对，二者相似之处在于均为短袖连衣裙，左袖及正面上身左半部分为白底黑色波点图案，其余为黑底白色波点图案，整体风格近似，相似部分体现在艺术方面。不同之处在于波点图案、腰带扣、领口花边、衣袖局部细节上有差别，对整体视觉效果并无影响，不会使二者产生明显差异。这种实质性相似的表达部分系《圆梦××》服装的独创性部分且并不来源于公有领域。因此，被诉侵权服装与《圆梦××》服装构成实质性近似，服饰公司侵害了设计公司涉案作品的著作权。

重庆自由贸易试验区人民法院依照《中华人民共和国著作权法》第三条、第十条、第五十二条、第五十三条、第五十四条，《中华人民共和国著作权法实施条例》第二条、第四条第一款第八项，《最高人民法院关于审理著作权民事纠纷案件适用法律若干问题的解释》第七条，《中华人民共和国民事诉讼法》

第六十四条、第六十九条、第一百四十二条之规定，判决如下：

一、被告服饰公司于本判决生效之日起立即停止生产、销售侵犯原告设计公司《圆梦××》服装作品著作权的产品的行为；

二、被告服饰公司于本判决生效之日起十日内赔偿原告设计公司经济损失及合理支出15000元；

三、驳回原告设计公司的其他诉讼请求。

判决后，双方当事人均未上诉，本判决现已生效。

【法官后语】

2021年10月28日，国务院发布《“十四五”国家知识产权保护和运用规划》（以下简称《规划》），明确提出完善服装设计等时尚产业知识产权保护政策。本案系服装设计时尚产业著作权保护的典型案例。

该案例的裁判要点确认：服装设计作为实用艺术作品受著作权法保护，应当满足实用性与艺术性在物理上或观念上可分离，即实用性与艺术性相互拆分并单独存在，改动服装设计在艺术性部分的设计不影响实用功能的实现。被诉侵权服装与权利人服装设计中具有艺术美感的独创性表达实质性相似时，人民法院应当认定为构成著作权侵权。

该裁判要点主要解决了三个方面的问题。一是服装设计作为实用艺术作品受著作权法保护的构成要件；二是实用性与艺术性可分离的判断标准。三是著作权侵权认定标准。下面，对这三个问题分别予以分析和说明。

（一）关于服装设计作为实用艺术作品受著作权法保护的构成要件

《中华人民共和国著作权法》第三条规定：“本法所称的作品，是指文学、艺术和科学领域内具有独创性并能以一定形式表现的智力成果……”《中华人民共和国著作权法实施条例》第四条第八项规定：“美术作品，是指绘画、书法、雕塑等以线条、色彩或者其他方式构成的有审美意义的平面或者立体的造型艺术作品。”我国著作权法保护的作品必须同时具备以下三个一般构成要件：一是必须属于文学、艺术和科学领域内的智力创作；二是具有独创性；三是能以一定形式表现。受我国著作权法保护的美术作品，除同时满足作品的上述三个一般构成要件外，还必须同时满足美术作品的特殊构成要件：一是由绘画、书法、雕塑等以线条、色彩或者其他方式构成；二是具有审美意义；三是属于平面或者立体的造型艺术作品。在我国目前的司法实践中，实用艺术作品作为美术作品受我国著作权法的保护。我国著作权法所保护的是作品中作者具有独创性的表达，而不保护作品中所反映的思想本身。实用艺术品本身既具有实用性，又具有艺术性。实用功能属于思想范畴不应受著作权法保护，作为实用艺术作品受到保护的仅仅在于其艺术性，即保护实用艺术作品上具有独创性的艺术造型或艺术图案，亦即该艺术品的结构或形式。作为美术作品受著作权法保护的实用艺术作品，除同时满足关于作品的一般构成要件及其美术作品的特殊构成要件外，还应满足其实用性与艺术性在物理上或观念上可以相互分离的要件。

服装设计属于兼具实用性与艺术性的实用艺术作品，我国著作权法未将实用艺术作品列为单独的一种作品类型，在我国目前的司法实践中，实用艺术作品作为美术作品受我国著作权法的保护。服装设计作为实用艺术作品受著作权法保护的构成要件：具有独创性、艺术性、实用性、能以一定形式表现，且艺术性与实用性能够相分离。

（二）关于实用性与艺术性可分离的判断标准问题

由于服装设计具有实用艺术作品的属性，可分离性条件作为可版权性的前提条件是必须满足的，但如何适用可分离性标准呢？

通说一般认为，“可分离性”标准包括两种类型，一种为物理上可分离，另一种为观念上可分离。王迁教授认为，如果改动实用艺术品在艺术部分的设计，影响了实用功能的实现，则艺术成分与实用功能就无法在观念上分离。但如果改动了实用艺术品在艺术部分的设计，不会影响实用功能的实现，则艺术成分与实用功能可以在观念上分离。[①] 在最高人民法院指导案例157号左尚明舍家居用品（上海）有限公司诉北京中融恒盛木业有限公司、南京梦阳家具销售中心侵害著作权纠纷案中，最高人民法院认为，实用性与艺术性在观念上相互分离的判断方法，是“改动实用艺术品中的艺术性，不会导致其实用功能的实质

① 王迁：《知识产权法教程》，中国人民大学出版社2016年版，第78页。

丧失”。本案中采用了“改动美感是否影响功能”的标准，与最高人民法院指导案例157号中采用的标准相一致。

（三）关于著作权侵权认定标准问题

“实质性相似+接触”是知识产权领域侵权行为认定的重要规则。[①] 判断被诉侵权商品是否构成侵害他人受著作权法保护的作品，应当从被诉侵权人是否“接触”权利人主张保护的作品、被诉侵权产品与权利人主张保护的作品之间是否构成“实质性相似”两个方面进行判断。“接触”要件捍卫独立创作的制度根基，并承担禁止复制的制度功能。“接触”要件的认定标准有“基本可能性”和“合理可能性”两种标准，[②] 实践中应采用“合理可能性”为宜。在我国，一般认为判断实质性相似的标准主要包括“整体观感法”和“抽象分离法”。[③] 为了确保著作权侵权判定的准确性，司法裁判中应当兼采多种判定方法。而所谓的实质性相似不仅是指原告主张权利的作品与被诉侵权作品中表达的相似，更是指被诉侵权作品与权利人主张权利的作品中权利人付出创作性劳动部分的相似。一部作品，既可能有作者自己创作的部分，也可能包含借鉴、引用他人的创作，还可能包括已进入公有领域的作品、不受保护的信息以及素材，其所受保护的，只能是作者贡献了创作性劳动的部分。因此，在对原告主张权利的作品与被诉侵权作品进行相似比对时，必须排除他人的劳动及公有领域的成果，而仅将原告主张权利的作品中原告有独创性贡献的表达作为比对对象。在对权利作品与被诉侵权内容进行比对时，首先应通过“思想表达二分法”来剔除作品中的思想成分，再过滤必要场景、有限表达等不受保护的内容，对属于作者独创性表达的部分进行比对。在本案中，法院在论述被诉侵权服装与原告设计的《圆梦××》服装美术作品实质性相似时特别强调指出：“这种实质性相似的表达部分系《圆梦××》服装的独创性部分且并不来源于公有领

---

① 参见吴汉东：《试论“实质性相似+接触”的侵权认定规则》，载《法学》2015年第8期。

② 参见刘琳：《我国版权侵权“接触”要件的检讨与重构》，载《知识产权》2021年第11期。

③ 参见梁志文：《版权法上实质性相似的判断》，载《法学家》2015年第6期。

域。”故被诉侵权服装与原告的《圆梦××》服装作品构成实质性相似，并据此认定被告侵害了原告的著作权。该案判决精确地指出了著作权保护仅及于作者作出独创性贡献创作出来的表达的原理。[①] 被诉侵权服装与权利人服装设计中具有艺术美感的独创性表达实质性相似时，人民法院应当认定为构成著作权侵权。该案裁判要旨明确了著作权法保护服装设计的具有艺术美感的独创性表达。

综上，本案判决明确了服装设计作为实用艺术作品受著作权法保护的构成要件，厘清了服装设计艺术性与实用性可分离标准，明确了著作权法保护服装设计的具有艺术美感的独创性表达。该案所确立的裁判规则对同类案件具有示范意义，有利于促进时尚产业健康可持续发展，提升时尚产业国际化水平。

编写人：重庆自由贸易试验区人民法院　胡相龙

11

模块化建筑是否构成建筑作品的认定

——甲科技公司诉乙科技公司侵害著作权及不正当竞争案

【案件基本信息】

1. 裁判书字号

北京市海淀区人民法院（2020）京 0108 民初 6233 号民事判决书

2. 案由：侵害著作权及不正当竞争纠纷

3. 当事人

原告：甲科技公司

被告：乙科技公司

---

① 参见陈锦川：《何为著作权法意义上对作品的使用》，载《知产力》2022 年 1 月。

【基本案情】

甲科技公司主张，双车库模块化消防执勤保障装备（下称双车位模块化消防站）系甲科技公司独创设计的建筑作品，2018年7月26日，甲科技公司建造的双车位模块化消防站甲站投入使用，该站亦属著作权法保护的建筑作品。其独创性体现为：1. 整体采取红灰撞色设计；2. 建筑物中部的红色白框夹层"红腰带"设计；3. 屋顶与建筑物二层之间的架空层设计并放置白色特定字体的"FIRE SERVICES 消防站"标语；4. 建筑物左侧的突出廊亭设计；5. 建筑物二层突出而一层车库位置后缩的设计。并依据甲站的设计稿、与作者签订的劳动合同及作者的声明、《政府采购合同》等主张其对甲站享有著作权。乙科技公司认为甲科技公司主张的相应设计不具有独创性，不能证明甲站构成建筑作品。

甲科技公司主张，双车位模块化消防站经其长期宣传和使用，在可移动消防站市场具有较高的知名度和影响力，"模块化消防执勤保障装备"（下称涉案商品名称）系其有一定影响的商品名称，甲站的六处外观装潢（下称涉案装潢）构成"有一定影响的装潢"，具体包括：1. 色彩上采用红灰两种颜色的搭配，结构上分为屋顶和主体部分，主体部分分为上下两层，下层分车库和非车库部分，非车库部分有类似亭子的廊亭设计等整体装潢；2. 红灰撞色设计；3. 屋顶与建筑物二层之间的架空层设计；4. 使用在特定位置的、方正兰亭特黑简体的英文"FIRE SERVICES"；5. 建筑物中部的红色白框夹层"红腰带"设计；6. 与墙面相同颜色的灰色反光镜面窗户设计。此外，甲科技公司就模块化消防站申请多项专利、进行作品登记，其中就与甲站相同的产品外观获得产品外观设计专利。

甲科技公司主张，四车位模块化消防站照片为摄影作品，七车位模块化消防站产品设计图、九车位模块化消防站产品设计图均系图形作品，甲科技公司均对此享有著作权。

乙科技公司生产建造并销售的乙站、丙站、丁站，上述三座消防站统称被控侵权消防站），其曾对甲站进行过实地踏勘。甲科技公司主张被控侵权消防站效果图及丁站外观实景图与甲站在整体红灰撞色装潢、建筑物左侧突出廊亭设计、二层突出而一侧车库位置后缩设计、“红腰带”设计上实质性相似，且被控侵权消防站装潢与涉案装潢相同或实质性相似。双方确认被控侵权消防站仍在正常使用。乙科技公司的涉案网站及社交媒体平台中使用了涉案照片及设计图，此外，乙科技公司申请了涉案专利，该专利附图为二层平顶建筑物，一层左侧有廊亭设计，建筑物二层突出而一层车库位置后缩，二层与屋顶之间存在架空层且屋顶具有一定倾斜角度。故请求判令乙科技公司停止侵害著作权以及不正当竞争行为，赔偿甲科技公司经济损失 512 万元和合理开支 138 433 元。

乙科技公司提交了相关建筑标准和招标文件，认为甲站所具有的主要特征和涉案装潢中，车库门使用红色、建筑主体使用灰色、特定位置放置白色字体“FIRE SERVICE 消防站”标语、屋顶设计、“红腰带”设计等均系消防法规和招标文件所明确要求的内容，廊亭设计、建筑物二层突出而一层车库位置后缩则属于楼房必备的功能性设计，不具有独创性；甲站红灰配色系消防行业惯例，不属于甲科技公司独创性智力成果。而被控侵权消防站系乙科技公司自行设计，且被控侵权消防站与甲站不构成实质性相似。

【案件焦点】

1. 甲站是否构成建筑作品；2. 乙科技公司被诉行为的性质认定；3. 如乙科技公司被控侵害著作权及不正当竞争行为成立，则其应当承担何种法律责任。

【法院裁判要旨】

北京市海淀区人民法院经审理认为：

被控侵权消防站系乙科技公司建造、销售，涉案网站、涉案社交媒体账号由其运营，涉案专利由其申请，故乙科技公司是被控侵害著作权和不正当竞争行为的实施者，系本案适格被告。

关于甲站是否构成建筑作品。虽作为模块化建筑的甲站与以地基为基础的传统建筑物或构筑物存在一定区别，但从模块化建筑建造过程以及所发挥的功能看，其亦系满足特定社会生活需要，利用所掌握的物质技术手段并根据一定规律、法则创造出的人工环境；且当模块化建筑置于某一地点时，所发挥的建筑物功能与其他类型的建筑物并无本质区别；另外模块化建筑物是在特定的环境和条件下，人与自然环境相协调的建筑类型之体现。因此，不应因其可移动性或不具有传统意义上的耐久性而否认模块化建筑作为建筑物的属性，即甲站作为双车位模块化消防站，应该被认定为建筑物。而对该建筑物，虽权利人已就此获得专利权利，但如果其存在具有独创性的艺术美感部分，则同时可就该部分获得著作权法保护。但对于甲站是否具有独创性，由于屋顶与建筑物二层之间的架空层设计、建筑物左侧的突出廊亭设计均是实现特定需求的功能设计；甲站整体采取的红灰撞色设计、“红腰带”设计以及架空层放置白色特定字体标语“FIRE SERVICES 消防站”属于有限表达，故均不属于甲站具有独创性的设计。而标语的特定字体和建筑物二层突出而一层车库位置后缩均未体现独特艺术美感，该两个设计亦不具有独创性。此外，该些设计的组合亦未体现设计者个性，不具有独创性，故甲站不构成建筑作品。

乙科技公司未经许可在涉案网站、社交媒体账号中适用甲科技公司享有著作权的涉案照片及设计图，侵害了甲科技公司就涉案照片及设计图享有的信息网络传播权。但因消费者较难因此行为本身而被欺骗、误导，故对甲科技公司关于虚假宣传的主张不予支持。

关于被诉不正当竞争行为，关于涉案装潢，涉案装潢系使用在甲站中，“结构分为屋顶和主体部分、主体部分分为上下两层且下层分为车库和非车库部分以及非车库部分类似亭子的廊亭设计”“屋顶与建筑物二层之间架空层设计”均系建筑物本身结构，不能与甲站相分离；“与墙面相同颜色的灰色反光镜面窗户设计”未具有其他美化建筑物之效果，该三处设计不能认定为“商品装潢”。据此，甲科技公司主张的六处装潢设计中，仅有“红灰撞色设计”“使用在特定位置的、方正兰亭特黑简体的英文‘FIRE SERVICES’”“‘红腰带’设计”三处系使用在甲站中，具有美化商品功能的文字、图案、色彩及其排列组合等元素，可以被认定为“装潢”。而该三处装潢相关公众无法将其与甲科技公司建立稳定、唯一的对应关系，无法有效识别甲站。涉案装潢均不能构成反不正当竞争法第六条第二项中的“装潢”。即便涉案装潢属于该条规定中的“装潢”，亦因无法使本案中涉及的相关公众，即购买模块化消防站的各地消防部门或街道等其他政府机关产生误认，不存在混淆结果，而不符合该条的构成要件。关于涉案商品名称，其不属于“具有一定影响的商品名称”。关于被诉申请专利行为，因其不属于市场主体经营行为而不属于反不正当竞争法调整范围。故对甲科技公司主张乙科技公司构成不正当竞争的主张均不予支持。

北京市海淀区人民法院依照《中华人民共和国著作权法》第十条第十二项，第五十四条第二款、第三款，以及《中华人民共和国民事诉讼法》第六十四条第一款之规定，判决如下：

一、本判决生效之日起十日内，被告乙科技公司赔偿原告甲科技公司经济损失 1 万元及合理开支 1 万元；

二、驳回原告甲科技公司的其他诉讼请求。

判决后，双方当事人均未上诉，本判决现已生效。

【法官后语】

为了满足各类场景下的社会生活需要，各类建筑模式层出不穷，移动消防站等批量、快速、灵活搭建、移动、拆卸的模块化建筑在现实生活中的运用也越来越多。在知识产权法视域下，此类建筑是否能够获得法律的保护，可以获得哪些法律保护，亦逐渐成为需要关注和研究的问题。而本案即属于以著作权法为切入回应上述问题的典型案件。

一、模块化建筑的建筑物性质认定

著作权法所保护的建筑作品，是指以建筑物或构筑物形式表现的有审美意义的作品，即其保护对象前提系建筑物或构筑物（以下统称建筑物）。因此，在判断模块化建筑是否可为著作权法保护，首先需要判断其是否属于建筑物。

模块化建筑，是指将建筑分成若干空间模块，模块内的一切设备、管线、装修、固定家具均已装配完成，或者外立面装修也已完成，再将这些模块构件运至施工现场，像“搭建积木”一样拼装在一起的建筑，是一种新兴的建筑结构体系。目前最常见的模块构件一般为集装箱。与传统的作为“不动产”的建筑物相比，其并不以地基为建筑基础，具有更为灵活的可移动性，但也因此在稳固性、耐久性方面相对较差。

虽然模块化建筑不同于传统建筑物，但是，建筑物的构成并不以不可移动、极强的稳定耐久等作为要件，就模块化建筑物而言，无论是从建造过程、实际功能、环境意义而言，都应当属于建筑作品。首先，从其建造过程以及所发挥的功能来看，其与传统建筑物相同，同样属于满足特定社会生活需要，利用所掌握的物质技术手段并根据一定规律、法则创造出的人工环境，符合建筑物本身的定义。其次，从实际效果来看，当模块化建筑置于某一地点时，所发挥的建筑物功能与其他类型的建筑物并无本质区别，或提供了一定社会活动的空间场所，或存在特定的使用、欣赏功能。此外，模块化建筑的灵活性、移动便捷性和可多次拆装的特点，在较大程度上减少了对自然环境的破坏，且具备重复利用的可能性，是在特定的环境和条件下，人与自然环境相协调的建筑类型之体现。因此，不能因与传统建筑物存在的一定特性差别而否认模块化建筑作为建筑物的属性。

二、模块化建筑的独创性认定

在判断模块化建筑物是否构成建筑作品时，需先划定其受著作权保护的范围，即将不受著作权法保护之部分予以排除，再对剩余部分的表达是否符合建筑作品独创性认定标准予以判断。

（一）部分表达的排除

1. 功能表达的排除

建筑物相较于其他作品类型具有更强的功能性特点。但著作权法对建筑作品的保护并不在于其该实用功能，而仅是在于其具有审美意义的“艺术”方面的表达。因此在判断建筑物是否具有独创性而构成建筑作品时，首先需要将其“实用”上的功能性表达予以排除。而且，就模块化建筑而言，其常应用于实用性较强且具有一定社会公共职能的场景，如果对其上的该些功能性表达予以保护，将会导致权利的垄断，导致因保护该功能性而保护了其背后的技术方案的效果，不仅与其建设初衷相悖，亦违背著作权法的基本规则。

具体而言，建筑作品中常见的功能性表达体现在建筑设计中的稳固结构、照明通风、动线需求等。此外，不同类型的建筑物，所发挥不同的实用性功能也不同，如消防站、医院等在出入口必须保障人员、车辆的快进快出以实现救援目的，因此在出入口的设计上往往会对人车分离、减少障碍干扰方面着重考量而进行相应的功能设计。因此在功能性表达的排除中需要针对具体情况进行判断。

2. 有限表达的排除

著作权法保护的系思想的表达而非思想本身。当作者阐述其思想所能采取的表达方式和创作空间极为有限，从而导致其他人如要表达同样思想将不可避免地使用与作者相同或极为近似的表达形式时，会产生“思想”和“表达”的合并，即“有限表达”。著作权法将“有限表达”排除在其保护范围之外，以防止因对此种表达进行保护而垄断思想，妨碍思想的传播，以此实现个人私益与社会公共利益之间的平衡。

具体到建筑作品，虽其具有美感的独创性可以体现在配色或以文字标识、线条等形式体现的外部装饰上。就配色而言，因建筑作品的特殊性，其通常因建筑物整体造型或外部装饰独特而具有美感，故除非是较为复杂或有特定意义的配色，否则简单的颜色组合难以构成建筑物独创性。就标识等外部装饰而言，对于承担了公共职能的建筑物而言，因其要充分考虑普通公众的认知，故其建筑物的外部标识在文字表达上无可选择的余地，如在字体、标识的设计上亦仅采用了一般性设计而不具有艺术美感，亦难以认定具有独创性。如对于某些特种行业的建筑物，当因其功能性要求的实现而需采用特定颜色或附加鲜明标识时，该类建筑物外观设计中的配色、文字标识等即有通例要求，如消防站标志性的红色、警局标志性的深蓝色等。因此，不同设计者就此亦只存在有限的选择，缺乏可以展现其个性和创造性的设计空间。此时，可以认定该种外观设计属于“有限表达”而不能获得著作权法的保护。

（二）关于独创性标准及特殊考量

1. “独创性有无”标准

关于在模块化建筑物独创性的判断标准上，首先，鉴于著作权法仅以“具有独创性”作为作品的要件之一，独创性高低标准并非法律标准而更多是艺术性等判断标准等因素，在判断是否构成建筑作品时，应当采用“独创性有无”的标准。其次，如前所述，建筑作品不同于其他作品类型，实用价值，功能性是建筑物存在的第一要素；且其设计也往往受到市政规划、自然条件、社区环境等因素的限制。尤其是模块化建筑物具有更强的实用性特征，特别是特定类型的建筑物中，为了实用需要，在设计参数、建造材料等方面可能会存在严格的标准要求。因此，在其最终呈现的建筑物的具体表达上，建筑作品相较于其他作品类型更为有限，在对模块化建筑物独创性的判断时应以最低限度的独创性为标准。此时，当涉案建筑物系由其作者独立创作，且其外观是具有个性、审美意义的设计时，即应认定构成建筑作品而受到著作权法保护，否则将极大提高其保护门槛而不利于创作。

2. 模块化建筑作品独创性认定的特殊考量

如前所述，模块化建筑的建设初衷在于其较强的灵活性、适用性，其运用的场景大多为功能性较强的公共服务设施，要求公众在看到该建筑即清楚知晓其为特定的建筑物，从而可以及时发挥其特定的功能作用。例如，本案所涉及的模块化消防站，其特殊的适用场景要求建筑物具备更高的醒目性、辨别性，因此在配色空间、标语选择等方面均应当趋于统一以减少公众困惑。在此情况下，如将此种极为有限的建筑物配色空间、标语配色及内容作为著作权法保护的对象，易造成相关元素被特定主体垄断而有损社会公共利益。因此，在此种建筑物的独创性判断上，应将其放置在特定场景下，在维护公共利益和鼓励创作传播中予以平衡。

三、模块化建筑物的其他知识产权保护路径

如前所述，模块化建筑物如欲获得著作权法之保护，需满足独创性之要件，具有一定的门槛要求。如果因未满足该要件要求而无法获得著作权保护，亦可以探求其他法律而获得对应的知识产权保护。

（一）专利权保护路径

根据《中华人民共和国专利法》第二条规定，对产品的形状、构造或者其结合所提出的适于实用的新的技术方案可以申请并获得实用新型专利；对产品的整体或者局部的形状、图案或者其结合以及色彩与形状、图案的结合所作出的富有美感并适于工业应用的新设计可以申请并获得外观设计专利。因此，即便不符合著作权法独创性要求，如符合以上实用新型或外观设计专利要求，亦可以获得专利权之保护。

不过需要说明的是，对于已获得实用新型或外观设计专利的建筑物，如同样具有独创的艺术美感，可以同时获得著作权法的保护。而即便不符合著作权法中建筑作品的构成要件而不构成建筑作品，亦不会减损权利人所获得的专利权，并可基于其专利权对相关侵权行为提起诉讼。

（二）竞争法保护路径

除了设权型知识产权保护之外，对于建筑物的知识产权保护，在符合特定条件的情况下，可以寻求反不正当竞争法中的混淆条款中的“具有一定影响的装潢”来予以保护。对于该条的适用，需要满足如下要件：

一是“商品装潢”之前提。商品装潢应附于商品或其包装之上，同时又与商品本身相分离。只有附加在商品或其包装上，对商品具有美化作用且具有识别商品来源的元素，才可认定为《中华人民共和国反不正当竞争法》第六条第一项中的“装潢”。一般来说，模块化建筑物常常由相应主体通过市场化的采购、购买而建设，属于商品范畴。而对于其上的装潢的认定，如无法与其作为商品本身所分离，或者并无美化之功能，则难以认定为可受保护的“装潢”。例如，本案中的甲科技公司主张的“结构分为屋顶和主体部分、主体部分分为上下两层且下层分为车库和非车库部分以及非车库部分类似亭子的廊亭设计”“屋顶与建筑物二层之间架空层设计”两处设计，均系建筑物本身结构，不能与甲站相分离，故不具备《中华人民共和国反不正当竞争法》第六条调整的条件。

二是“识别来源”之功能。权利人主张的商品装潢应以具有识别其商品来源之功能才可能导致混淆。只有相应的装潢与权利人之间形成稳定、唯一的对应关系，即相关公众可以通过该装潢有效识别模块化建筑物的来源主体，权利人才可以依据该装潢寻求反不正当竞争法保护。例如，本案中甲科技公司主张的“红灰撞色设计”“使用在特定位置的、方正兰亭特黑简体的英文‘FIRE SERVICES’”“‘红腰带’设计”三处设计均系有限表达，加之“FIRE SERVICES”文字的设置亦系相关建造规范和招标单位的要求，即他人建造模块化消防站亦不可避免会使用该三处设计，故相关公众无法将其与甲科技公司建立其稳定和唯一的对应关系，不能据此有效识别甲站。

三是“导致混淆”之结果。《中华人民共和国反不正当竞争法》第六条第四项的适用要件包括产生引人误认为是他人商品或者与他人存在特定联系的混淆结果。“引人误认”一般以相关公众以与商品价值相适应的一般注意力对商品形成的整体印象来判断。而对于模块化建筑物来说，需根据特定的适用场景来划定相关公众的范围，以最终认定是否存在“混淆”之结果。例如，本案中的相关公众并非普通消费者，而是购买模块化消防站的各地消防部门或街道等其他政府机关。此类公众的认知水平较高和判断能力较强，且政府部门确定供应商一般需经较为严格的资质审核、招投标等程序，在此情形下，即便被控侵权消防站使用了涉案装潢，亦不足以导致相关公众将被控侵权消防站误认为是甲科技公司产品或与其存在许可使用、商业联合等特定关系，不会产生混淆结果。

编写人：北京市海淀区人民法院　张璇　李思頔

12

网络游戏应按其表现形式认定作品类型

——信息技术公司、甲科技公司诉乙科技公司著作权侵权及不正当竞争案

【案件基本信息】

1. 裁判书字号

广州互联网法院（2021）粤 0192 民初 4294 号民事判决书

2. 案由：著作权侵权及不正当竞争纠纷

3. 当事人

原告：信息技术公司、甲科技公司

被告：乙科技公司

【基本案情】

信息技术公司是甲游戏的著作权人，其将该游戏软件及游戏内美术资源、文字作品等全部著作权授权给甲科技公司使用，二者共同运营该游戏，并约定双方有权单独或共同针对侵权行为进行维权。信息技术公司和甲科技公司主张乙科技公司研发、运营的乙游戏完全抄袭了甲游戏内容，侵犯了其著作权并构成不正当竞争。故向法院起诉，请求判令乙科技公司停止侵权、赔偿经济损失并赔礼道歉。乙科技公司不同意信息技术公司和甲科技公司全部诉讼请求，认为信息技术公司、甲科技公司主张的甲游戏没有独创性、不是著作权法意义上的作品，信息技术公司、甲科技公司不享有其主张的著作权相应权利，同时认为两款游戏关卡内容、关卡设计逻辑、美术呈现表达等并不完全相同，著作权仅只保护表达，不保护思想和创意，所以乙科技公司并不构成侵权。

经比对，两款游戏中对应题目的题面、结算语文字实质性相似；每道题界面UI设计、选项中的美术素材实质性相似；游戏的整体选择、编排实质性相似。

【案件焦点】

1. 甲游戏整体是否构成汇编作品；2. 乙科技公司是否侵犯游戏整体著作权。

【法院裁判要旨】

广州互联网法院经审理认为：甲游戏实质是通过计算机程序展示的一套试题库，由213道题目组成，每道题目包含若干文字、图案、数字、字母、图形等作品或不构成作品的元素。创作者紧扣玩家心理，融入大量巧思，对题目整体的选择、安排具有独创性，可以认定为汇编作品。

汇编作品的独创性体现在对汇编内容的选择或编排等方面，但这种选择和编排上的独创性并不能脱离所选择和编排的内容单独存在。单纯的选择或编排属于抽象的思想或方法，而不再属于作品的范畴。在判定汇编作品是否构成实质性相似时，应当将选择、编排与内容相结合作整体比对，只有在既使用了汇编者采用的选择或编排又使用了汇编者采用的内容时，才构成对汇编作品的侵害。

甲游戏完成及上线运营日期在先，乙科技公司作为同类型游戏经营者，对于该游戏具有较高的接触可能性。乙游戏实质是将甲游戏部分题目进行删减，并调整少量题目位置顺序后，更换游戏名称并上线运营。两款游戏实质相似。乙科技公司开发、运营乙游戏的行为，构成对甲游戏复制权、信息网络传播权的侵害。

信息技术公司、甲科技公司主张乙科技公司构成不正当竞争的行为与主张构成著作权侵权的行为是同一行为，信息技术公司、甲科技公司的相关权益在著作权法范畴内已进行保护和救济，故对其以乙科技公司构成不正当竞争为由，要求乙科技公司就同一侵权行为重复承担责任，于法无据。

关于侵权责任的承担。因信息技术公司、甲科技公司当庭确认被诉侵权游戏已下架，且未有证据显示被诉侵权行为仍在持续，故该请求法院不再予以支持。因信息技术公司、甲科技公司未举证证明乙科技公司的行为致使其声誉受损或产生不良社会影响，侵权行为已停止，并且通过赔偿经济损失的措施，足以消除案涉侵权行为对信息技术公司、甲科技公司造成的损害，故对于赔礼道歉的诉讼请求，法院未予以支持。法院综合考量案涉作品的市场价值、乙科技公司的主观故意、侵权数量及比例，以及信息技术公司和甲科技公司实际支付的维权开支等因素依法适用法定赔偿。

广州互联网法院依照《中华人民共和国著作权法》第九条，第十条第三项，第五项，第十二项，第十四项，第十一条，第四十八条，第四十九条；《最高人民法院关于审理著作权民事纠纷案件适用法律若干问题的解释》第七条；第二十五条；第二十六条；第二十九条；《最高人民法院关于审理侵害信息网络传播权民事纠纷案件适用法律若干问题的规定》第三条；《中华人民共和国民事诉讼法》第六十四条第一款的规定，判决如下：

一、被告乙科技公司于本判决生效之日起十日内向原告信息技术公司、甲科技公司支付经济损失（含维权合理开支）333000 元；

二、驳回原告信息技术公司、甲科技公司的其他诉讼请求。

判决后，双方当事人均未上诉，本判决现已生效。

【法官后语】

本案是将网络游戏认定为汇编作品的典型案例。本案从网络游戏的具体表现形式出发，将网络游戏认定为汇编作品，并对汇编作品的独创性体现和侵权判定进行详细论述，为网络游戏著作权案件的审理提供思路。

（一）著作权法规定作品按表现形式进行分类

著作权法保护表达而不保护思想，作品的多样性首先体现为表现形式的多样性。《中华人民共和国著作权法》第三条按照作品的表现形式将作品分为八种法定作品类型，并规定第九项为“符合作品特征的其他智力成果”。《中华人民共和国著作权法实施条例》第四条对各类作品进行了具体定义，从定义中可以发现我国作品分类考虑的是作品的表达形式。比如，文字作品以文字形式表现，口述作品以口头语言形式表现，曲艺作品以说唱形式表现，建筑作品以建筑物或构筑物形式表现等。不同类型的作品其独创性体现、权利归属、保护期限及保护规则会有所不同。根据表现形式对作品分类，有利于根据分类定义各不同类型作品的表达实质，提高作品保护的规范性、稳定性及预期性。

（二）技术的变迁不影响作品的定性或类型划分

著作权客体随着技术变迁不断扩张，新技术的革新催生了具有重要价值的新型创作物。但是，这种扩张始终保持着克制。新型作品的诞生必须有足够的特殊性，并符合著作权的立法目的和制度构造，其设立的必要性、可行性以及保护路径应通过司法实践的不断“试错”，并被充分讨论。实际上，智力成果的技术实现手段，并不影响其作品的定性或作品的类型划分。比如，随着技术的发展，电影作品从否定可版权性到确认可版权性，从摄影作品独立为电影作品，虽始于技术的催生，但仍终于其表现形式，即“一系列有伴音或者无伴音的画面”。

随着云计算、人工智能、区块链技术的飞速发展，可以预测网络游戏也将随着技术的进一步发展不断催生出新的细分板块，如云游戏、元游戏等前沿市场亦将迎来快速成长的新机遇。虽然技术的发展仍可能影响着著作权法的适用，但归根到底，著作权法所保护的仍将是这些技术手段所呈现出的具体表达，而非技术本身。

（三）网络游戏按其表现形式可认定为不同作品类型

网络游戏所采用的技术及具体制作方式不影响作品及作品类型的认定。网络游戏实质上是运营商控制管理的服务器与玩家客户端相结合并可实现数据交流的计算机软件，其包括了游戏引擎和游戏资源库。当玩家操作游戏引擎调动游戏资源库，将相关内容展示在屏幕上时，所形成的画面就是游戏的最终呈现，也是网络游戏的表现形式。如果该种表现形式的网络游戏符合著作权法关于作品的定义，那就应当受到著作权法的保护。至于究竟属于哪类作品并不需要过分争论，毕竟不同表现形式的网络游戏可被认定为不同类型的作品，从而适用不同的独创性判断标准和侵权比对方式。本案所涉游戏实质是通过计算机程序展示的一套试题，每道题目包含若干元素，创作者紧扣玩家心理，融入大量巧思，对单个题目的题面、选项图案、结算语以及题目整体的选择、安排具有独创性，符合汇编作品定义，故可认定为汇编作品。

（四）汇编作品的侵权比对既比“编排”，亦比“内容”

对汇编内容的选择或编排不能脱离所选择和编排的内容单独存在。单纯的选择或编排属于抽象的思想或方法，而不再属于作品的范畴。换句话说，如果排除了内容本身，汇编者单纯对“选择或编排”主张权利，并没有意义。故在判定汇编作品是否构成实质性相似时，应当将选择、编排与内容相结合作整体比对，只有在既使用了汇编者采用的选择或编排又使用了汇编者采用的内容时，才构成对汇编作品的侵害。正如本案中，两款游戏中每道题目的题面、选项图案、结算语，以及全部题目的编排均构成实质性相似，故被告构成侵权。

网络游戏法律保护问题极具复杂性。在现行法律框架内，网络游戏的作品类型认定不能一概而论，必须进行个案分析。不同表现形式的网络游戏可认定为不同类型作品。本案将网络游戏认定为汇编作品。需要注意的是，对于《中华人民共和国著作权法》第三条规定的各类作品而言，汇编作品具有“兜底”的作用。如果对创作素材作出的独创性选择、安排形成的是能够被认定为其他法定类型作品时，则不应再被归入“汇编作品”类别。在某种作品类型之下，如何开展游戏比对、如何计算损害赔偿额，是更加需要关注的问题。

编写人：广州互联网法院　戴瑾茹　刘畅

13

著作权侵权案件中故意侵权的认定标准应与主体专业程度相适应

——出版社诉教育科技公司、教育科技公司分公司侵害作品发行权案

【案件基本信息】

1. 裁判书字号

北京知识产权法院（2021）京 73 民终 2205 号民事判决书

2. 案由：侵害作品发行权纠纷

3. 当事人

原告（被上诉人）：出版社

被告（上诉人）：教育科技公司、教育科技公司分公司

【基本案情】

2019 年 4 月 15 日，某中心与出版社签订《版权许可备忘录》，授权出版社享有《初级会计实务》（以下简称涉案图书）的专有出版权和信息网络传播权及独立维权权利，期限为 5 年，自涉案图书出版之日起生效。

教育科技公司是专业从事会计类资格考试培训的教育机构，其品牌规模大、知名度高，自 2002 年成立起至今在全国开设了近 400 家校区。

出版社委托代理人对在教育科技公司分公司经营场所购买涉案图书盗版书籍的过程进行公证取证。在公证员的监督下，出版社委托代理人在教育科技公司分公司处购买 2019 年版《初级会计实务》一本，经比对鉴定，系盗版图书。出版社认为教育科技公司与教育科技公司分公司作为专业且知名的会计考试培训机构，长期、大量向其学员提供盗版涉案图书，侵犯了出版社就涉案图书享

有的专有出版权，请求被告停止发行《初级会计实务》盗版图书并赔偿经济损失 100 000 元及维权合理开支 6497 元。

【案件焦点】

1. 教育科技公司及教育科技公司分公司是否存在侵权行为；2. 赔偿数额如何确定。

【法院裁判要旨】

北京市石景山区人民法院经审理认为：教育科技公司分公司在经营活动中向学员提供了盗版涉案图书，侵犯了出版社对于涉案图书享有的专有出版权，应承担停止侵害、赔偿损失的法律责任，教育科技公司应一并就上述行为承担责任。

关于赔偿经济损失的数额，无涉案侵权行为所致实际损失或违法所得的直接证据在案佐证。双方关于是否存在关联公司多次、重复侵权问题存在争议且尽力举证。就此，法院认为，自侵权行为之重复性看，教育科技公司之多分支机构、关联公司，多次因非法出版物问题涉诉或被行政处罚，其中明确被认定为侵权行为或行政违法行为亦不在少数；自主体专业程度上看，教育科技公司系从事会计资格考试培训的专业机构，在该领域具有较高的知名度与影响力，相关教材、图书等应为其从事培训之所需，其理应对图书正版与否具备较高的辨别能力，理应知晓涉案图书之市场价值，且应就使用正版图书承担适当的社会责任。即使退一步，就其所言集团内部明令整改及员工私售而言，既未能杜绝侵权行为，也是管理职责行使不到位的表现。综合以上主观过错情节认定，同时考量涉案图书的字数、定价、权利基础以及教材适用期限与知名度、侵权方式和经营范围等，法院对出版社所主张赔偿经济损失数额在法定范围内予以酌定调整、部分支持。

北京市石景山区人民法院依照《中华人民共和国著作权法》第十一条、第三十一条、第四十八条、第四十九条、第五十八条，《中华人民共和国公司法》第十四条，《中华人民共和国民事诉讼法》第六十七条第一款之规定，判决如下：

一、被告教育科技公司、教育科技公司分公司于本判决生效之日起停止侵害原告出版社2019年度全国会计专业技术资格考试辅导教材《初级会计实务》专有出版权的行为；

二、被告教育科技公司、教育科技公司分公司于本判决生效之日起十日内赔偿原告出版社经济损失72000元及合理开支5000元，共计77000元；

三、驳回原告出版社的其他诉讼请求。

教育科技公司、教育科技公司分公司不服一审判决，提起上诉。

北京知识产权法院同意一审法院的裁判意见，依照《中华人民共和国民事诉讼法》第一百七十条第一款第一项之规定，判决如下：

驳回上诉，维持原判。

【法官后语】

本案系在《中华人民共和国著作权法》（以下简称《著作权法》）引入惩罚性赔偿制度与《最高人民法院关于审理侵害知识产权民事案件适用惩罚性赔偿的解释》施行前，在法定范围内提高赔偿数额、加大保护力度的典型案例。虽然本案中原告并未明确提出适用惩罚性赔偿，但法院充分考量侵权人主观过错明显与侵权行为情节严重等因素，通过充分论述恶意侵权、多次侵权、重复侵权行为是否存在，合理、合法确定赔偿数额，惩处严重侵犯知识产权行为，切实加大保护力度，契合《著作权法》修改的立法精神，对于通过司法裁判遏制严重侵权行为具有典型意义。

一、被诉侵权人主观故意判断应与其专业程度相适应

本案中，法院认为教育科技公司系从事会计资格考试培训的专业机构，在该领域具有较高的知名度与影响力，经营时间长、地域跨度广、经营模式成熟，相关教材、图书等应为其从事培训之所需，其理应知晓涉案正版图书之著作权权利基础与市场价值，理应对图书正版与否具备较高的辨别能力，对于其提供图书是否为正版图书具有较高的注意审查义务。且在其多家分公司因提供盗版图书被行政查处的情况下，教育科技公司应当知晓提供盗版书籍必然侵犯专有

出版权人的合法权利，但其仍未采取有效措施规范管理其教育培训经营行为，也未采取有效措施防范后续侵权发生。故教育科技公司在向学员提供图书时，理应能够分辨相关图书是否为盗版图书，明知为盗版图书而仍然提供，则应认定为故意侵权。

本案中提供涉案盗版图书的主体是教育科技公司分公司，其作为法人分支机构并非独立法人单位，不独立承担民事责任。教育科技公司作为大型专业教育培训集团，理应对于各分公司的经营活动负有管理责任，即使其曾发文禁止但侵权行为不绝，亦是履行管理职责不到位。故认定主观过错时，应综合考量行为主体与法律责任主体双重要素，结合其从业经营情况与管理情况综合认定。本案中，教育科技公司辩称其多次在内网发布通知文件，严令禁止提供盗版书籍。故教育科技公司分公司作为直接提供会计教育培训服务的经营主体，对相关行为的法律后果是应知、明知状态，而仍然提供了涉案盗版书籍，其主观故意较为明显，应予认定。

二、侵权行为情节严重之考量因素

本案中出版社主张侵权人构成多次侵权、重复侵权，侵权人则抗辩称并非同一主体。在案证据显示，教育科技公司的多家分公司曾因提供注册会计师考试专用书籍盗版图书被行政处罚。行为主体虽然并非本案所涉分公司，但就主体而言均为教育科技公司之分公司，法律责任主体统一，公司管理模式相同，地理区域同属北京市，经营业务均为会计考试教育培训，侵权行为表现形式均为提供盗版图书，侵权图书均为会计考试类用书且包含涉案图书，故教育科技公司其他分公司实施的侵权行为可作为认定涉案侵权行为情节的考量因素之一。且教育科技公司的母公司的诸多分公司亦因提供会计考试类盗版图书多次涉诉或被行政处罚，侵犯的著作权权利客体相对集中且多包含涉案图书。因此，教育科技公司的其他分公司以及关联公司针对涉案权利图书的侵权行为，应作为认定本案侵权行为情节的参考因素，法院据此认定涉案侵权行为情节严重。

三、酌定赔偿数额可作为惩罚性赔偿适用的基数

惩罚性赔偿实际上要以相对确定的补偿性赔偿的成立为前提。法定赔偿根

据权利类型、侵权行为的性质和情节等因素酌情确定赔偿数额，其不能被有效地量化，因此一般情况下不宜作为惩罚性赔偿的计算基数。然而不能回避的客观现实是，对于绝大部分案件来说，适用法定赔偿确定赔偿额，不仅符合此类案件的实际，也符合诉讼效率原则。即使在《最高人民法院关于知识产权民事诉讼证据的若干规定》生效实施之后，就知识产权侵权损失证据的举证问题，当事人虽“尽力举证”但仍无法实现“实际损失”“侵权获利”准确计算的情形仍将存在。这种情况下，如果绝对排除法定赔偿作为惩罚性赔偿基数的适用，则有可能使惩罚性赔偿的规定成为镜花水月。因此，对于这些仍需适用法定赔偿确定赔偿额的案件，需要保留对其适用“惩罚性赔偿”的可能性，可结合“举证妨碍制度”对“法定赔偿额”适用情况进行相应的限制，在原告已经穷尽举证路径的情形下，允许将“法定赔偿”纳入计算“惩罚性赔偿”的基数范围，但对于倍数作较为严格的限制。

本案中，法院结合涉案图书的字数、定价、权利基础以及教材适用期限与知名度等因素，按照稿酬标准80元/千字确定赔偿额基准为36000元，并考量侵权人主观故意与涉案侵权行为情节严重等具体行为，增加一倍赔偿额，确定本案赔偿数额为72000元。本案经二审程序维持一审判决，对于有效遏制相同主体侵犯同一权利客体的行为起到了良好的引导与示范作用。

编写人：北京市石景山区人民法院　张冬　刘丹

14

“一整台戏”的著作权保护途径及无剧本形式戏剧作品的认定标准

——文化公司诉杨某等侵害作品改编权案

【案件基本信息】

1. 裁判书字号

北京市高级人民法院（2021）京民终字第837号民事裁定书

2. 案由：侵害作品改编权纠纷

3. 当事人

原告（上诉人）：文化公司

被告（被上诉人）：杨某、甲影业公司、动画影视公司、乙影业公司、传媒公司、科技公司

【基本案情】

文化公司称其是情景舞台表演戏剧作品A的著作权人。A舞台剧利用多种艺术表现形式，演绎一个关于阴阳两种不同属性的能量幻化成黑、白精灵来到人间经历成长的原创中国故事。2017年4月至2018年6月，该剧先后在国内外进行公开展演。B电影于2019年7月在院线首映，杨某、甲影业公司、动画影视公司、乙影业公司、传媒公司、科技公司（以下简称六被告）除杨某系B电影的编剧和导演外，其余均为B的出品方。文化公司认为，B电影在人物设定（包括人物形象、人物性格及人物关系）、故事情节及其他要素表达方面与A舞台剧构成实质性近似，六被告在创作该电影的过程中具有实际接触A舞台剧的可能性，根据《中华人民共和国著作权法》的相关规定，六被告的行为侵犯了

其改编权。故文化公司诉至法院要求判令：六被告立即停止侵权行为、刊登道歉声明，并连带赔偿经济损失及合理费用。

文化公司明确，其主张著作权的作品为2018年6月23日在某剧院上演的A舞台剧，主张该舞台剧本身构成著作权法规定的戏剧作品或者其他作品类型，其诉请要求保护的是与舞台剧表演密不可分并通过表演所体现的故事情节、人物设定及人物关系，而非舞台剧剧本。关于侵权比对，文化公司明确表示不提供A舞台剧的剧本，主张以A舞台剧的整体演出内容作为比对基础，并提交了针对该剧的由一个机位镜头全程不间断录制且未经剪辑处理的视频（以下简称一镜到底版视频）及录制剪辑之后的视频（以下简称录制剪辑版视频），主张A舞台剧的具体内容以录制剪辑版视频为准。

六被告不同意文化公司的全部诉讼请求，认为A舞台剧仅为舞台表演，不属于我国著作权法所保护的作品；A舞台剧录制剪辑版视频不能作为实质性近似的比对依据；B电影创作早于A舞台剧，二者既不相同也不相似，不构成对文化公司改编权的侵害。

【案件焦点】

1. 整台A舞台剧是否属于《中华人民共和国著作权法》第三条第三项规定的戏剧作品、第九项规定的其他作品；2. 整台A舞台剧中“供舞台演出的作品”部分的表达内容是否构成戏剧作品；3. B电影是否侵犯A舞台剧中“供舞台演出的作品”部分的改编权。

【法院裁判要旨】

北京知识产权法院经审理认为：

关于案件焦点一。在著作权法上，对于“一整台戏”，需要区分不同性质的劳动来决定哪些劳动成果可以构成作品，以及归入哪一类型作品加以保护。本案中，文化公司主张权利的客体——“一整台戏”，包括两部分内容：一是“供舞台演出的作品”部分，其中包含了文字作品、美术作品、音乐作品、舞蹈作品等；二是呈现作品的舞台表演部分。整台A舞台剧不能构成著作权法上的戏剧作品或其他作品。

关于案件焦点二。文化公司主张的B电影与A舞台剧构成实质性相似的部分，仅仅涉及整台舞台剧的“供舞台演出的作品”部分，该部分能否获得著作权法保护，首先需要确定该部分的客观表达。在文化公司不提供剧本载体的情形下，应当以A舞台剧的客观呈现即广大受众通过现场观看整场演出所感知的外在表达确定其具体表达内容。因录制剪辑版视频系选择、编排后整理而成，故应以一镜到底版视频所体现的内容作为确定该部分表达的客观依据。整台A舞台剧中，创作者对舞蹈等多种艺术形式的表演进行选择及顺序编排，用以配合故事情节的发展，将一个贯穿始终的故事呈现给观众，让观众通过观看表演从而感受到故事的开始、发展、高潮和结局，属于文学、艺术和科学领域内的智力成果，具有独创性，且满足作品的可复制性要求，故其中“供舞台演出的作品”部分构成著作权法上的戏剧作品。

关于案件焦点三。在侵犯改编权案件中，对不同类型作品进行著作权相似性比对时，应当以外观主义为原则，以广大受众的一般感受为基础。经比对，B电影与A舞台剧在人物设定、故事情节、其他要素等方面均不构成实质性相似。

综上，北京知识产权法院依照《中华人民共和国著作权法》第三条第三项、第九项，第十条第一款第十四项，第十六条第二款第二项；《中华人民共和国著作权法实施条例》第四条第四项；《中华人民共和国民事诉讼法》第六十四条第一款之规定，判决如下：

驳回文化公司的全部诉讼请求。

文化公司不服一审判决，提起上诉，后其自愿申请撤回上诉。

北京市高级人民法院裁定予以准许。

【法官后语】

如何在著作权法框架下对“一整台戏”创作者的创作成果进行有效保护，一直以来都是艺术界普遍关注的焦点，也关系到国家文化产业的创新和发展。本案判决从以下三个层次厘清了业界相关著作权保护的困惑。

首先，“一整台戏”在著作权法框架下应区分为不同的作品类别分别进行保护。戏剧是以演员表演为中心，通过对文学、音乐、舞蹈、美术等艺术的有机结合，所要表达的内容才可完整地表现出来，此时呈现给观众的就是“一整台戏”。这“一整台戏”既包含了导演、文学剧本的创作者、舞蹈设计者、词曲作者的构思，也包含了表演者、演奏者、布景、灯光、道具、服装等舞美设计者的构思。在著作权法上，对于“一整台戏”，需要区分为不同的作品类别分别进行保护。除剧本本身可以作为戏剧作品进行保护外，演出过程中的音乐呈现可以作为音乐作品进行保护，具有独创性的舞蹈动作设计可以作为舞蹈作品获得保护，服饰造型的美感表现可以作为美术作品进行保护。在舞台上根据作品表演的演员，其享有的表演者权可以受到著作权法的保护。

其次，无剧本载体的戏剧作品可以获得著作权法的保护。戏剧作品是指以剧本等形式表现的作品。剧本主要是由台词和舞台指示组成，是戏剧艺术创作的文本基础，是编剧与演员演出的依据。但戏剧作品不能与写出来的剧本画等号。根据戏剧自身的特点，有些戏剧不需要或者不能通过剧本加以表现。甚至有些剧本初稿较为简单，在此后的现场演出过程中不断修改，最终呈现于观众面前的供舞台演出的作品很可能会与最初的剧本存在较大差距。因此，不能简单地因戏剧作品缺乏最终的文字表达的载体而否认戏剧作品的构成。当前技术条件下，即便戏剧作品没有书面载体的存在，也可以以口述、录音录像等形式予以固定其内容。因此，剧本既包括已经写作完成体现在纸质载体或电子载体上的剧本，也包括没有完整体现于载体上而是以口头、动作等行为形成的供舞台演出的剧本。对于无剧本载体的戏剧作品，在其符合著作权法中关于作品的定义时，可以获得著作权法的保护。

最后，以“一整台戏”呈现的无剧本形式的戏剧作品，应以其向广大受众呈现的外在表达的客观内容进行著作权保护。在对此类作品进行著作权层面的相似性判断时，应当注意：第一，同一作品的不同受众基于其个人独特的思想感情、生活经历、教育水平等因素会产生不同的主观感受；该作品的创作者对于其作品也会有其个性化的理解。第二，不同形式的文学艺术作品给予受众主观感知的差异程度会有所差别。例如，以音乐、图画、舞蹈等为主要表现形式的作品给予不同受众的主观感受的差异程度较大，而以语言文字形式呈现的作品相较而言更具确定含义。故对包含多种艺术表现形式的不同作品进行著作权相似性比对时，应当以外观主义为原则，以广大受众的一般感受为基础，而不能受创作者对于其作品的个性化理解的限制。

虽然该判决驳回了文化公司的诉讼请求，却为“一整台戏”及无剧本形式的戏剧作品在现行著作权法框架下探寻了受法律保护的路径，确立了保护的条件和标准，将为此类案件裁判标准的完善及该类创作成果的著作权保护提供有益的借鉴。

编写人：北京知识产权法院　李志峰　刘琳

15

作品的独创性比例不影响著作权侵权认定标准

——傅甲诉出版公司、电子商务公司分公司侵害著作权案

【案件基本信息】

1. 裁判书字号

江苏省高级人民法院（2020）苏民终928号民事判决书

2. 案由：侵害著作权纠纷

3. 当事人

原告（被上诉人）：傅甲

被告（上诉人）：出版公司、电子商务公司分公司

【基本案情】

1979-1981年，傅甲将傅某、朱某馥、傅乙的家信整理、编选、辑集起来，

汇编成《傅某家书》，由某书店初版发行，后成为畅销书。2015年和2016年，傅甲分别选编了《傅某家书》（学生读本）和《傅某家书》（新课标本）（以下简称为傅某编《傅某家书》），由三家出版社出版，这两本家书是傅甲专为中学生选编的。2017年1月，出版公司出版了《傅某家书》，署名“傅某 朱某馥原著”“闫某渝 主编”。将出版公司版《傅某家书》与傅某编《傅某家书》相比，书信的选择与删节绝大部分完全相同，仅有四篇书信的删节情况略有不同。傅甲委托代理人购买了电子商务公司分公司销售的出版公司版《傅某家书》，并取得了电子商务公司分公司出具的机打发票，书籍售价为10.9元。

傅甲认为，出版公司未经傅甲许可，抄袭傅某编《傅某家书》，并出版了侵权版本的《傅某家书》，印刷销售量极大，侵害了傅甲的汇编作品著作权，应承担停止侵权、赔偿经济损失的民事责任。电子商务公司分公司公开销售涉案侵权图书，使出版公司的侵权意图得以实现，应当承担停止侵权的民事责任。出版公司认为，傅某编《傅某家书》由于在选择和编排上缺乏独创性，不能构成汇编作品。而且傅甲已将《傅某家书》的著作财产权转让给案外人，无权提起诉讼。

【案件焦点】

1. 傅某编《傅某家书》能否认定为汇编作品；2. 傅甲是否有权提起本案诉讼；3. 出版公司版《傅某家书》是否构成侵权。

【法院裁判要旨】

江苏省无锡市中级人民法院经审理认为：1. 傅某编《傅某家书》系傅甲根据历史因素和阅读对象的需求对傅某夫妇的书信进行选择和裁剪，在家书的选择、内容的裁剪、编注的格式上均体现了独创性，应被认定为汇编作品。2. 傅甲对傅某编《傅某家书》享有汇编作品著作权，有权提起本案诉讼。3. 被诉侵权图书侵犯了涉案汇编作品的著作权。被诉侵权图书从书信选择和文章裁剪情况来看，完全是基于傅某编《傅某家书》的选择逻辑，照搬了傅某编《傅某家书》的选编理念，并导致作品篇目与傅某编《傅某家书》相重叠，文章裁剪与傅某编《傅某家书》绝大部分完全相同，故可以认定被诉侵权图书与傅某编《傅某家书》构成了实质性相似，侵犯了涉案汇编作品的著作权。

江苏省无锡市中级人民法院依照《中华人民共和国著作权法》第十条、第十一条、第十四条、第三十五条、第四十八条第一项、第四十九条，《最高人民法院关于审理著作权民事纠纷案件适用法律若干问题的解释》第二十五条第一款和第二款、第二十六条之规定，判决如下：

一、出版公司于判决生效之日起立即停止出版、发行含有侵犯傅甲汇编作品著作权内容的涉案图书；

二、电子商务公司分公司于判决生效之日起立即停止销售含有侵犯傅甲汇编作品著作权内容的涉案图书；

三、出版公司于判决生效之日起十日内在《中国出版传媒商报》刊登致歉声明，向傅甲公开赔礼道歉，消除影响；

四、出版公司于判决生效之日起十日内赔偿傅甲经济损失及合理费用共计10万元；

五、驳回傅甲的其他诉讼请求。

出版公司、电子商务公司分公司均不服一审判决，提起上诉。

江苏省高级人民法院经审理认为：现有证据并不能证明傅甲已经将其享有的汇编作品著作权转让给案外人，故傅甲有权作为本案原告提起诉讼。出版公司关于傅甲无权提起本案诉讼的上诉理由缺乏事实和法律依据，依法不予支持。

江苏省高级人民法院依照《中华人民共和国民事诉讼法》第一百七十条第一款第一项之规定，判决如下：

驳回上诉，维持原判。

【法官后语】

汇编作品是指在对现有作品和材料不改变内容的情况下，对其进行选择、编排并体现独创性的作品。认定汇编作品，有两个重要的特征：一是集合性，即汇编作品以现有作品或材料为来源，将若干作品、作品片段或不构成作品的数据进行的搜集整理；二是独创性，即对现有材料的选择或编排是一种创造性的表达，达到一定的创作高度。对于汇编作品独创性的认定，需要在个案中从多个因素出发进行综合分析。比如，可供选择和编排的现有作品和材料的数量多少、汇编者所付出智力劳动的大小、汇编结果能否体现汇编者的独创思想等。

本案中，集合性毋庸置疑，傅某编《傅某家书》收录了傅某夫妇及其儿子傅乙之间的多封往来书信。双方当事人的争议焦点在于是否具有独创性。本案中，出版公司认为，傅甲仅依据时间顺序对家书进行了编排，不具独创性。法院认为，傅某编《傅某家书》已经达到了汇编作品的独创性要求，具体体现在:《傅某家书全编1954—1966》共收录家信235封，而涉案傅某编《傅某家书》只占到已公开全部家信数量的一半左右；家信也不是原封不动地照搬，而是针对具体篇幅进行了程度不一的删减，未选取家事通报、生活琐碎等部分片段，体现了汇编者傅甲依据其个性化主观标准进行选材和裁剪的结果。而且，傅甲在编排上也有一定的特色，如以*号区分傅某与朱某馥的家信，省略家信中的称呼和落款等。因此，可以认定傅某编《傅某家书》为汇编作品，应获得著作权法的保护。

汇编作品的侵权认定。有观点认为，由于汇编作品与其他作品相比独创性标准较低，受版权保护的内容较少，故侵权认定标准应该更高，要达到“高度实质性相似”标准。笔者认为，汇编作品的侵权认定，仍然遵循著作权侵权的“实质性相似”标准。理由是：进行侵权认定，需要比较的是被诉侵权作品与主张权利的汇编作品中受版权保护的部分，而不是主张权利的汇编作品中的全部内容。一是要分离公有领域和第三人在先表达的部分，即排除对现有作品和材料的垄断。汇编作品的独创性体现在对现有作品和材料的选择或者编排上，而现有作品和材料属于公有领域或第三人的在先表达，不属于汇编者。二是要分离思想和表达，即排除对选择或者编排标准的垄断。选择或者编排的标准属于思想的范畴，而思想不受著作权法的保护。汇编作品中受著作权保护内容所占的比例较低，但这并不意味着应提高汇编作品著作权的侵权认定标准。

本案中，家书的作者傅某与朱某馥均于1966年去世，其两人书信的发表权及相关财产权利的保护期截至2016年，之后，出版公司对书信的公开内容可以自行编辑出版，傅甲亦无权垄断。但是，出版公司对两人书信选择或编排的结果不应与傅某编《傅某家书》中的选择编排结果相重合，或达到了实质性相似的程度，否则即构成侵权。

编写人：江苏省无锡市中级人民法院　鄞芳　潘志江

（二）商标权权属、侵权纠纷

16

商标权利归属应当结合商标设计过程以及争议方是否对权属有明确约定进行认定

——杨某诉林某华商标权权属案

【案件基本信息】

1. 裁判书字号

福建省泉州市中级人民法院（2021）闽05民终6054号民事判决书

2. 案由：商标权权属纠纷

3. 当事人

原告（上诉人）：杨某

被告（被上诉人）：林某华

【基本案情】

杨某与林某华于2016年5月14日起开始婴儿纸尿裤品牌的合作磋商，双方对品牌的商标名称、纸尿裤的底膜、前彩贴、外包装等设计元素进行了探讨。

杨某与林某华通过线上聊天的方式确定由杨某提供商标名称、林某华负责安排注册商标事宜。杨某向林某华提出商标权应当归属杨某所有，但在询问林某华商标注册条件后，林某华对杨某进行了误导，杨某称商标权用林某华的名义注册。而后，双方确定合作品牌的商标名称。由林某华委托商标代理机构先后申请注册案涉四枚商标。2017年10月9日，杨某发现第2014×号注册商标为林某华名下后，通过微信的方式与林某华协商案涉商标转让事宜，而后林某华同意转让案涉商标为双方共有。2018年11月21日，林某华作为转让方（甲方），林某华、杨某作为委托人（乙方），就四枚案涉商标签订《商标转让合同》，合同约定转让方不得私自撤回转让申请，且需无偿配合处理商标局下发的商标转让补正文件，直到案涉商标成功过户至受让方名下。2019年1月28日，国家商标局就第2014×号商标的转让申请向林某华发出《商标转让申请补正通知书》，该补正通知书载明："转让人来函向我局反映，称该商标转让申请并非转让人真实意愿，请受让人提交转、受让人签订的转让协议或转让人同意转让的声明。"2019年2月21日，国家商标局就第2448×号、第2673×号、第3080×号商标的转让申请向林某华发出《商标转让申请补正通知书》各一份，上述补正通知书均载明："经审查，2019年1月17日收到转让人来函向我局反映，称该商标转让申请并非转让人真实意愿，鉴于此，请提供证明材料证明本次转让申请系转让人的真实意思表示。"后林某华、杨某未提交补正材料，第2014×号、第2448×号、第2673×号、第3080×号注册商标的转让未被核准。杨某诉至福建省德化县人民法院，请求确认案涉四枚注册商标为双方共有。

【案件焦点】

涉案四枚注册商标是否应当属于林某华与杨某共有。

【法院裁判要旨】

福建省德化县人民法院经审理认为：经商标局核准注册的商标为注册商标，商标注册人享有商标专用权，受法律保护。林某华向商标局注册案涉四枚商标，其依法享有注册商标专用权。杨某主张四枚商标系其与林某华共有，但对此未能提供充分的证据予以证实，双方签订的相关合同及协议亦未对此进行约定或确认。

福建省德化县人民法院依照《中华人民共和国商标法》第三条第一款、第八条、第十五条第一款、第三十三条、第四十四条第一款、第四十五条第一款，《最高人民法院关于适用〈中华人民共和国民事诉讼法〉的解释》第九十条规定，判决如下：

驳回杨某的诉讼请求。

杨某不服一审判决，提起上诉。

福建省泉州市中级人民法院经审理认为：判定案涉商标是否属于共有应当基于双方对案涉商标权或商标申请权的归属是否有明确约定并结合案涉商标在申请前的设计以及双方沟通协商过程进行综合考虑。首先，就涉案商标标识的设计过程而言，双方经讨论选择由杨某构思合作品牌，林某华提出商标申请时可以加上拼音字母，因此双方对于涉案注册商标的构思设计过程均有不同程度的贡献。其次，关于双方对于案涉四枚商标的权属是否有明确约定的问题。双方经协商于2018年11月21日就案涉四枚注册商标签订《商标转让合同》，约定将案涉四枚商标从林某华转让至林某华、杨某共有，并共同提出商标转让申请。该合同虽然名为转让合同，但事实上应当作为双方对于涉案注册商标专用权及申请权的权属达成了事后的约定，转让申请亦是作为确认商标权属为共有的渠道和途径。本案商标权权属纠纷实际上是由于商标设计阶段林某华对杨某关于注册商标申请条件的误导而产生。事后双方经协商既然已经通过《商标权转让合同》对权属达成了约定，且该合同有效期限至商标转让成功终止，那么林某华就应当遵循诚实信用原则，按照双方达成的约定履行相应的商标转让程序。

福建省泉州市中级人民法院依照《中华人民共和国商标法》第五条、第七条，《中华人民共和国民事诉讼法》第一百七十条第一款第二项之规定，判决如下：

一、撤销福建省德化县人民法院民事判决；

二、确认商标注册人为林某华，案涉四枚注册商标自 2018 年 11 月 21 日起为杨某与林某华共有；

三、驳回杨某的其他诉讼请求。

【法官后语】

本案审理的焦点及难点在于如何认定双方在商标设计过程中沟通交流所作出的意思表示以及双方签订的商标转让协议性质的问题。

一、商标权权属纠纷的受理条件不以当事人向商标行政主管部门提起商标异议或无效宣告请求为前置条件

对于商标权权属纠纷案件的受理条件，有一种观点认为，涉案注册商标既然已经由争议一方进行申请注册并核准，那么申请人即为权利人。有异议的一方主张注册商标违反相应的商标权授予要件，应当在初审公告期限内向商标行政主管部门提起商标异议。如果涉案商标已经核准注册，则可以请求宣告注册商标无效。笔者并不认同该观点，涉及注册商标本身是符合注册要件的情况下，要求争议方提起撤销或者无效宣告程序，将导致注册商标的不稳定性，导致影响商标的实际使用，并且争议一方亦不能通过该程序直接取得商标权属，因此涉及双方之间存在内部争议的情况下，商标权权属纠纷的提起并不以行政程序为前置条件。

二、商标设计过程的一方对商标注册条件进行误导，致使对方陷入错误认识，应当认定为重大误解

本案中，林某华与杨某在合作之初，杨某对林某华作出双方合作的商标应当归属杨某的意思表示，林某华则对杨某在商标注册条件上进行了一定程度的误导。林某华虽然在商标注册条件上告知杨某注册商标得用公司名义，但未告知杨某个体工商户可以申请注册商标并登记在经营者名下，杨某出于对林某华的信任，对商标注册条件的认知因林某华的误导发生偏离，在陷入错误认识的情况下，将商标归属于自己的意思表示变更为商标登记至林某华公司名下的意思表示，应当认定杨某的该意思表示属于重大误解所引发的错误意思表示。

三、事后的商标转让协议应当认定为争议双方对于注册商标专用权及申请权的权属达成的约定

虽然本案中林某华申请注册了涉案商标，但结合商标创作过程中双方均有贡献，且双方经协商后达成了商标转让合同，双方均认可注册商标权应当归属于双方共有，并同意通过办理商标转让核准登记的形式确认注册商标的共有。除商标转让合同外，双方还就涉案商标的运营达成了林某华负责生产、杨某负责销售的合作模式。对于商标转让合同应当如何认定的问题上，不应当仅依照合同抬头来确定合同性质，还应当结合对商标共有的合意来认定。出于杨某对涉案商标的构思作出了主要贡献，事实上应当将双方签订的商标转让合同认定为双方就涉案注册商标专用权及申请权的权属达成了事后的约定。

四、申请注册商标应当符合诚实信用原则

申请注册商标无论是最初的申请阶段，还是申请商标变更登记事项，均应当符合诚实信用原则。本案双方经协商后，双方均同意通过办理商标转让登记的形式确定商标权共有，因此双方既然在商标设计申请的事后通过商标转让合同对权属达成了约定，且该合同约定有效期限至商标转让成功终止，那么林某华就应当遵循诚实信用原则，按照双方达成的约定履行相应的商标转让程序。况且商标的主要部分为杨某所构思，林某华反悔且拒不配合商标转让登记的行为并不符合诚实信用原则，其行为不应得到鼓励。

本案涉及诚实信用原则在确认商标权权属中的运用。二审法院纠正了一审法院关于双方没有就商标归属问题达成合同的认定，确认了事实上双方对于案涉商标权权属是通过转让的形式办理商标权共有的登记手续。对于林某华违反诚信原则的行为给出否定评价。本案裁判结果具有正确社会导向及价值取向，较好发挥裁判的指引作用，实现法律效果和社会效果的统一。

编写人：福建省泉州市中级人民法院　黄熠

17

“××FITE”“×菲”驰名商标跨类保护的判断路径

——酒庄诉甲房地产公司等侵害商标权案

【案件基本信息】

1. 裁判书字号

北京市高级人民法院（2020）京民终662号民事判决书

2. 案由：侵害商标权纠纷

3. 当事人

原告（上诉人）：酒庄

被告（上诉人）：甲房地产公司、甲房地产公司分公司、置业公司

【基本案情】

1997年10月28日，酒庄在第33类“含酒精饮料（啤酒除外）”商品上的“××FITE”涉案商标获准注册，经续展有效期至2027年10月27日。2014年4月28日，酒庄在第33类“酒精饮料（啤酒除外）”商品上的“×菲”涉案商标获准注册，经续展有效期至2024年4月27日。“××FITE”葡萄酒自20世纪90年代进入中国市场并持续进行销售。自1983年起，《酿酒科技》《国际市场》《环球纪事》《世界文化》《中华商标》《中国经济周刊》《商业文化》《人民日报市场版》《北京晚报》《北京日报》《经济观察报》《消费日报》《中国日报》等114份报纸、48份期刊、12本书籍先后就“×菲”“××FITE”葡萄酒进行了宣传报道。且有多份生效判决认定涉案商标构成驰名商标。

“×斐水岸”项目楼盘的入口处海报显示“×斐水岸 观湖别墅”字样，“×斐水岸”项目楼盘营销中心及小区内的海报、广告牌、地毯、一次性纸杯等宣

传推广物品中显示有“CHATEAU ××FITE”“×斐水岸”字样，该楼盘营销中心展示的红酒正面标签处亦显示“CHATEAU ××FITE ×斐水岸”字样。

“×斐水岸”售楼处，墙壁、楼梯扶手、地图、沙盘、楼书、一次性纸杯上等处显示有“CHATEAU ××FITE ×斐水岸”“×斐水岸”字样，并显示甲房地产公司分公司营业执照、“×斐水岸”商品房预售许可证。

在网址为 www. ××feishuian. com 的网站上，存有“×斐水岸”项目楼盘相关情况介绍，网页顶部或底部中间显示“CHATEAU ××FITE ×斐水岸”字样，网站相关页面亦显示楼盘名称为“×斐水岸”，并有红酒庄园、品质社区、酒堡会所、周边配套、低密别墅等相关内容介绍，其中在酒堡会所介绍中包含“×斐酒堡，是一座红酒主题的欧式酒堡，其集合了欧洲历代城堡之精华，蕴含着原汁原味的欧洲经典文化，传承着×菲的传奇品质，×斐酒堡将打造成为集娱乐、休闲、会议、观景、餐饮、聚会、健身、SPA 等各项功能于一体的区域内最奢华的红酒庄园会所”等宣传内容。在品牌实力相关介绍时显示×斐水岸隶属于置业公司，网站亦显示甲房地产公司的营业执照。另在账号主体为甲房地产公司的社交媒体中也存在上述相关内容。

【案件焦点】

甲房地产公司、甲房地产公司分公司、置业公司在不动产管理、房屋建筑中使用被诉标识是否侵害了酒庄主张在“含酒精饮料（啤酒除外）”商品上的涉案驰名商标。

【法院裁判要旨】

北京知识产权法院经审理认为：在被控侵权行为发生时，“××FITE”商标、“×菲”商标在中国境内已达到为相关公众广为知晓的程度，构成驰名商标。甲房地产公司在涉案楼盘小区大门、小区配套设施及社交媒体等相关宣传推广活动中突出使用“CHATEAU ××FITE”“×斐水岸”等标识，甲房地产公司分公司在涉案楼盘北京营销中心墙壁、楼梯扶手、沙盘、楼书、一次性纸杯上等处突出使用“CHATEAU ××FITE”“×斐水岸”标识，置业公司在其官方网站显著位置使用“CHATEAU ××FITE ×斐水岸”标识，并在相关宣传视频广告中突出使用“CHATEAU ××FITE”“×斐水岸”“×斐”等标识。上述突出使用被诉标识的行为具有指示商品来源的作用，属于商标性的使用。即使商品房价值较高、相关公众会施以更高的注意力，被控侵权行为仍易使相关公众误认涉案楼盘系涉案“××FITE”“×菲”商标所有人酒庄提供或与其存在许可使用、关联企业关系等特定联系，属于块垒混淆的“误导公众，致使驰名商标注册人的利益可能受到损害”的情形。三被告应承担停止侵权、消除影响并赔偿经济损失的责任。

北京知识产权法院依照《中华人民共和国商标法》第十四条第一款、第四十八条、第五十七条第七项、第六十三条第一款和第三款，《中华人民共和国侵权责任法》第八条、第十五条，《最高人民法院关于审理商标民事纠纷案件适用法律若干问题的解释》第一条第二项，《最高人民法院关于审理涉及驰名商标保护的民事纠纷案件应用法律若干问题的解释》第二条第一项之规定，判决如下：

一、三被告停止涉案侵害涉案商标；

二、三被告赔偿酒庄经济损失人民币480万元；

三、三被告赔偿酒庄合理支出20万元；

四、三被告在《燕赵都市报》《北京晚报》刊登声明，消除影响；

五、驳回酒庄的其他诉讼请求。

酒庄、甲房地产公司、甲房地产公司分公司、置业公司均不服一审判决，提起上诉。

北京市高级人民法院经审理认为：甲房地产公司、甲房地产公司分公司、置业公司使用相关标识是用于商品房的开发、销售及宣传推广。被控侵权行为主要归属于《类似商品和服务区分表》中第36类、第37类服务。酒庄主张的权利商标均核准注册在第33类商品上，由于认定被控侵权行为是否侵犯酒庄的商标专用权需要跨类别保护，故其请求驰名商标保护。依据驰名商标认定请求原则，结合本案具体情况，有必要对酒庄主张的“××FITE”商标、“×菲”商标在被控侵权行为发生之时是否构成驰名商标的事实作出认定。在案证据可以证明“××FITE”商标、“×菲”商标在被控侵权行为发生时在中国境内为相关公众广为知晓，构成驰名商标。甲房地产公司、甲房地产公司分公司、置业公司将“×斐水岸”作为涉案楼盘项目名称，并且进行销售、宣传和推广，可以认定相关公众能够将被控侵权行为涉及的标识与上述驰名商标建立相当程度的联系，而且也存在相关公众将被控侵权服务的来源与酒庄建立错误联系的可能性，因此，上述行为破坏“××FITE”商标、“×菲”商标与酒庄在含酒精饮料（啤酒除外）商品上的对应关系，足以减弱驰名商标的显著性，构成误导公众，致使驰名商标注册人的利益可能受到损害的情形。一审法院在认定构成侵害驰名商标专用权的基础上确立的法律责任并无不当。

北京市高级人民法院依照《中华人民共和国民事诉讼法》第一百七十条第一款第一项之规定，判决如下：

驳回上诉，维持原判。

【法官后语】

本案涉及驰名商标保护的强度以及损害结果的认定问题。驰名商标在依申请、按需保护规定的前提下，还应根据其驰名程度，确定其保护范围，对于公众广为知晓的已注册驰名商标，在不相类似商品上确定其保护范围时，要给予与其驰名程度相适应的较宽范围保护，以便于发挥驰名商标所承载的商誉及表彰功能，遏制对驰名商标的非法侵害。

在不相同或者不类似商品上使用商标，减弱驰名商标显著性、贬损驰名商标的市场声誉以及不当利用驰名商标的市场声誉是损害他人已注册的驰名商标专用权的三种情形。其中，所谓减弱驰名商标的显著性，是指减弱驰名商标与其所有人在特定商品上形成的唯一或稳定对应关系。驰名商标的价值来源于上述显著性，因此驰名商标制度旨在保护此种对应关系免遭破坏。减弱驰名商标与特定商品的对应关系以及减弱驰名商标与其所有人的对应关系均属于上述减弱驰名商标显著性的类型。

认定被诉标识与驰名商标具有相当程度的联系并导致驰名商标的显著性减

弱，可以考虑以下因素：第一，驰名商标的显著性和知名度。显著性越强、知名度越高，则该驰名商标的保护范围越宽，相关公众更容易将被诉标识与之建立联系，减弱对应关系的可能性越大。本案中，酒庄的“××FITE”商标、“×菲”商标，前者系法语，两者均为臆造词，对于中国公众而言具有较强的显著性。且在案证据可以证明上述二商标经过在中国长期、大量的宣传和使用，在核定商品上具有极高的知名度，为相关公众所熟知。第二，相关公众的重合程度。判断被诉标识与驰名商标是否具有相当程度的联系，且是否会减弱显著性，应当以被诉标识的相关公众的认知水平为基础。被诉标识的相关公众与驰名商标的相关公众重合程度将影响被诉标识相关公众的认知水平。如果重合程度高，则驰名商标的知名度更容易及于被诉标识的相关公众，相关公众看到被诉标识更容易联想到驰名商标。含酒精饮料商品属于日常酒水类商品，相关公众较为广泛，即使酒庄主要商品是葡萄酒，随着生活水平的不断提高，相关公众范围亦较为广泛。商品房建筑、商品房出售与日常生活中的居住密切相关，相关公众范围亦较为广泛，且被诉楼盘属于相对较为高端的房地产项目，进而与酒庄驰名商标的相关公众重合程度较高。第三，标志的近似程度，驰名商标权利人的经营情况以及被诉标识的使用方式都可能影响相关公众的认知水平。本案中，被诉标识“×斐水岸”显著识别部分为“×斐”，与酒庄的驰名商标高度近似，同时甲房地产公司、甲房地产公司分公司、置业公司在使用“×斐水岸”标识的同时，还一并使用“CHATEAU ××FITE”“××FITE”“×斐”标识，均与酒庄的驰名商标高度近似，构成对酒庄驰名商标的复制、摹仿和翻译。加之，在宣传中还着重凸显了楼盘项目的葡萄酒、红酒等因素，即使相关公众通常在购买商品房时会施以较高的注意力，但上述使用行为更容易使相关公众联想到酒庄的驰名商标。

本案进行了驰名商标认定，并进行了跨类保护至房地产开发、销售领域，打击恶意傍靠行为，为权利主体品牌的发展营造良好环境，推动企业信誉与诚信建设。

编写人：北京市高级人民法院　亓蕾

18

"今日××"驰名商标的反淡化保护

——科技公司诉食品公司、商贸公司侵害商标权案

【案件基本信息】

1. 裁判书字号

北京市高级人民法院（2021）京民终89号民事判决书

2. 案由：侵害商标权纠纷

3. 当事人

原告（被上诉人）：科技公司

被告（上诉人）：食品公司

被告：商贸公司

【基本案情】

科技公司享有"今日××"商标（以下简称涉案商标）的注册商标专用权。今日××商标使用的"今日××"手机App[①]为提供综合新闻资讯类移动终端应用。科技公司主张"今日××"商标经使用在第9类"计算机程序（可下载软件）"商品上已具有极高知名度，构成驰名商标，依法应获得跨类保护。食品公司在其生产销售的"今日××系列休闲鱼肉制品"产品的包装袋、包装盒等包装上突出使用了"今日××"/"今日××鱼"标志，在其官方网站以及多家销售平台宣传销售其多款鱼肉制品时均使用了"今日××"/"今日××鱼"和"今日××小鱼"等标志，并将"今日××"标注为该商品的品名。被告商贸公司在其

① App是英文Application的简称，多指智能手机的第三方应用程序。下文不再对此进行提示。

经营场所大量批发销售食品公司生产的上述商品，其包装袋、包装盒上均突出使用了“今日××”/“今日××鱼”标志。科技公司认为食品公司和商贸公司在“鱼肉制品”上突出使用上述标志，是对科技公司已注册驰名商标“今日××”的复制和摹仿，足以误导相关公众，易使相关公众对“今日××系列休闲鱼肉制品”的来源产生混淆误认，致使科技公司的利益受到损害。科技公司请求法院判令上述两公司承担停止侵权、消除影响并赔偿损失的法律责任。

北京市高级人民法院经审理查明：

涉案“今日××”商标由科技公司于2012年11月16日申请注册，于2014年4月28日被核准注册，核定使用在第9类的计算机程序（可下载软件）、电脑软件（录制好的）等商品上。

科技公司于2012年8月1日首次将“今日××”手机App上线提供手机用户下载。2012年9月至2017年3月宣传推广合同、发票及广告效果图等多达70份，2013年至2017年关于“今日××”在中国报纸期刊中的相关报道文章共计1010篇，“今日××”手机App在同类产品中用户量、活跃度等综合排名名列前茅。科技公司2014年至2016年缴纳税款较大，并在2013年至2015年使用“今日××”App获得较大经营收入。科技公司及“今日××”手机App获得了多项荣誉，“今日××”App具有行业领先的用户口碑和市场占有率，公众广为知晓、社会影响较大。

食品公司有自营网店，另存在约四十家销售被控侵权产品的第三方网店，且在相关店铺与商品描述中使用“今日××”“今日××小鱼”等字样。科技公司请求法院依据其“今日××”商标知名度、食品公司被控侵权行为程度与规模以及其主观恶意酌定赔偿数额。

【案件焦点】

公众广为知晓的驰名商标被他人长期不当地在跨类别商品或服务进行使用，致使该商标与商标权利人稳定的对应关系受到破坏，逐渐丧失显著性，该淡化行为是否构成商标侵权。

【法院裁判要旨】

北京知识产权法院经审理认为：综合现有证据能够证明涉案商标在其核定使用“计算机程序（可下载软件）”商品上至迟于2017年5月之前已成为在中国境内为相关公众广为知晓的商标，构成驰名商标。食品公司是在明知“今日××”手机App及其知名度的情况下的故意攀附行为。食品公司的被控侵权行为侵犯了科技公司涉案驰名商标的专用权。食品公司应当停止生产、销售被控侵权产品，并停止在产品宣传中的被控侵权行为。商贸公司应当承担停止销售被控侵权产品的责任。商贸公司销售行为符合《中华人民共和国商标法》第六十四条第二款规定之情形，不承担赔偿责任。本案损害赔偿责任应由被控侵权产品的生产、销售商食品公司承担。酌情确定食品公司赔偿科技公司的经济损失额为100万元以及相应的合理支出。同时，食品公司应承担消除影响的法律责任。

北京知识产权法院依据《中华人民共和国民法通则》第一百一十八条，《中华人民共和国侵权责任法》第十五条第一款第一项、第六项、第八项，《中华人民共和国商标法》第十三条第三款、第十四条、第五十七条第三项和第七项、第六十三条第三款、第六十四条第二款，《最高人民法院关于审理商标民事纠纷案件适用法律若干问题的解释》第一条第二项、第十七条及《最高人民法院关于审理涉及驰名商标保护的民事纠纷案件应用法律若干问题的解释》第二条第一项、第九条第二款之规定，判决如下：

一、食品公司停止在其生产、销售的鱼肉类产品上使用“今日××”或与之近似的文字，立即停止产品介绍宣传中使用“今日××”或与之近似的文字；

二、商贸公司停止销售由被告食品公司生产的使用了“今日××”或与之近似的文字的鱼肉类产品；

三、食品公司持续刊登声明三十日，消除因侵权行为造成的不良影响；

四、食品公司向科技公司赔偿经济损失100万元及合理费用348802元；

五、驳回科技公司的其他诉讼请求。

食品公司不服一审判决，提起上诉。

北京市高级人民法院经审理认为：科技公司选择以哪枚商标作为其主张商标侵权的权利基础，并不违反法律规定。综合在案证据能够证明涉案商标在其核定使用“计算机程序（可下载软件）”商品上构成驰名商标。食品公司的被控侵权使用的行为均完整包含了涉案商标“今日××”，属于对涉案商标的复制、摹仿，能够起到识别商品来源的作用，属于商标性质的使用。“今日××”并非食品行业的常用原料描述，也不是小鱼仔等熟食食品对其口味、制作工艺等特点的常见表述方式，食品公司在被控侵权商品上对“今日××”字样的使用不属于合理描述使用的范畴。涉案商标经使用已在其相关公众中具有了较高的知名度，相关公众在看到“今日××鱼”“今日××小鱼”时，易与涉案商标“今日××”相联系。

食品公司在明知“今日××”手机App及其知名度的情况下故意实施被控侵权行为，不当地利用了涉案商标“今日××”的商业信誉进行非法获利，并造成涉案商标显著性的淡化，虽然不能计算食品公司上述非法获利数额，但一审法院综合考虑食品公司的主观过错程度、侵权行为的性质、范围、后果、驰名商标的声誉等因素，酌情确定食品公司赔偿科技公司的经济损失额为100万元并无不当。虽然科技公司和食品公司之间不存在直接市场竞争关系，被控侵权产品的生产和销售一般不会挤压科技公司的主营市场。但法院判决的赔偿数额并未依据二者之间的市场排挤，而是主要考虑被控侵权行为对涉案商标的商誉贬损以及显著性的削弱等后果。

北京市高级人民法院依照《中华人民共和国民事诉讼法》第一百七十条第一款第一项之规定，判决：

驳回上诉，维持原判。

【法官后语】

本案涉及驰名商标保护的强度以及损害结果的认定问题。驰名商标在依申请、按需保护规定的前提下，还应根据其驰名程度，确定其保护范围，对于公众广为知晓的已注册驰名商标，在不相类似商品上确定其保护范围时，要给予与其驰名程度相适应的较宽范围保护，以便于发挥驰名商标所承载的商誉及表彰功能，遏制对驰名商标的非法侵害。

《中华人民共和国商标法》第十三条第三款规定的“误导公众”，不仅包含一般商标区别商品或服务来源意义上的混淆误认，而且包含因误导相关公众所产生的驰名商标显著性的减弱（淡化）或者声誉的贬损。涉案商标“今日××”已为公众广为知晓，应予更宽的保护，虽然被控侵权的小鱼仔等熟食与科技公司“今日××”使用的手机App商品相差较大，但如果允许不同的商业主体泛化使用该驰名商标，使得消费者看到“今日××鱼”时，难免与科技公司建立联系，淡化驰名的“今日××”，与科技公司的对应关系，削弱“今日××”的显著性。

合理使用一般是指为说明来源、指示用途、说明自身商品或服务的特点等而在善意、合理范围内使用他人注册商标标志的行为。“今日××”虽然属于新闻界惯常用语，但在休闲鱼肉制品等食品上并非惯常用语，而且“今日××”并非食品行业的常用原料描述，也不是小鱼仔等熟食食品对其口味、制作工艺等特点的常见表述方式，食品公司对此进行使用的行为不属于合理使用范畴。食品公司主张在被控侵权产品上同时标注其“食××”商标，可以区分来源，但其产品包装上突出使用与鱼类图形相结合的文字“今日××鱼”，且在整体视觉上突出了文字“今日××”“食为先”商标的标注，并不能消除消费者将其产品关联至科技公司，亦不能否定被控侵权行为造成的损害。

食品公司抗辩其与科技公司之间不存在直接市场竞争关系，被控侵权产品的生产和销售不会挤压科技公司的主营市场。对此，驰名商标强于一般商标的保护本意在于保护该驰名商标所具有的强显著性及良好的市场声誉。当某市场主体未经驰名商标权利人许可，擅自使用与驰名商标相同或近似的标志，在此情况下，因为驰名商标标志被长期不当地跨商品或服务类别进行使用，致使其与驰名商标权利人稳定的对应关系受到破坏，逐渐丧失显著性，这种淡化驰名商标显著性的行为不是由于主营市场的直接竞争关系导致，而是由于不正当利用科技公司的“今日××”驰名商标的市场声誉，随意“搭便车”、傍名牌行为导致，该行为足以误导公众，损害驰名商标权利人的利益。

本案科技公司系全国知名移动互联网公司，其“今日××”手机App已为公众广为知晓的驰名商标。法院对被告在不同类别商品上故意摹仿使用他人驰名商标的行为予以坚决制止，意在打击恶意傍靠行为，为权利主体的品牌的发展营造良好环境，推动企业信誉与诚信建设。

编写人：北京市高级人民法院　孔庆兵

19

非物质文化遗产中的商标侵权行为界定

——扇业公司诉扇厂等侵害商标权案

【案件基本信息】

1. 裁判书字号

浙江省杭州市中级人民法院（2021）浙 01 民终 6021 号民事判决书

2. 案由：侵害商标权纠纷

3. 当事人

原告（被上诉人）：扇业公司

被告（上诉人）：扇厂

被告：医药公司、周某定

【基本案情】

扇业公司前身“王某庄扇庄”由王某庄于 1875 年（清光绪元年）创办。经过历代传承人的经营，扇业公司是中华人民共和国商务部认定的中华老字号企业，系国家级和省级非物质文化遗产保护单位，依法享有“王星記”的商标专用权，该商标于 1991 年注册，后被认定为中国驰名商标。

1978年，被告扇厂进行开业登记申请，经过多年经营，现已转制为个人独资企业。扇厂曾被评定为省级非物质文化遗产代表性项目保护单位、绍兴老字号；其法定代表人周某定被评定为浙江省非物质文化遗产项目代表性传承人。

扇业公司认为，扇厂未经许可使用“★王星記”“中國绍興★王星記扇子”等标识，侵害了其商标权，请求赔偿经济损失300万元。扇厂辩称，“王星记”系其企业名称中的字号；“王星記扇”系非物质文化遗产传统技艺类代表项目名称，亦系具有地方特色的工艺扇子的通称，其作为权利人和非遗项目传承人有权使用相关标识。

【案件焦点】

1. 扇厂在扇子类商品上使用“王星记”标识是否构成对涉案注册商标的侵害；2. 扇厂的被诉行为是否具有免责事由。

【法院裁判要旨】

杭州铁路运输法院经审理认为：鉴于历史因素及双方当事人在企业名称注册登记、商标获准注册、商标知名度获得、非遗项目获评的时间存在交叉等事实，双方当事人对“王星记”三字作为商业标识所承载的权利或权益确有可能存在冲突。对于能否将上述被诉侵权行为认定为正当使用，须考虑涉案商标和字号的历史形成背景、双方的历史关系、涉案商标知名度、双方对涉案标识的实际使用情况、被诉侵权标识的使用方式、主观意图以及是否会导致消费者混淆等方面综合予以评判。首先，双方发展至今，扇厂曾经为扇业公司的生产工坊，两者均对“王星记”品牌的发展做出一定贡献。但双方对“王星记”标识的使用情况和权利基础存在差异，双方对该标识所享有的权利均不得超过其应有范围。扇业公司率先将“王星记”注册为商标，并将之持续作为商标进行使用，获得了较大知名度，更使相关公众将之与该商标形成了稳定联系。而扇厂的字号注册于扇业公司之前，但其未提供有效证据表明在涉案商标注册之前对“王星记”字号简称进行了足以在相关公众心目中建立稳定联系的使用。其次，从被诉侵权标识使用的位置、采用的字体或不同字样组合的方式来看，系具有指示商品来源的商标性使用，超出了正当使用的必要、合理限度，极易造成市场混淆和误认，从而损害扇业公司的注册商标专用权。扇厂的涉案行为构成商标侵权。

杭州铁路运输法院依据《中华人民共和国商标法》第四十八条、第五十七条、第五十九条第三款、第六十三条，《最高人民法院关于审理商标民事纠纷案件适用法律若干问题的解释》第一条第一项、第九条、第十条、第十六条，《中华人民共和国民事诉讼法》第六十四条之规定，判决如下：

一、判令扇厂立即停止涉案商标侵权行为，赔偿原告经济损失30万元；

二、医药公司立即停止销售侵犯涉案注册商标专用权的商品；

三、周某定对前述债务不足清偿部分承担清偿责任。

扇厂不服一审判决，提起上诉。

浙江省杭州市中级人民法院经审理后，同意一审法院的裁判意见，判决如下：

驳回上诉，维持原判。

【法官后语】

一、企业字号权与商标权的冲突解决

商标核准注册后具有了禁止他人在相同或者类似商品上使用与该注册商标相同或者相近似标识的强势效力，在先取得的企业字号虽然可以继续使用，但应合理避让，规范使用自己的企业名称。本案中，“王星记”三字是扇业公司的驰名商标、中华老字号，具有较高的市场影响力。在此情况下，扇厂突出使用自己的字号，易使相关公众与涉案商标产生混淆或误认，明显有违“禁止市场混淆”的原则，构成了商标侵权。同时，鉴于扇厂企业名称的取得先于涉案注册商标的核准日，法院判决中也明确了其可以继续使用自己的企业名称，并未因其企业名称中的字号与注册商标相冲突，而予以禁用，达到了既禁止其违法行为，又保护其合法权益的法律效果。

二、非遗传统技艺项目保护与商标权的冲突解决

作为传承了非遗传统项目的企业在其产品上标注系采用了非遗传统技艺而制作，有利于非遗代表性项目随着相关商品的流通而传播，即便此种活动系商

业化操作仍应得到鼓励和支持。但制作工艺的标注应以详尽的文字或图片等内容加以介绍说明。如果在商品上仅简单标示非遗项目名等少数字样，相关公众通常会认为系商品来源的标识，而非商品制造工艺的标注。此种标识使用方式，易引起市场混淆，应当落入商标法规制的范围。本案判决在认定被告被诉行为构成商标侵权，同时明确了其有权在产品上标注采用了非遗传统技艺项目的制作工艺。此种裁判逻辑彰显了在禁止市场混淆的前提下，鼓励和支持非物质文化遗产健康发展的价值追求。

三、商品通用名称使用与商标使用的辨识

商标法视野下考察商品标识是否为商品通用名称，关键在于相关公众将该商品标识视为一类商品的指代，还是视为商品特定来源的指代。史料记载“王星记”扇子早年为“杭扇”产品中的名牌产品。此后，“王星记”扇子的生产主体虽然有所变化，但并未出现众多“王星记”扇子的生产主体而形成规模化的专门生产一类商品的行业。在相关公众的认知中“王星记”扇子仍然为特定主体或其关联企业提供的商品，并非相关市场内通用的商品名称。故法院认定扇厂标注“王星记”扇等标识并非商品通用名称的使用，而是商标使用行为，应受商标法的规制。

本案两老字号企业共同传承了“王星记”扇子这一非遗传统技艺项目的制作工艺，且在长期经营过程中各自形成了多重权利。两企业间的权利冲突对于司法实践中如何平衡好二者权利与社会公众利益提出了挑战。本案裁判综合考量了争议双方对于老字号品牌与非物质文化遗产的贡献比例关系、相互间的权利比重关系以及使用争议标识先后时序关系，最终认定被告方构成商标侵权，同时明确了被告方享有正当使用企业字号与标注非遗传统技艺的权利。本案判决在充分尊重和考虑相关历史事实的前提下，秉持“公平、诚实信用、禁止市场混淆、有利于老字号品牌与非物质文化遗产发展”的原则，公平合理地解决争议，彰显了鼓励和支持老字号品牌与非物质文化遗产健康发展的价值追求，对于类案的审理具有借鉴意义。

编写人：杭州互联网法院　沙丽

20

犯销售假冒注册商标的商品罪不构成承担民事赔偿责任的充分条件

——食品公司诉林某侵害商标权案

【案件基本信息】

1. 裁判书字号

广东省高级人民法院（2021）粤民终152号民事判决书

2. 案由：侵害商标权纠纷

3. 当事人

原告（被上诉人）：食品公司

被告（上诉人）：林某

【基本案情】

食品公司于2015年2月28日注册案涉文字与图形组合商标，核定使用商品为第29类的蛤（非活）等商品上。根据已生效的刑事判决确认，2018年12月23日，林某购买明知是假冒食品公司案涉商标的蛤肉2650件（10公斤/件）存放在冷冻公司冷库销售，至2018年12月29日已经销售了821件。2018年12月29日，茂名市公安局电白分局和电白区工商局联合对该仓库进行检查，当场扣押到尚未销售的假冒案涉商标的蛤肉共1829件。林某销售明知是假冒注册商标的商品，数额较大，其行为构成假冒注册商标的商品罪，被法院判处有期徒刑一年四个月，并处罚金1万元等。

食品公司以林某侵害其注册商标权为由，诉至法院，请求判令林某赔偿经济损失20万元、合理维权费用1.5万元。

二审中，林某以食品公司三年未使用涉案商标为由提出不赔偿抗辩。法院责令食品公司提交相应证据。食品公司前后两次向法院提交了纸品包装公司出具的《证明》材料，拟证明该公司自2016年起一直为其印制带有案涉商标的纸箱。经审查，该两份《证明》材料一份缺少单位负责人的签名，另一份缺少材料制作人的签名；两份材料的落款时间明显倒签。在收到法院出庭作证的通知之后，纸品包装公司的负责人以及材料制作人均以路途遥远等理由拒不到庭。法院当庭拨打纸品包装公司负责人的电话调查相关事实，其负责人表现出对于案涉商标毫无印象。

【案件焦点】

1. 林某是否构成商标侵权；2. 林某的“三年不使用”抗辩是否成立。

【法院裁判要旨】

广东省茂名市电白区人民法院经审理认为：生效刑事判决已认定林某构成销售假冒注册商标的商品罪。林某未经许可，销售侵犯注册商标专用权商品，构成商标侵权。综合考虑侵权情节，酌情确定林某赔偿食品公司经济损失及合理维权费用共计15万元。

广东省茂名市电白区人民法院依照《中华人民共和国侵权责任法》第二条、第十五条，《中华人民共和国商标法》第三条、第五十七条、第六十三条，《最高人民法院关于审理商标民事纠纷案件适用法律若干问题的解释》第四条、第十六条、第十七条之规定，作出如下判决：

一、限林某在判决发生法律效力之日起十五日内赔偿经济损失及为制止侵权行为所支付的合理开支共计15万元给食品公司；

二、驳回食品公司的其他诉讼请求。

林某不服一审判决，提起上诉。

广东省高级人民法院经审理认为：根据生效刑事判决所认定的事实可知，林某未经许可，销售了假冒食品公司注册商标的商品。一审法院认定林某构成商标侵权正确，应予以维持。

林某上诉提出，涉案商标已超过三年未实际使用，其依法不承担赔偿责任。案涉商标是否实际投入使用，应由食品公司举证证明。食品公司作为案涉商标的权利人，该商标若实际投入使用，其原本可轻而易举提交商品实物、经销合同、销售账册、销售记录、广告宣传材料等诸多证据予以证明，但在法院已给予其充分举证时间的情况下，其仍只提交了纸品包装公司出具的两份《证明》作为证据。该两份《证明》从形式到内容均存在问题，制作证明材料的人员还无正当理由拒不到庭作证，其可信度较低。虽然林某被已生效的刑事判决判处有期徒刑一年四个月，并判决罚金 1 万元；但是，民事侵权与刑事犯罪所侵害的法益不同，民事赔偿与刑事罚金考量的法律构成要件亦不完全相同。在林某符合法律所规定的免除民事赔偿责任的情况下，无论其是否被判处刑事责任，其均可以不再承担民事赔偿责任。食品公司不能证明此前三年内实际使用案涉注册商标，也不能证明因侵权行为受到其他损失，二审法院对于林某关于其无须承担赔偿责任的上诉主张予以支持。但食品公司基于侵权行为而发生的合理开支，与损害赔偿具有不同的法律属性，原则上应由林某承担。

广东省高级人民法院依照《中华人民共和国商标法》第五十七条、第六十三条、第六十四条以及《中华人民共和国民事诉讼法》第一百七十条第一款第二项之规定，判决如下：

一、撤销广东省茂名市电白区人民法院判决；

二、林某于本判决发生法律效力之日起十日内赔偿食品公司为制止侵权行为所支付的合理开支 1.5 万元；

三、驳回食品公司的其他诉讼请求。

【法官后语】

本案系知识产权刑民交叉的典型案例。销售明知是假冒注册商标的商品且违法所得数额较大或者有其他严重情节的，不仅因构成商标侵权需承担民事责任，亦因构成销售假冒注册商标的商品罪需承担刑事责任。对于已被在先生效刑事判决认定构成销售假冒注册商标的商品罪的被告，是否一定构成商标侵权并应承担民事赔偿责任，本案提供了具有研究价值的分析样本。

从本质上看，商标刑事犯罪是严重的商标民事侵权。犯销售假冒注册商标的商品罪的，毫无疑问构成商标侵权；但因销售假冒注册商标的商品侵权的，却未必犯销售假冒注册商标的商品罪。两者正确的逻辑关系是：犯销售假冒注册商标的商品罪是商标民事侵权的充分而非必要条件。因此，对于已经被在先生效刑事判决认定为构成犯罪的，直接推定其构成商标侵权契合两者之间的逻辑关系。当然，该推定的正确还取决于刑事判决结论的可靠。为避免误判的风险，民事案件多将生效刑事判决查明的事实作为分析被告是否构成商标侵权的依据，而较少直接依据生效刑事判决的有罪认定推定侵权成立。

民事侵权责任包括停止侵权、消除影响、赔礼道歉以及赔偿损失等，赔偿责任仅是商标侵权面临的可能性后果，商标侵权并不必然触发赔偿责任。被告因销售假冒注册商标的商品被认定构成侵权，是否需承担赔偿责任，还受其是否具有主观过错以及权利人是否存在实际损失等因素的影响。根据《中华人民共和国刑法》第二百一十四条以及《最高人民法院、最高人民检察院关于办理侵犯知识产权刑事案件具体应用法律若干问题的解释》第二条的规定，销售假冒注册商标的商品罪则是一种数额犯，销售金额在5万元以上即可被认定构成此罪。至于权利人是否有实际损失，迄今尚未成为该罪法定的犯罪构成要件。此外，商标民事侵权侵害的法益是权利人的私权；而销售假冒注册商标的商品罪归属于“破坏社会主义市场经济秩序罪”，其侵害的法益还包括国家设定的市场秩序。综上，在构成要件、保护法益均有所不同的情况下，销售假冒注册商标的商品罪与民事赔偿责任之间不具有必然的、确定的关联关系，犯销售假冒注册商标的商品罪不构成承担民事赔偿责任的充分条件。即便被告完全正确地被一份生效刑事判决认定构成销售假冒注册商标的商品罪，也不能直接推定其必须承担商标侵权的赔偿责任。被告是否需承担商标侵权的赔偿责任，应结合民事案件查明的事实并依据法律的相关规定另行认定。

关于被告的赔偿责任，《中华人民共和国商标法》规定了“合法来源”与“三年未使用”等免赔抗辩事由。“合法来源”抗辩针对的是主观上无过错的“善意”的销售者，而构成销售假冒注册商标的商品罪的销售者，不可能是主观上无过错的“善意”的销售者，故两者不存在交叉的可能。但是，“三年未使用”抗辩针对的是不能证明实际损失的商标权利人；而如前所述，权利人的实际损失并非销售假冒注册商标的商品罪的法定构成要件，故两者存在交叉的可能。

在审理处于交叉区域的案件时，应注意厘清商标犯罪与商标侵权、赔偿责任三者之间的关系，切勿依据“构成犯罪的被告必然构成侵权”的前提条件错误推导出“构成犯罪的被告必须承担赔偿责任”的结论。以本案为例，即便林某构成销售假冒注册商标的商品罪，但只要其关于涉案商标“三年未使用”的抗辩成立，其仍可不承担民事赔偿责任，而只需承担食品公司的合理维权支出。

编写人：广东省高级人法院　欧丽华　李艳

21

侵害地理标志证明商标权的司法认定

——香梨协会诉水果店侵害商标权案

【案件基本信息】

1. 裁判书字号

南通通州湾江海联动开发示范区人民法院（2021）苏0692民初854号民事判决书

2. 案由：侵害商标权纠纷

3. 当事人

原告：香梨协会

被告：水果店

【基本案情】

香梨协会是社会团体法人，业务范围包括库尔勒香梨生产技术经验交流、技术培训、产品包装、仓储保险、产品销售、品牌培育、农资供应。1996 年 11 月 7 日，香梨协会经核准注册取得“庫尔勒香梨”证明商标，核定使用商品（第 31 类）：香梨，注册有效期限续展至 2026 年 11 月 6 日。2006 年 10 月 12 日，该注册商标被认定为驰名商标。

香梨协会申请该商标时向商标局提交的《“库尔勒香梨”证明商标使用管理规则》于 2018 年 7 月 12 日申请变更。变更后的管理规则规定：1.“库尔勒香梨”是经核准注册的证明商标，使用“库尔勒香梨”原产地地理标志证明商标的产品必须产自“库尔勒香梨”的适宜栽植区域内；必须达到“库尔勒香梨”质量标准，两个条件都符合时才能使用“库尔勒香梨”原产地地理标志证明商标。2.“库尔勒香梨”原产地的适宜栽植区域：新疆巴音郭楞蒙古自治州南部和阿克苏东南部。该规则对“库尔勒香梨”的质量标准和证明商标的规范使用也作出规定。

2021 年 1 月 25 日，知识产权公司委派韩某龄向公证处申请对其购买相关物品的过程进行保全证据，公证处出具公证书，证明购买被诉侵权商品的过程，并对所购买的水果包装箱、定额发票进行拍照后封存。经当庭查验，公证封存实物内有水果包装箱 1 件，包装箱两个侧面标示有“库尔勒全母梨”及编码，正反面标示有“孔雀图形+庫尔勒香梨+©”的图形文字组合，“产地：中国·新疆·阿拉尔”等信息。原告认为被控侵权商品外包装上使用的孔雀图文标识与原告涉案证明商标相同，但其包装上使用的编码的格式不对，并不在原告授权范围内，且正品外包装上不会标注母梨，因此被控侵权商品并非原告授权出售。被告认为其不懂商标，被控侵权商品系从他人处进货的，进货商现在也已经不做了。

另查明，被告水果店系个体工商户，成立于 2017 年 3 月 2 日，经营者为张某，经营范围为水果、散装食品零售。

【案件焦点】

被诉侵权人抗辩其系正当适用地名和产品通用名称时，如何认定是否侵害商标权。

【法院裁判要旨】

南通通州湾江海联动开发示范区人民法院经审理认为：根据《中华人民共和国商标法》第三条第三款的规定：本法所称证明商标，是指由对某种商品或者服务具有监督能力的组织所控制，而由该组织以外的单位或者个人使用于其商品或者服务，用以证明该商品或者服务的原产地、原料、制造方法、质量或者其他特定品质的标志。本案中，香梨协会系“庫尔勒香梨”地理标志证明商标的注册人，对其商品的种植地域范围为《“库尔勒香梨”证明商标使用管理规则》中载明的适宜栽种区、符合特定品种、“库尔勒香梨”品质达到协会要求的质量标准的自然人、法人或者其他组织，要求使用该证明商标的，应当允许。对于其商品的种植地域并非上述地区的自然人、法人或者其他组织，香梨达不到协会要求的质量标准，在商品上使用该证明商标或者近似标识的，香梨协会有权禁止并依法追究其侵犯证明商标权利的责任。

根据《中华人民共和国商标法》第四十八条的规定：“本法所称商标的使用，是指将商标用于商品、商品包装或者容器以及商品交易文书上，或者将商标用于广告宣传、展览以及其他商业活动中，用于识别商品来源的行为。”本案中，被诉侵权商品外包装上突出使用“孔雀图形+庫尔勒香梨+©”的图形文字组合用于宣传、展览，其目的具有彰显该商品原产地及特定品质的作用，属于对商标的使用行为。根据《中华人民共和国商标法》第五十七条第二项的规定，未经商标注册人的许可，在同一种商品上使用与其注册商标近似的商标，容易导致混淆的，属于侵犯注册商标专用权行为。本案中，被控侵权商品与香梨协会“庫尔勒香梨”证明商标核定使用的商品系同一类别，且被控侵权的商品外包装上使用的图文标识与涉案注册商标基本相同，易使相关公众误认为被诉侵权商品来源于涉案证明商标所指向的产地，能达到特定品质。从查明的事实来看，被告既未提交证据证明被诉侵权商品经原告授权，亦未证明被诉侵权商品来自于涉案商标限定产地以及具有相同质量和特定品质，故应认定被告销售被控侵权商品的行为构成对涉案证明商标专用权的侵害，应承担停止侵权、赔偿损失的民事责任。被告抗辩被控侵权商品系从他人处进货，但未能提供证据证明案涉商品的合法来源，对该辩解本院不予采信。

南通通州湾江海联动开发示范区人民法院依照《中华人民共和国商标法》第三条、第五十七条第一款第二项和第三项、第六十三条第一款和第三款，《最高人民法院〈关于审理商标民事纠纷案件适用法律若干问题的解释〉》第十六条、第十七条之规定，作出如下判决：

一、被告水果店立即停止销售侵害原告香梨协会“庫尔勒香梨”注册商标专用权商品的行为；

二、被告水果店于本判决生效之日起十日内赔偿原告香梨协会经济损失及维权合理费用合计 12000 元；

三、驳回原告香梨协会的其他诉讼请求。

判决后，双方当事人均未上诉，本判决现已生效。

【法官后语】

地理标志类商标，将一定范围内的公用资源纳入商标专用权的范围，在确定商标专用权保护范围时，应当充分考虑公共利益和商标权利的平衡。本案争议的主要问题在于地理标志证明商标的侵权认定。实践中主要存在两种情形，一是完整使用图文标识“庫尔勒香梨”；另一种是仅使用图文标识中的“庫尔勒香梨”文字。该两种情况下认定是否构成侵害商标权的标准不同。

一、完整使用图文标识“庫尔勒香梨”的侵权认定

地理标志证明商标拥有地理标志和证明商标的双重属性，其权利行使既要

遵循证明商标的管理规则，也要符合地理标志的使用规定。注册人在许可他人使用地理标志证明商标时，一方面可以许可向注册人提出使用申请并获批的生产经营者，在相关商品上使用；另一方面，凡是商品符合证明商标使用管理规则规定条件的经营主体，都可以向地理标志证明商标注册人申请使用这个商标，注册人应当允许。

对于商品符合地理标志证明商标使用的条件，但并未向注册人提出许可申请，注册人能否禁止使用呢？一种观点认为，未经注册人许可，不能使用地理标志证明商标。另一种观点则认为，若商品确实符合地理标志证明商标的使用条件，拥有规定的产地、质量等特定品质，未提出申请也仅仅违反的是管理规则，不应认定为侵权。

笔者同意第二种观点，地理标志证明商标中的地名和商品通用名称，属于社会公用资源，商标注册人一般是非营利目的的社团法人，旨在培育和维护地域性的特色产品，对于未经申请即使用其注册商标的，商标注册人可以向法院请求停止侵害，以维护其商标专用权。但如果经法院审查，被诉侵权商品确实符合地理标志证明商标的实质使用要件，就不会使得相关公众产生混淆或误认，也不会损害地域性产品的品牌和声誉，商标注册人依法应当准许，该情况不属于地理标志证明商标的禁用范围。不能仅因使用人未履行申请使用这一程序性要件而从实体上剥夺其使用权，但可以要求商标使用人履行必要的申请和规范使用程序。

二、仅使用地名加商品通用标识“庫尔勒香梨”的侵权认定

这就需要考虑地名和商品通用名称的“正当使用”问题。诉讼中，被告往往抗辩其并非使用注册商标中的文字，而是使用地名和商品通用名称。根据《中华人民共和国商标法》第五十九条第一款的规定，对于注册商标中所含有的地名，注册商标专用权人无权禁止他人正当使用。正因为地理标志证明商标含有“行政区划名称+商品通用名称”的文字，多为描述性标志，缺乏显著性，商标注册人不能禁止他人对行政区划名称和商品通用名称的正当使用。否则，商标权人维权超越必要限度，就属于权利滥用。如果被诉侵权人提供的证据能够证明其商品确实来源于地理标志特定区域，具备特定品质，且未使用地理标

志证明商标中的特有图案，不会导致相关公众对商品的原产地产生误认的，则应当认定被告的使用系对特定地名的正当使用，不构成侵害商标权。

编写人：江苏省南通市中级人民法院　陆炜炜

南通通州湾江海联动开发示范区人民法院　张婧萱

22

侵害多项商标权仅就未处理的侵权事实起诉的不构成重复起诉

——实业公司诉服装厂、超市侵害商标权案

【案件基本信息】

1. 裁判书字号

北京市西城区人民法院（2021）京0102民初8534号民事判决书

2. 案由：侵害商标权纠纷

3. 当事人

原告：实业公司

被告：服装厂、超市

【基本案情】

原告系第5319×××号、第933×××号、第11391×××号商标权利人。第5319×××号商标是由“奔狼”图案构成，核定使用商品类别为第25类。第933×××号商标是由“奔狼”图案+字母+汉字组合构成，核定使用商品类别为第25类。第11391×××号商标是由“群狼”图案构成，核定使用商品类别为第25类。被告服装厂在经营活动中，使用了与原告知识产权权利相同或近似的标识，该行为未获得原告许可，系侵犯原告知识产权的行为，被告超市在客观上有义务采

取合理措施以规避侵权情况的发生，然而被告超市没有尽到相应的义务，导致侵权事实发生，致使原告遭受经济损失，原告故诉至法院要求二被告承担停止侵害、赔偿损失等法律责任。

被告服装厂认为原告的起诉构成重复起诉，原告在本案前已同样以侵害商标权纠纷为由起诉答辩人，厦门市中级人民法院立案后认为被诉侵权袜子包装的铁皮扣上的图案，与案涉第933×××号和第11430×××号注册商标上狼图案近似，足以导致普通消费者混淆故判令被告服装厂停止侵害并赔偿损失。而在本案中，原告的诉讼请求与前案的案件实质上是相同的，均为请求被告服装厂立即停止侵犯商标专用权的行为，以及赔偿经济损失及合理支出。因此，原告的起诉构成重复起诉，应裁定驳回。另外，前案的判决结果已对被告服装厂的生产销售行为作出处理并判决赔偿被告人的经济损失，该判决已覆盖本案原告所诉称的被告服装厂的生产销售侵权行为，不应重复处理及重复判决。

【案件焦点】

侵害商标权案件中，侵权事实虽经前案认定，但侵权范围与前案认定的侵权范围不同，存在侵犯多项商标权的情况，当事人就未处理的侵权事实起诉的，是否构成重复起诉。

【法院裁判要旨】

北京市西城区人民法院经审理认为：本案中，被诉所有侵权商品袜子包装上的铁皮扣、袜口上的图案与“奔狼”图案一致，侵犯了第5319×××号、第933×××号商标专用权。有三处袜子标牌上印制的狼群图案与“群狼”图案相似，侵犯了第11391×××号注册商标专用权。被告服装厂虽主张其侵权行为已由前案处理完毕，但根据前案判决查明内容可知，前案处理的侵权范围限于袜子上铁皮扣图案，仅对铁皮扣侵犯第933×××号商标专用权的行为进行了处理。前案侵权事实与本案袜口上图案的侵权事实以及袜子标牌上印制的狼群图案侵权事实并不相同，且未对侵犯第11391×××号注册商标商标专用权的行为进行处理。故被告服装厂生产的侵权袜子及包装存在侵犯原告多项商标权的情况，其主张原告重复诉讼的抗辩理由，本院不予采信。

关于赔偿损失，前案关于损失数额的认定，系以袜子上铁皮扣侵犯第933×××号、第11430×××号商标专用权的事实为基础，并综合各种情况认定被告服装厂赔偿1万元损失，数额虽较低，但仍属合理范围。而本案所涉侵权物品不仅在袜口上存在侵犯第933×××号注册商标图案的情形，且部分袜子标牌上印制的狼群图案侵犯了第11391×××号注册商标专用权，销售范围遍及北京、山东、天津等地，被告服装厂作为生产商显然应承担较高的赔偿义务。本院将综合考虑原告商标的知名度，二被告主观过错程度、生产经营规模、销售形式以及维权合理费用等情节，酌情确定被告服装厂赔偿原告经济损失及合理开支数额，并对原告诉讼请求中的合理部分予以支持。

北京市西城区人民法院依据《中华人民共和国商标法》第十条第五项、第五十三条第一项之规定，判决如下：

一、被告超市立即停止销售侵犯原告第5319×××号、第933×××号、第11391×××号注册商标专用权的商品；

二、自本判决生效之日起七日内，被告服装厂赔偿原告经济损失及合理支出共计100000元；

三、自本判决生效之日起七日内，被告超市赔偿原告经济损失及合理支出共计5000元；

四、驳回原告的其他诉讼请求。

判决后，双方当事人均未上诉，本判决现已生效。

【法官后语】

本案涉及对重复起诉的认定问题，《最高人民法院关于适用民事诉讼法的解释》第二百四十七条规定，构成重复起诉应具备以下条件：

后案与前案的当事人相同。当事人相同，不受当事人在前案与后案中的诉讼地位的影响，即便前后两案中，原、被告的地位完全相反也符合重复起诉的构成要件。另外，原告以及被告、第三人的数量增加、减少或不变，只要有一方当事人恒定而另一方当事人数量存在变化的情况，均不改变诉讼当事人的一致性，民事诉讼法律关系也没有改变。本案中，在前、后两案中，原告均作为原告起诉，被告也是两案的被告，虽然本案中存在第二被告即超市的存在，但不妨碍本案双方争议商标权是否侵权的法律关系的存在。

后案与前案的诉讼标的相同。诉讼标的在司法实务中一般是指原告在诉讼上主张的实体法上的权利和义务或法律关系，学理上又根据主张不同细分为给付之诉、确认之诉、变更之诉等。本案中，原告均以被告侵害其商标权为由，提起诉讼，后案与前案的诉讼标的也确实相同。

后案与前案的诉讼请求相同，或者后案的诉讼请求实质上否定前案的裁判结果。对于诉讼请求而言，是当事人要求法院予以判决的具体请求，当事人希望法院对其请求作出与之相应的确认、给付、形成这些具体的判决，具体到个案而言，这是原告向被告主张的法律上的利益，如赔偿多少金额、确认某个合同有效或无效、撤销某种行为等。除了后案与前案的诉讼请求相同，后案的诉讼请求实质上否认前案的裁判结果的，也是符合请求相同的判断标准的。在本案中，被告主张在前案中厦门市中级人民法院已经就被告侵害原告商标权的行为作出了认定和判决，原告在本案中就不能再就同一件事情重复主张权利，而原告在本案中确实也与前案一样，要求被告停止侵害并赔偿损失。

综合上面的分析，原告似乎符合重复起诉的构成要件，法院应以重复起诉的理由驳回原告的主张，但其实不然，原告在本案的主张虽然与前案相同，但事实和理由与前案并不一致。在前案中，法院认定被告侵权袜子包装的铁皮扣上的图案与原告第933×××号和第11430×××号注册商标上狼图案近似，而在本案中，法院经审理认为被告除上述侵权行为外，在袜口上图案以及袜子标牌上印制的狼群图案也构成了侵权事实，系对原告第11391×××号注册商标的商标专用权的侵权，从侵权的事实到侵害商标的编号均与前案认定的不同，且前案并未对本案被告侵权的行为进行认定或处理，因此本院认为原告并不构成重复起诉，经审理后，对原告合理的要求予以了支持。

在知识产权诉讼中，重复侵权作为一种情节严重的故意侵权行为，与重复起诉有许多类似之处。在判断是否构成重复侵权时，侵权的主观要件虽然是判断标准，但由于主观要件往往需要根据侵权人的客观表现来判断，笔者认为可以根据以下几点来判断侵权人是否构成重复侵权：1. 前案判决生效之日距后案再次发现侵权行为之日间隔了合理的期间，以便排除前案判决生效后，短时间内难以客观回收销毁侵权产品的情形，如案件存在执行程序的，应在执行程序完毕后的合理期间内，但对于合理期间的把握，因侵权商品流通情况、数量等均不相同，需要具体案件具体把握；2. 前案与后案均由同一侵权人实施的侵权行为，在认定过程中也应注意防止他人套牌、恶意栽赃行为，对侵权商品的设计、生产、流通等证据进行严格审核；3. 后案被诉侵权产品与前案被诉侵权产品相同或基本相同。在前案生效判决已经构成侵权的情况下，被诉侵权产品构成侵权事实清楚，并不难判断。需要注意的是，被诉侵权产品侵犯的是单一权利还是多个权利，如在本案中，被告生产的产品在袜口的铁皮扣侵犯的是原告第 933×××号和第 11430×××号注册商标，但在同样侵权产品的袜口及包装标牌上印制图案侵犯的是原告第 11391×××号注册商标，这就不能认为被告是重复侵权了，但如果前案判决生效二年后，原告发现被告仍然生产同样的产品，而仅就袜口的铁皮扣主张权利的，就构成重复侵权了。

编写人：北京市西城区人民法院　王运佳

23

商标专用权人权利滥用的认定要件

——刘某雨诉餐饮公司侵害商标权案

【案件基本信息】

1. 裁判书字号

北京知识产权法院（2021）京 73 民终 729 号民事判决书

2. 案由：侵害商标权纠纷

3. 当事人

原告（上诉人）：刘某雨

被告（被上诉人）：餐饮公司

【基本案情】

2013年，原告刘某雨在第30类炸糕等商品上获准注册“京天×”商标，同年，其在第35类广告、替他人推销等服务上获准注册“京天×”商标。刘某雨自用及通过合同授权的方式将获准注册的商标授权给合作伙伴使用。现刘某雨发现被告餐饮公司在多家店铺的招牌、包装袋、结账清单等及多家网络平台的店铺信息中均使用了“京天×”标识。刘某雨认为这种行为足以造成公众对商品及服务来源的混淆，侵犯了刘某雨的商标权。经查，被告餐饮公司自1994年成立至今，一直使用“京天×”作为其企业字号的一部分，多家报纸、杂志、电视媒体对被告餐饮公司的京天×炸糕进行了报道。刘某雨在多种类别上注册了津三×、虎坊×等37枚注册商标。故餐饮公司认为其与关联公司使用“京天×”系对享有的在先的“京天×”注册商标专用权、在先的“有一定影响的企业名称权”以及在先的“有一定影响的商品名称权”的合法使用，不构成侵权；刘某雨注册涉案商标，违反了诚实信用原则，提起诉讼系权利滥用。

【案件焦点】

1. 餐饮公司是否侵害了刘某雨的注册商标专用权；2. 刘某雨起诉餐饮公司侵权是否构成权利滥用。

【法院裁判要旨】

北京市西城区人民法院经审理认为：（一）餐饮公司使用涉案商标具有正当性。首先，其使用“京天×”字号具有正当性。“京天×”字号的使用并未间断，商誉经过每一个“京天×”主体的使用得以延续和传承。其次，其在炸糕上使用“京天×”具有正当性。在刘某雨申请注册第11204×××号“京天×”商标之前，多个报道中将“京天×”与“炸糕”进行了关联，而结合企业字号长期使用的事实，应当认为企业字号已经取得了一定影响且能够传递至其商品“炸糕”。（二）刘某雨取得商标权利基础难谓正当。首先，“京天×”并非汉语中的固有词汇，显著性较高，刘某雨无证据证明在先使用而称其自创了“京天×”，难以让人信服。其次，在刘某雨申请注册第11204×××号“京天×”商标之前，餐饮公司就已经使用“京天×炸糕”并取得了一定影响。刘某雨注册商标主观恶意明显。最后，刘某雨并不能证明其在第30类商品上进行了商标法意义上的使用或者存在使用意图。其作为个人，囤积的商标中还包含“秋栗×”等多个知名度较高的商标，亦不能证明其注册这些商标的真实使用意图或需求。（三）刘某雨的行为构成权利滥用。刘某雨在并未具备真实使用意图和使用事实的情况下，仍然向正当使用的既有权利主体提起诉讼，要求赔偿，违反了诚实信用原则。另外，被控侵权行为主要是开设店铺，制作、销售炸糕，并未落入刘某雨“京天×”注册商标核准使用的服务范围，亦不属于第35类服务中的为商业管理、企业管理提供帮助。因此，被告的行为并未侵犯“京天×”注册商标专用权。

北京市西城区人民法院依照《中华人民共和国民法总则》第七条，《中华人民共和国商标法》第四条第一款、第四十六条、第五十七条第一款第一项和第二项，《中华人民共和国民事诉讼法》第六十四条第一款之规定，判决如下：

驳回原告刘某雨的全部诉讼请求。

刘某雨不服一审判决，提起上诉。

北京知识产权法院同意一审法院的裁判意见。依照《中华人民共和国民事诉讼法》第一百七十条第一款第一项之规定，判决如下：

驳回上诉，维持原判。

【法官后语】

（一）权利滥用认定的必要性和法理依据

在涉及商标在先使用人与商标专用权人权利冲突的案件中，当在先使用人于商标申请后继续使用的行为超出原有范围时，在先使用抗辩权难以涵盖，如不考虑商标权人的注册和使用意图，径直认定构成侵权，作出的裁判可能会与社会主义核心价值观相背离，难以实现公平正义。

商标权的取得和使用过程中，应当遵守诚实信用原则。在可能涉及恶意取得、恶意行使权利的情况下，判断是否侵害商标权不能仅依据《中华人民共和国商标法》第五十七条的规定简单作出结论，还应当从民事活动应当遵循的基本原则、商标法的整体要求进行综合判断。

（二）商标专用权人权利滥用成立要件

在认定商标专用权人是否构成权利滥用时，应当从以下两个方面进行考量：

第一，在先使用人及其关联主体使用商标是否具有正当性，即在先使用人是否存在合法、善意的在先使用事实。商标在先使用时间的长短、范围的大小、宣传的强度以及商标与商品或者服务结合的方式均会对商标的识别功能产生影响，同时也决定着商标上积累的商誉价值，这也恰恰是法律保护的缘由。因此，应当审查在先使用人及其关联主体使用被控侵权商标的持续时间、作为商标性使用的方式，以及经过使用所产生的商誉积累和建立对应联系的效果。另外，还应当考量在先使用人的使用行为是否存在恶意的可能，存在则不具有保护的正当性，反之则应当予以保护。

第二，商标专用权人取得商标权基础是否正当。具体而言，应当包括：1. 商标显著性的强弱。商标显著性越强，商标权人在不知情的情况下注册他人在先使用的商标属于巧合的可能性就越小，而对于显著性较弱的商标，市场主体分别注册和使用的可能性越大。2. 商标专用权人对在先权利知晓的可能。商标专用权人从事的职业、活动范围是否与在先使用人经营范围存在地理重合，是判断其是否具有知晓他人在先使用情况最直观的要素。3. 商标注册后商标权人的实际使用情况。依据商标法的规定，不以使用为目的的恶意商标注册申请，应当予以驳回。据此，商标申请人应当是基于使用目的而申请商标，且商标的使用应当是实质使用，而不是为防止商标被撤销而进行的少量、象征性的使用。4. 商标权人是否存在囤积商标的情况。如果商标权人多枚商标获准注册后非但未使用反而批量发布侵权警告函、进行行政投诉或提起民事诉讼，则此种大量囤积商标的客观现象极有可能代表着商标注册的主观恶意。将恶意注册的商标进行使用的行为属于商标民事案件审查范围。

符合上述认定条件，则应从诚实信用原则角度认定商标专用权人构成权利滥用，从而驳回其关于侵权的主张。

编写人：北京市西城区人民法院　黄秋平　高天

24

销售者合法来源的抗辩需要同时满足客观要件和主观要件

——农业发展公司诉超市侵害商标权案

【案件基本信息】

1. 裁判书字号

安徽省亳州市中级人民法院（2021）皖16民初483号民事判决书

2. 案由：侵害商标权纠纷

3. 当事人

原告：农业发展公司

被告：超市

【基本案情】

农业发展公司系第10304×××号“×蜜”、第41626×××号注册商标专用权人，核定使用商品第31类，包含鲜水果、甜瓜，两个商标均在注册有效期内。在公证书记载农业发展公司代理人在公证人员的见证下于2021年3月15日在被告处购买了一个哈密瓜，该哈密瓜标牌标注有“×蜜25号”字样。上述标牌完整包含了案涉商标的显著识别文字，容易导致混淆；没有证据证明案涉商品标牌上对×蜜字样的使用取得了农业发展公司的许可。

【案件焦点】

销售者合法来源的抗辩是否成立。

【法院裁判要旨】

安徽省亳州市中级人民法院经审理认为：被告主张涉案商品购自水果商行，提出合法来源抗辩。被告举证的工商登记信息显示，张某霞是水果商行的经营者，该商行成立于2020年7月28日。根据其所举进货单据上的内容，该单据开具日期为2021年3月6日，品名载明“×蜜”，实收金额2430元。被告提供的支付凭证、商贸公司出具的《情况说明》能够证明在2021年3月6日，其上级运营者商贸公司工作人员通过二维码付款2430元给张某霞。上述证据足以证明被告与商贸公司之间的关系以及案涉商品购自水果商行，具有合法进货来源。同时，农业发展公司所举证据也不足以证明被告知道或应当知道其所售哈密瓜侵犯了农业发展公司注册商标专用权。

安徽省亳州市中级人民法院依照《中华人民共和国商标法》第三条、第五十七条第三款、第六十四条之规定，作出如下判决：

一、被告超市立即停止销售侵犯原告农业发展公司第10304×××号、第41626×××号注册商标专用权的商品，并销毁库存侵权商品；

二、被告超市于本判决生效之日起十五日内赔偿原告农业发展公司合理维权支出1000元；

三、驳回原告农业发展公司的其他诉讼请求。

判决后，双方当事人均未上诉，本判决现已生效。

【法官后语】

一、合法来源抗辩的构成要件

合法来源抗辩制度设计根源于民法中“保护善意第三人”的信赖保护制度，其制度设立之初的目的在于兼顾保护权利人专有权益的同时兼顾交易安全与交易效率。我国三大知识产权单行法均规定了合法来源抗辩制度，如《中华人民共和国专利法》第七十条、《中华人民共和国商标法》第六十四条第二款规定。但在审判实践中，如何认定“合法来源抗辩”成为实务审判的难点。《最高人民法院关于审理侵犯专利权纠纷案件应用法律若干问题的解释（二）》第二十五条，对合法来源抗辩的主客观要件进一步明确，即不知道，是指实际不知道且不应当知道；合法来源，是指通过合法的销售渠道、通常的买卖合同等正常商业方式取得产品，对于合法来源，使用者、许诺销售者或者销售者应当提供符合交易习惯的相关证据。审判实践中，法院主要从主客观要件两个方面审查判断合法来源抗辩是否成立，而主客观要件的审查认定标准是审判实务中的难点。

1. 客观要件的审查。合法来源抗辩成立的客观要件是指侵权产品具有合法来源。从文义解释的角度出发，“合法来源”意为涉案侵权产品须具有“明确来源”，即侵犯产品需具有合法、正规的进货渠道并且能够提供上游供货商。该要件实际包含两层意思：

（1）该商品通过经营者合法取得。即经营者通过正常合法的交易渠道获得，不能是以窃取、走私、自行制作等方式获得该商品。该层要件系对事实状态的评价。如何认定“经营者合法取得”，应重点围绕被控侵权产品从供应者到销售者的交易过程展开。审判实践中，应结合产品特点、交易习惯及日常经验进行分析认定，主要包括是否签订销售合同、供货清单是否详尽、产品名称能否对应、付款凭证是否存在、供货单据是否加盖公章等。然而，由于行业交易习惯的差异，能够完整、细致地体现侵权产品交易全过程的证据在实践中并不多见。笔者认为，法院在审查中，对于该项举证应根据经营者实际情况科以不同程度的证明责任。审判实践中，多数被控侵权的经营者是规模较小、财务制度不健全的个体工商户或者个人，基于节约成本的现实需要，日常交易往往具有随机性和不规范性。此种情形下，在其尽力提供了合理证据的基础上不应苛求其能提供十分完整的合同及发票。对于经营规模较大、财务制度较为规范的企业法人，应当要求其提供完整、规范的交易过程凭证。一方面引导大企业规范自身的经营行为；另一方面也给予个体劳动者适当的生存空间。

（2）提供上游供货商。即抗辩者应当提供明确的产品来源者的身份。审判实务中，交易双方在商品交易过程中常简化交易形式，如物流单据上缺少签章确认或者交易凭证上收付款双方身份不明确等，这种情形在个体工商户间的交易十分常见。笔者认为，来源明确的认定标准至少应当符合《中华人民共和国民事诉讼法》第一百二十二条第二项关于明确被告的要求。具体而言，对于自然人，抗辩者应当提交该主体个人身份证明；对于法人或其他组织，抗辩者应当提交该主体工商登记材料。抗辩者不能仅提供侵权产品来源线索而无明确具体的来源者身份信息，否则权利人无法根据不明确的交易对象找到侵权产品的真正源头，合法来源抗辩制度设计有利于查清侵权产品流通各环节的目的就不能实现。

2. 主观要件的审查。被告不知道销售的是侵犯注册商标专用权的商品。不知道是指实际不知道且不应当知道。该层要件的举证责任审查认定是实务中的另一难点。

关于“不知道”的主观要件应当由权利人还是抗辩人来承担举证责任的问题，司法实践中有不同看法：一是认为抗辩人应当对其抗辩的主客观要件均进行举证；二是认为由抗辩者对客观要件举证而由权利人对抗辩者不满足主观要件举证。笔者认为，关于主观状态的审查并非易事，实务中权利人能够证明侵权者“明知”的情形十分少见，大多选择从侵权者“应当知道”的角度进行举证，难免带有一定的价值判断，即隐含侵权人在经营中应当尽到合理注意义务，否则其善意销售者的身份难以成立。如上文所述，“来源合法”具有事实认定兼具法律评价的色彩，法院在对侵权人提供证据所反映的交易事实的真实性和合法性审查时，不可避免地对侵权者是否尽到合理注意义务作出评判，即主观状态的审查源于对客观证据的推论。

故，关于主观要件成立与否，需要权利人、抗辩人从各自角度进行举证以及法院综合评判。对权利人来说，可以从权利宣示的角度，如发送警示函、律师函、商标的知名度、抗辩人存在重复侵权进行举证。对抗辩人来说，可以从交易对象的规模、资质或持有相似商标、交易对象曾经获取该商标专用权进行举证。法院可以根据双方的举证，从抗辩者的举证情况、交易产品的特点和行业习惯以及抗辩者与侵权产品来源者的责任能力对比等方面，综合分析评判抗辩者是否尽到合理注意义务。

二、权利人合理维权费用的负担

实务中，合法来源抗辩成立时，抗辩者是否承担权利人合理维权费用呢？笔者认为，合法来源抗辩不免除抗辩人承担赔偿合理维权费用的责任。

1. 权利人经济损失与合理维权费用法律属性不同。权利人经济损失是权利人因侵权行为遭受到的直接损失，而合理维权费用是权利人为制止侵权所支付的间接损失，包括购买侵权产品、公证费、律师费等。间接损失并不属于知识产权能带来的直接价值。实务中，法院在酌定赔偿数额时，出于审理便捷性考虑，常常将权利人经济损失和合理维权费用一并酌判。但在合法来源抗辩成立时，应该与损害赔偿数额分别列明、分开考虑。

2. 由权利人来选择合理维权费用的承担符合利益平衡原则。在权利人起诉销售者时，维权行为系由销售行为引发，即权利人指出的合理维权费用与销售行为密切相关，若免除抗辩人赔偿合理维权费用的责任，则可能造成权利人和抗辩人之间的利益失衡，有损权利人维权的积极性。

编写人：安徽省亳州市中级人民法院　王艳东　卞岩岩

25

正品分装行为的商标侵权判定

——润滑剂公司诉润滑技术公司等侵害商标权案

【案件基本信息】

1. 裁判书字号

上海知识产权法院（2021）沪 73 民终 596 号民事判决书

2. 案由：侵害商标权纠纷

3. 当事人

原告（上诉人）：润滑剂公司

被告（上诉人）：润滑技术公司

被告（被上诉人）：邹某

被告：袁某国

【基本案情】

原告润滑剂公司系外国法人独资企业，成立于2002年1月12日，经营范围包括区内从事润滑剂及其相关产品为主的仓储（除危险品）、分拨业务及区内售后服务等。经克鲁×润滑剂慕尼黑欧洲两合公司授权，原告取得克鲁×系列商标（核定使用在第4类工业用油、润滑油等商品上）的许可使用权及获得侵权赔偿的权利，授权期限自2017年1月1日起。

被告润滑技术公司成立于2007年4月18日，经营范围为从事润滑油的销售等，该公司曾是克鲁×润滑油经销商。该公司法定代表人、实际控制人邹某（占股99.505%）在未经克鲁×系列注册商标权利人许可的情况下，指使袁某国等公司员工，将低价购入的其他品牌润滑油自行灌装至专门订制的容器内，并贴附印制有权利人注册商标的贴纸，再以正品“克鲁×”品牌润滑油的价格对外予以销售，从中非法获利。后邹某、袁某国于2019年6月被公安机关抓获，经审理，邹某等人制造、销售上述自行灌装的假冒“克鲁×”润滑油的非法经营数额共计26万余元。上海市浦东新区人民法院作出刑事判决，以邹某、袁某国犯假冒注册商标罪，判处有期徒刑，并处罚金。

此外，邹某还指使袁某国等公司员工，向他人定制小罐，将大罐正品克鲁×润滑油分装成小罐润滑油，加贴自行委托印制的假冒克鲁×系列注册商标的标识后予以销售。邹某在公安机关供述称，其无法实现原装润滑油的真空生产环境，在自行分装过程中会有一些杂质混进润滑油中，影响油的品质，但是其在分装时会十分小心，尽量减少杂质。袁某国在公安机关供述称，分装的目的是拓宽小罐克鲁×润滑油的市场，并赚取更多利润。被告润滑技术公司的多名员工在公安机关的询问笔录中证实，润滑技术公司的分装活动在2016年至

2017 年开始。根据润滑技术公司员工的证言及其提供的产品出库记录统计，润滑技术公司灌装及分装克鲁×润滑油的销售金额为 300 万余元，邹某在刑事案件审理中对该出库记录不持异议。故润滑剂公司诉至法院，请求判令三被告立即停止商标侵权行为，连带赔偿原告经济损失 2500 万元，以及合理费用 25 万元。

【案件焦点】

1. 三被告将大罐“克鲁×”品牌润滑油分装成小罐“克鲁×”品牌润滑油的行为是否构成商标侵权；2. 若构成侵权，则三被告应承担何种侵权责任。

【法院裁判要旨】

上海市浦东新区人民法院经审理认为：被控侵权行为包含灌装和分装两种情况，其中的灌装行为构成商标侵权。关于将大罐正品“克鲁×”品牌润滑油分装成小罐“克鲁×”品牌润滑油的行为：1. 被控分装小罐上贴附商标的行为属于商标法意义上的使用行为。润滑技术公司自行购入小罐，将正品分装入上述小罐中，并贴附假冒“克鲁×”标识，其作用是向客户表明分装后的小罐润滑油来源于克鲁×品牌权利人。此种标识添附行为没有改变商标的来源识别功能，并非为了说明、描述、指示商品而正当使用涉案商标，不属于合理使用。2. 被控分装行为破坏了商标的品质保证功能。被控分装行为系被告在不具备润滑油灌装环境和条件、不保证包装罐符合润滑油灌装要求的情况下进行的，完全不能保证润滑油应当达到的洁净程度，不能保持润滑油原有的品质，使相关公众对该商品的认可度和信赖度降低，在一定程度上会损害原告的品牌声誉。3. 被控分装行为不适用商标权利用尽原则。适用商标权利用尽原则时，使用人必须保证商品来源于商标权利人，且销售中不能对商品进行任何形式的改变，不能影响商标的来源识别功能和品质保证功能。被控分装行为破坏了润滑油的包装，或将低等级润滑油标识为高等级润滑油，损害了产品的质量和商标权利人的信誉，不能适用商标权利用尽原则。综上，涉案分装行为属于商标法规定的“给他人的注册商标专用权造成其他损害的”商标侵权行为。

关于责任承担。邹某作为润滑技术公司的大股东和实际控制人，应与润滑技术公司共同承担侵权的民事责任。被告袁某国系润滑技术公司员工，仅获得工资收益，并不参与利益分成，故不应与润滑技术公司及邹某共同承担赔偿责任。根据邹某的自认及润滑技术公司多位员工的证言，证实被告润滑技术公司及邹某至少从2017年开始实施灌装及分装行为，故本案侵权行为的涉案金额不能仅以刑事案件中认定的金额为限。

上海市浦东新区人民法院判决如下：

一、被告润滑技术公司、邹某于本判决生效之日起十日内连带赔偿原告润滑剂公司经济损失人民币200万元，合理开支人民币15万元；

二、驳回原告润滑剂公司的其他诉讼请求。

润滑剂公司、润滑技术公司不服一审判决，提起上诉。

上海知识产权法院同意一审法院的裁判意见，判决如下：

驳回上诉，维持原判。

【法官后语】

将大包装商品拆分为小包装商品销售是市场较为常见的一种销售方式，特别是一些大包的进口商品，分装后便于销售。在此过程中必然会涉及商品的重新包装，也就会涉及对权利人商标的使用。正品分装过程中的商标使用行为是否构成商标侵权？笔者认为，正品分装行为是否构成商标权侵权，不能一概而论，而应结合个案，从被控分装行为是否属于商标性使用、分装是否影响商品质量、是否适用商标权用尽原则等方面进行综合评判。

（一）正品分装是否属于商标性使用

一般而言，商标侵权以属于商标法意义上的商标性使用为前提。认定属于商标性使用行为的关键在于，该行为是否能够用于识别商品的来源。本案被告润滑技术公司原系克鲁×品牌润滑油的经销商，由于客户需要小罐的润滑油，故将购买的大罐克鲁×润滑油分装入其自行定制的小罐油桶中，并在油桶上贴附了原告的权利商标。被告润滑技术公司的上述商标贴附行为，其主观上是为明示润滑油的来源，让消费者了解该润滑油的出处，从而提高润滑油的销量；客观上，消费者亦能通过包装上的商标判断商品的来源。因此，被告润滑技术公司在正品分装销售时贴附商标的行为完全满足商标性使用的条件。

被告润滑技术公司提出，其在分装时使用权利商标是为了说明其销售的是克鲁×品牌润滑油，因此属于对商标的合理使用。合理使用是指尽管使用了与他人相同或近似的商标，但不会产生识别商品来源的功能，如描述性使用、说明性使用、指示性使用等，其本质上不是对他人注册商标的使用。但本案涉案行为不属于对权利商标的合理使用。首先，本案的克鲁×系列商标，显著性强，并非通用标志或描述性标志，被告润滑技术公司的使用行为不可能构成描述商品性质的描述性使用。其次，说明或指示自己提供的商品的用途、服务对象和真实来源的说明性使用、指示性使用行为，必须善意、合理且符合商业惯例，以不使消费者混淆为前提。换言之，若销售者对他人商标的使用仅仅是指示性的，那么消费者便不会误认为该商品来源于商标权人。被告润滑技术公司定制小号油罐，贴附原告商标，且完全模仿了正品的包装装潢，消费者仍会认为这些产品直接来源于原告，且其目的是增加润滑油的销量，主观上不具有善意。因此，被告的行为亦不构成说明性或指示性使用。

（二）正品分装是否影响了商品质量

商标对商品具有质量保证功能，商标法亦对商标权人的品质控制权和商标实际使用人的品质保证义务作出了规定。消费者会以商标作为判断商品质量的因素，商标因此还承载着商标权人积累的商誉。若商标使用人的商品质量与商标权人的商品质量存在差异，则意味着商标权人丧失了对该商品的品质控制力，其商誉也可能遭受损害。

本案涉及的商品是润滑油，润滑油作用于机械设备之中，能够降低机械摩擦力，减少机械运转时的磨损，延长机械使用寿命。一旦润滑油中混入了灰尘、发丝、水汽等杂质，则这些杂质会不可避免地改变润滑油的凝点、流动性等物理或化学性质，甚至可能加速机械设备的磨损、腐蚀，引发机械故障。将大罐润滑油分装为小罐的行为，特别区别于对物质结构较稳定的诸如铅笔、文具等商品的分装，更容易因为混入这些杂质而降低润滑油的功效，影响其品质。被告邹某亦在刑事案件的讯问笔录中承认，原装润滑油的生产过程都是真空的，但其不具备真空分装的环境和条件，其能采取的措施，只有操作小心、第一时间完成封口等，尽量让杂质少些混入润滑油中。综上可以认定，本案的分装活动无法保证分装润滑油的品质，实际已对润滑油的品质产生了影响，破坏了克鲁×系列商标的品质保证功能。

（三）正品分装是否适用商标权用尽原则

商标权利用尽是指享有商标权的商品经由商标权人或被许可人以合法方式销售或转让后，商标权人对该特定商品上的商标权即告穷竭，其无权禁止合法取得该商品的所有权人在市场上再行销售或直接使用。换言之，合法取得正品后进行转售的行为，并不侵害商标权。但在转售时，还必须保证不对商品进行改变，否则，一旦对商品质量造成影响，仍然会破坏商标的品质保证功能，损害商标权人的商誉。从商标标示特定商品与特定来源之间联系的功能出发，通常可以根据改变程度是否足以实质性影响商品性质以及消费者的选择，来判断改变后再次出售的行为是否构成商标侵权。

被告的正品克鲁×润滑油来源合法，但被告在将润滑油再次销售时，破坏了正品包装，如前所述，其改变程度已经影响了商品质量，并进一步影响消费者的选择，可能会对商标权人的商誉造成影响，故其分装行为不适用商标权利用尽原则。

综上，被告润滑技术公司在正品分装过程中对权利商标的使用属于商标性使用，未落入注册商标的合理使用范畴，且该分装行为影响了商品质量，对权利人造成损害，亦无法适用商标权利用尽原则，故构成商标侵权。

编写人：上海市浦东新区人民法院　倪红霞　杨岸松

26

直播带货类平台性质与责任边界的认定

——贸易公司诉工艺品公司、科技公司侵害商标权案

【案件基本信息】

1. 裁判书字号

北京市海淀区人民法院（2021）京0108民初6194号民事判决书

2. 案由：侵害商标权纠纷

3. 当事人

原告：贸易公司

被告：工艺品公司、科技公司

【基本案情】

贸易公司通过传播公司授权获得涉案两枚商标的独占许可使用权。贸易公司诉称工艺品公司未经授权，通过其在直播平台的账号进行直播并销售带有涉案商标标识的两款手提包（以下简称涉案商品），该行为侵害了贸易公司的商标权；科技公司作为直播平台运营商，对工艺品公司前述行为未尽合理注意义务，应当与工艺品公司共同承担法律责任。

工艺品公司辩称：其销售涉案商品系取得案外人合法授权，同时因其认知和判断能力有限，无法判断销售涉案商品是否为侵害涉案商标权的产品，且已提供了涉案商品来源，故不应当承担赔偿责任。工艺品公司另称，直播平台未能确保用户有效阅读和理解用户协议和隐私条款内容，且未提示用户与知识产权侵权相关的法律后果。

科技公司辩称：贸易公司可通过涉案商品落地页展示的卖家信息进行维权，科技公司亦已将涉案平台用户的信息披露给贸易公司；直播平台用户协议已明

确提示用户不得侵害他人知识产权。此外，科技公司在接收本案诉讼材料后及时核实涉案平台用户信息和涉案商品，现涉案商品已下架。直播平台并非电子商务平台，科技公司并非电子商务平台运营者，且已尽到了合理注意义务。

【案件焦点】

1. 工艺品公司销售涉案商品的行为是否侵害贸易公司商标权；2. 直播平台所属平台类型如何认定，科技公司是否就被诉行为尽到了合理注意义务；3. 如二被告构成侵权，其应当承担的法律责任。

【法院裁判要旨】

北京市海淀区人民法院经审理认为：结合涉案商标的图样、核定使用的商品类别、涉案商品及其价签上的被诉标识、贸易公司未将涉案商标转授权给第三人等事实，以及工艺品公司未提交充分的证据证明其行为符合商标法关于销售商免责的规定，工艺品公司销售涉案商品，违反了《中华人民共和国商标法》第五十七条第三项之规定，构成侵权。

至于科技公司是否应就工艺品公司被诉行为承担共同侵权责任，基于《中华人民共和国电子商务法》关于电商平台的规定，综合涉案平台用户可从事的活动类型、直播界面显示的商品信息、涉案平台用户购买商品的流程等因素，认定涉案平台虽系网络直播平台，但系以提供网络直播营销服务的形式在其平台中为交易各方提供了交易撮合、信息发布等服务，供交易各方独立开展交易活动的平台，属于电子商务平台；同时明确了对此类直播平台系电子商务平台的认定不影响其可以同时被认定为其他性质的平台。

北京市海淀区人民法院依照《中华人民共和国民法典》第一千一百九十四条、第一千一百九十七条，《中华人民共和国商标法》第五十七条第三项、第六十三条第三款、第六十四条第二款，《中华人民共和国电子商务法》第二条第二款、第九条，以及《中华人民共和国民事诉讼法》第六十四条第一款之规定，判决如下：

一、本判决生效之日起十日内，被告工艺品公司赔偿原告贸易公司经济损失30万元及合理开支10598元；

二、驳回原告贸易公司的其他诉讼请求。

判决后，双方当事人均未上诉，本判决现已生效。

【法官后语】

本案系认定主播带货场景下的直播平台为电商平台并界定此类平台合理注意义务判断规则的典型司法案件，既及时回应了直播平台主播带货模式下的相关法律争议，也为网络直播营销平台进一步规范行为，完善平台审核机制建设等提供了指引。

一、直播带货类平台的性质认定

（一）直播带货类平台的类型和现状

近年来，网络直播以其内容和形式的直观性、即时性和互动性，在促进经济社会发展、丰富国民精神文化生活等方面发挥了重要作用，成为信息服务和数字经济的重要底层载体。直播带货这一直播形式起始于2016年，随着传统营销环境和消费模式的改变，直播带货交易规模呈现爆发式增长，各类互联网平台亦因此纷纷布局直播带货业务。据统计，截至2021年12月，我国网络直播用户规模达7.03亿个，占我国网络用户整体的68.2%[①]，其中购物类直播又称“直播带货”系常见的一种直播形式。

当前，直播带货平台主要可划分为以下几类：

1. 提供直播服务的电子商务平台

该类平台本身商家众多，商品种类丰富，平台结合原有的电子商务开拓的“直播+电商”服务，主要服务对象为具有明确购物目的的网络用户。

2. 提供内容为主营业务的平台

该类平台主要以提供短视频、文字内容为主，部分粉丝数量及注册时间达

---

① 《第49次中国互联网络发展状况统计报告》，载中国互联网络信息中心网，https：//www.cnnic.net.cn/NMediaFile/old_ attach/P020220721404263787858.pdf，最后访问日期：2023年2月3日。

到平台要求的主播可以开通带货功能，用户的购物行为多数需跳转至其他平台完成，部分则可在平台内完成。此类平台中还有一类系平台自身在内容之外专门设置了商城专栏，且一般在商城专栏入驻的商家在不提供内容的情形下也可以开展直播带货。

3. 互联网直播平台

该类平台的直播种类较为丰富，以游戏、户外活动以及娱乐直播为主，电竞直播属于该类平台较为热门的板块，商家主要结合平台主播基于直播所产生的粉丝流量确定合作主播并开展共同营销活动，所营销产品通常与主播的直播板块密切相关。

平台作为直播带货这一商业模式中的一个重要角色，对其性质的认定、责任边界的确定和行为规范的完善，将影响着这一商业模式的健康有序发展。本案即与此相关的典型案件。

（二）直播带货类平台构成电子商务平台的认定标准与要件

基于前述对直播带货平台的分类，第一类提供直播服务的电子商务平台的性质无须赘述，其责任边界和行为规范亦已有《中华人民共和国电子商务法》等法律文件予以明确。对于第二类和第三类直播带货类平台，其一般并不直接卖货，而是提供与直播带货相关的入口或技术等服务，故通常可被认定为网络服务提供者，但又因其服务的多元化导致其属性的多重性，故对该类平台是否属于电子商务平台存在争议。在展开具体分析之前，另需强调的是，实践中，第二类或第三类平台因其原以提供内容为主而积累了大量用户，故出于商业策略、法律风险、业务板块等因素，往往会选择与其存在关联或有其他密切关系的平台进行合作，为后者引流；此时，平台内主播在开通销售功能、进行资格认证，用户在购买商品的过程中，有可能会跳转至案外平台。在此情形下，如果结合在案证据可以认定主播在第二类或第三类平台中即可开通互联网营销功能，平台直播界面中可显示商品具体信息，用户点击购买时未发生明显跳转且可在平台内其账号中查询订单信息，或用户需点击平台直播界面中的相关选项才可进入案外平台，则即便第二类或第三类平台并非涉案商品信息实际上传、涉案交易实际发生的平台，亦可认定其参与了为主播提供直播带货场所及相关服务，故仍涉及对其平台性质的判断，本案即属此种类型。据此，本文试分析如下：

1. 个案判断标准

当发生于前述第二类或第三类平台中的直播带货行为引发相关纠纷，且消费者或其他利益受损方主张平台承担电子商务平台责任时，即涉及对此类平台是否属于电子商务平台的认定。在对此问题进行判断时，先应考虑到电子商务平台区别于其他类型平台的特殊性，如因电子商务活动涉及对平台内运营者资质的审查，对消费者利益的特殊关注等因素，电子商务平台运营者所应承担的合理注意义务有其特殊性，尤其是有别于用户生成内容平台所在一定程度上应承担更高的合理注意义务。因此，应当坚持个案判断标准，结合具体案情准确界定平台性质。此外，需要明确的是，个案的认定不影响该类平台在其他场景下被认定为其他类型平台；如本案所涉直播平台，在其他场景仍然是提供内容的网络平台。

2. 构成要件梳理

根据《中华人民共和国电子商务法》第二条第二款、第九条中关于电子商务平台经营者的定义，并考虑随着互联网技术的创新和网络营销模式的多样化，当前电子商务平台经营主体的范围逐渐发生变化的客观情形，对于互联网直播平台、互联网音视频平台等以生产、提供内容为主营业务的平台，如其为交易各方实际提供的服务本身符合前述电子商务法的相关定义，应认定为对应平台系电子商务平台。根据该条款，可以在具体案件中对直播带货平台构成电子商务平台的要件具体化为：第一，平台用户是否可以在平台内从事互联网营销活动；第二，平台内的带货直播界面是否显示商品包括名称、图片、价格在内的信息；第三，用户查看直播所介绍商品的详情页面是否需跳转至其他平台；第四，用户实际购买商品是否需要点击平台内置功能按钮；第五，用户完成购物后是否能在平台内直接查询到直播购物对应订单信息。本案正是结合前述五个因素，认定直播平台在涉案场景下的属性。

二、直播带货电子商务平台的责任边界

当第二类和第三类直播带货类平台可认定为电子商务平台时，其本质上仍属于网络服务提供者，因此在对其责任边界进行界定时，仍要遵从“平台是否对被诉直接侵权行为存在过错”这一判断规则。

（一）责任认定原则

虽《中华人民共和国电子商务法》第二章第二节专门就电子商务平台经营者应尽的义务进行了规定。但需要说明的是，网络直播营销类电子商务活动有别于过去通过网页页面静态展示商品信息的传统电子商务模式，一般系主播自行编辑、上传产品信息，并在直播讲解的过程中展示、销售产品；故在判断网络直播营销类电子商务平台对平台内经营者的直播营销行为是否尽到合理注意义务时，既应依据《中华人民共和国民法典》第一千一百九十四条、第一千一百九十七条关于网络服务提供者的侵权责任承担的规定以及《中华人民共和国电子商务法》第二章第二节之规定，也应当考虑其对平台内直播营销经营者的监管能力较为有限，监管成本更高这一特点，合理界定其注意义务边界。如要求其承担较高的事前审核成本，既在客观上难以实现，也不利于其将有限的成本和精力投入技术的研发或服务的改进上，从长远看亦将有损网络直播营销产业的整体发展。

（二）存在过错的情形

虽不应要求直播带货电子商务平台承担较高的事前审核义务，但如果存在如下情形，仍应认定平台方存在过错：

1. 带货主播发布的产品信息中含有明显的侵权信息，平台未予注意而放任损害结果发生的。例如，涉案商品在商品链接名称、商品图片以及主播背景中突出使用具有一定知名度的品牌名称或标识，或在链接标题、店铺名称或介绍中标明某知名品牌“官方授权”“独家授权”字样，平台在审核直播营销内容时已发现上述情形，但未对品牌资质或授权的真实性进行确认而通过审核，且允许侵权产品上架直播间进行销售。

2. 权利人事先已向平台方发送权利预警通知，平台未就此提高注意义务而放任损害结果发生的。可表现为知名商标或品牌权利方就市面存在侵权产品以及就侵权产品在平台进行直播营销的可能性向平台发送预警通知，平台在收到预警通知后未在其合理注意义务范围内就对应品牌和产品进行筛查，从而导致侵权结果发生的情形。当然，平台曾收到过权利预警通知并不能当然认定平台即存在过错，仍应结合涉案商业标识的知名度、涉案商品类型等个案因素，合理确定平台筛查侵权行为、防范侵权风险的能力边界。

3. 平台在侵权行为发生时确已收到权利人的有效侵权通知，有能力立即制止侵权行为继续发生而未予制止的。例如，平台收到权利人有效侵权通知，未对相关直播间进行处理而放任侵权行为再次发生的。但在直播间重复侵权的情况下，可不要求权利人每发现一次侵权行为通知一次，而应视个案具体情况适当提高平台作为网络服务提供者的合理注意义务。

三、直播带货电子商务平台的行为规范建议

结合前述分析，建议直播带货电子商务平台从以下角度进一步规范平台行为：

第一，建立或进一步完善账号及直播营销功能注册注销、营销行为规范等机制措施。第二，根据相关法律法规和国家有关规定，制定并公开或进一步完善网络直播营销管理规则、平台公约。第三，确保对直播间运营者资质，直播营销内容、商品和服务的真实性、合法性等审核义务的切实履行；需要说明的是，此种审核义务主要是形式审查，并不意味着施加于平台提前进行实质审核的义务。第四，制定或进一步完善直播营销商品和服务负面目录，列明依法应予禁止或不适宜以直播形式营销的商品和服务类别。第五，确保对直播间运营者、直播营销人员进行基于身份证件信息、统一社会信用代码等真实身份的信息认证。第六，建立或进一步完善知识产权保护规则。第七，建立健全投诉、举报机制，并及时处理权利人对于违法违规信息内容、营销行为的投诉举报。第八，在知道或应当知道平台内经营者实施了侵犯知识产权等违反法律法规和服务协议的行为时，及时采取删除、屏蔽、断开链接等必要处置措施。第九，在消费者或其他权利人通过直播间内链接等方式跳转到其他平台购买商品或者接受服务并发生争议时，积极协助其维护合法权益，提供必要的证据等支持。

编写人：北京市海淀区人民法院　张璇　洪嘉君

27

违反“证据提供令”应承担证明妨碍责任

——电气公司、管理公司诉建材公司等侵害商标权及不正当竞争案

【案件基本信息】

1. 裁判书字号

江苏省无锡市中级人民法院（2021）苏 02 民初 399 号民事判决书

2. 案由：侵害商标权及不正当竞争纠纷

3. 当事人

原告：电气公司、管理公司

被告：装饰材料经营部、科技公司、计某平、郁某娟、建材公司、计某根、郑某珍

【基本案情】

两原告母公司在中国设立 16 家公司及百余个办事处，曾获“中国电工十大驰名品牌”等称号，于 2018 年注册第 G700×××号“罗格朗”商标，核定使用商品为第 9 类、第 11 类、第 16 类，第 9 类被认定为驰名商标；2001 年和 2017 年分别注册“ ”“Legrand”商标，核定使用商品均为第 11 类，包括灯具、供暖、浴霸等。两原告母公司授权原告使用其商标并维权。电气公司、管理公司分别成立于 1997 年和 2006 年，经营范围中均包括生产销售灯具、卫浴电器等，且实际生产销售上述商品。

科技公司成立于 2015 年，原股东为计某平、郁某娟；建材公司成立于 2019 年，股东为计某根、郑某珍。两公司经营范围均包括制造销售灯具、集成

吊顶等。计某平、郁某娟与计某根、郑某珍均确认双方为夫妻关系，后者系计某平的父母。

2020 年 9 月，市场监管局执法检查发现，科技公司有取暖器等集成吊顶商品 245 台及大量商标标签，包装箱标注“罗格朗”“logrood”，企业名称为建材公司，生产商地址为科技公司工商地址。包括装饰材料经营部在内的浙江、江苏、江西等地经营者所售 600 余台集成吊顶等产品的包装箱与在科技公司查获的一致。多省份经营者在线上销售视频中销售、展示了标注“罗格朗”“logrood”商标的集成吊顶，部分经营者仓库内有大量存货。

诉讼中，原告以本案所涉产品销售的收付款凭证、合同、发票、收据、发货物流单据及与业务有关的交流记录由装饰材料经营部、科技公司、建材公司控制，上述证据与待证事实以有直接证明作用为由，请求法院责令提交所涉证据。法院经审查，作出民事裁定，责令相关被告提交上述证据。科技公司提交了资产负债表及发票，其余被告未提交证据。

科技公司提供的发票显示，2020 年其销售浴霸、灯、取暖器 1240 台。科技公司陈述称，其于 2020 年应建材公司要求生产涉案商品 1000 台，已售 716 台，未与客户签订书面合同，由建材公司运输，其未保存发货单据。

【案件焦点】

1. 科技公司是否为被诉侵权商品的生产者；2. 科技公司、建材公司的涉案行为是否构成商标侵权及不正当竞争；3. 科技公司、建材公司应承担的赔偿损失额如何确定；4. 计某平、郁某娟、计某根、郑某珍是否应当承担诉称的赔偿损失责任。

【法院裁判要旨】

江苏省无锡市中级人民法院经审理认为：

（一）科技公司为被诉侵权商品的生产者。被诉侵权商品标注的生产商虽标注为建材公司，但所列地址系科技公司工商地址，结合在该地址查获大量被诉侵权商品及商标标签，可认定其为生产商。

（二）科技公司、建材公司构成商标侵权及不正当竞争。1. 涉案商品标注的“罗格朗”与第 G700×××号商标在文字、名称上一致，构成相同。“logrood”与“legrand”，有 4 个字母及顺位相同，左边图形仅有细微区别，初步观察会感觉两者视觉上较接近，易使相关公众产生误认，构成近似。同理，“logrood”与“Legrand”亦构成近似。科技公司擅自使用与注册商标相同和近似的商标，构成侵权。2. “罗格朗”商标及字号均具有较高知名度，建材公司作为同业经营者，明知上述事实，将涉案商标注册为企业字号，是擅自使用“罗格朗”字号的仿冒行为，应予变更。

（三）被告应承担赔偿责任。1. 法院责令相关被告提供经营证据，科技公司提交的证据与现有证据不符，建材公司、装饰材料经营部未提交证据。根据证据妨碍规则推定原告就该证据所涉证明事项的主张成立。综合考虑涉案商标显著性和知名度、被告主观恶意、侵权行为性质及后果、合理开支等，确定科技公司、建材公司赔偿原告 200 万元并消除影响。装饰材料经营部作为销售者，应清楚存在侵权可能，酌定赔偿原告 5 万元。2. 计某平、郁某娟与计某根、郑某珍设立公司并利用对公司的支配权生产销售涉案产品，且拒不提交经营证据，依法作不利推定。上述被告作为家庭成员，相互配合，共同实施侵权行为，应承担连带责任。

江苏省无锡市中级人民法院判决如下：

一、科技公司、建材公司立即停止使用“罗格朗”“logrood”商标，停止生产、销售标注上述商标的商品；

二、建材公司停止在企业名称中使用“罗格朗”；

三、科技公司、建材公司在《法治日报》上刊登消除影响声明并赔偿原告 200 万元；

四、装饰材料经营部赔偿原告 5 万元；

五、计某平、郁某娟、计某根、郑某珍对科技公司、建材公司上述应付款项承担连带责任；

六、驳回电气公司、管理公司的其他诉讼请求。

判决后，双方当事人均未上诉，本判决现已生效。

【法官后语】

本案是关于知识产权案件中适用“证据提供令”[①] 的典型案件。2020 年 11 月，《最高人民法院关于知识产权民事诉讼证据的若干规定》（以下简称《知产证据规定》）第二十四条、第二十五条在《最高人民法院关于适用〈中华人民共和国民事诉讼法〉的解释》第一百一十二条、《最高人民法院关于民事诉讼证据的若干规定》第四十六条的基础上，将“书证提供令”进一步扩大至“证据提供令”，规定主张权利的当事人因客观原因对其权利主张难以举证的，可以书面申请人民法院责令控制证据的对方当事人提交证据，申请理由成立的，人民法院应当作出裁定，责令对方当事人提交。“证据提供令”扩展了当事人调查收集证据的手段，排除其证据收集障碍，提升其举证能力，利于查明案件事实，实现裁判结果客观公正。[②] 为更好发挥制度效应，在司法适用中需注意申请和审查等问题。

1. 严格把握“证据提供令”申请条件。一是证据提供令的适用主体应限于案件当事人，对待证事实承担举证责任的当事人为申请人，控制证据的对方当事人为被申请人。《知产证据规定》作为司法解释不能为案外人设定义务，因此证据提供义务的主体仅限于控制证据的对方当事人。二是对象证据需特定化。证据特定化是法院判断控制证据的当事人是否负有证据提供义务的前提与基础。对待证事实负有举证义务的当事人需尽可能详细描述对象证据的外在特征、细节信息以使证据特定化，无具体指向的证据不能作为所申请的对象证据。三是对象证据需与待证事实有密切关联，对裁判结果有重要影响，此亦是法院审查的重点。

---

① 林广海、李剑、吴蓉：《〈最高人民法院关于知识产权民事诉讼证据的若干规定〉的理解与适用》，载《法律适用》2021 年第 4 期。

② 参见宋春雨：《新〈民事证据规定〉中“书证提出命令”规则理解和适用若干问题》，载《民事审判指导与参考》2021 年第 2 期（总第 86 辑）。

2. 人民法院应平衡个人与公共利益，审慎审查证据是否具备证明利益。人民法院作出证据提供令，系以公权力对证据控制人施加义务和负担，有必要审慎对待权力的行使，慎重考虑发出证据提供令的必要性。[①] 一是对象证据对待证事实的证明具有必要性。“谁主张，谁举证”是举证责任分配的一般原则，“证据提供令”则是将本证方的证明责任倒置给控制证据的对方当事人。对此法院应审慎审查对象证据与待证事实的关联程度，对象证据能否直接指向待证事实，对待证事实的证明是否具有相当程度的证明力及难以替代的积极作用。二是待证事实应对裁判结果具有实质性影响，对权利人的主张能否得到支持具有直接影响。“证据提供令”是对本无举证证明责任的当事人科以证据提供义务，实质上是个人利益让步于公共利益，以实现客观公正。民事诉讼中虽然不负举证责任的当事人也有协助法院发现事实的义务，但该协助义务是有限度的，因此法院应严格依照规定，审慎平衡利益，否则可能有损控制证据当事人的利益，且易造成承担举证责任的当事人过度依赖，放弃主动收集证据，这将有损双方诉讼权利的平等保护。

3. 无正当理由不履行或不完全履行“证据提供令”应承担证明妨碍责任。若待证事实处于真伪不明并非由于负有举证责任当事人的自身原因而导致，而是控制证据的对方当事人所造成的，由负有举证责任的当事人承担不利后果显失公平，则应由实施妨碍行为的证据控制人承担不利后果，以实现裁判结果的公正。对于妨碍行为的判断，主观上要有实施妨碍行为的故意或过失，客观上要具有妨碍行为、待证事实处于真伪不明的状态，且两者之间存在因果关系，在此情形下才能推定对方当事人对该证据所证明事项的主张成立。

本案中，科技公司、建材公司生产并销售被控侵权产品，根据商业惯例，正常商事交往中必将产生合同、发票、收发货物凭证等商业往来单据，该些证据由侵权人控制，能直接证明侵权人获利情况，对赔偿数额认定有实质影响，符合“证据提供令”申请条件。侵权人拒不提交或不完全提交该些票据，系故

① 参见郑学林、宋春雨：《新民事证据规定理解与适用若干问题》，载《法律适用》2020年第13期。

意实施妨害行为，该行为与权利人损失无法确定之间具有因果关系，应由控制证据的侵权人承担证明妨碍责任，以维护司法裁判的公平与正义。

编写人：江苏省无锡市中级人民法院　陆超　宋婉龄

28

恶意后于权利人在区分表其他类别注册近似商标且用于同一种商品构成对在先注册商标的侵害

——防水材料公司、经贸公司诉防水建材公司侵害注册商标专用权案

【案件基本信息】

1. 裁判书字号

重庆市高级人民法院（2021）渝民终96号民事判决书

2. 案由：侵害注册商标专用权纠纷

3. 当事人

原告（被上诉人）：防水材料公司、经贸公司

被告（上诉人）：防水建材公司

【基本案情】

经贸公司享有第13475××号商标，于1999年注册，核定使用商品为第1类。2005年经贸公司将第13475××号商标授权防水材料公司用于生产销售防水浆料系列产品。通过长期使用和广泛宣传，截至2013年已获评多项荣誉称号，“劳亚尔”品牌在防水行业具有较高知名度。防水材料厂享有第52703

××号商标，于 2009 年注册，核定使用商品为第 19 类。防水建材公司于 2013 年从其发展前身防水材料厂受让第 52703××号商标。2017 年 2 月 23 日经贸公司公证购买了标有防水建材公司等字样的三种防水浆料商品，公证商品上标有商标。防水材料公司、经贸公司认为，防水建材公司在商标核定使用商品上使用“劳亚尔”字样，构成侵害商标权。防水建材公司辩称，其系合法使用自有商标，不构成侵权。

【案件焦点】

1. 涉案商品是否归属于《类似商品和服务区分表》（以下简称《区分表》）中第 1 类或第 19 类；2. 涉案商品《区分表》类别归属不明时，被诉侵权人后于权利人在其他类别注册与权利人商标近似商标并用于同种商品上，其以使用自有商标进行不侵权抗辩能否成立。

【法院裁判要旨】

重庆市第一中级人民法院经审理认为：综合涉案商品配料、使用范围、功能用途及使用方法、商标分类原则，涉案商品应归属于《区分表》第 1 类。防水建材公司在其生产销售的第 1 类商品外包装上使用“劳亚尔”文字、第 52703××号注册商标与第 13475××号注册商标的文字部分完全相同，足以导致相关消费者混淆，侵害了第 13475××号“劳亚尔”注册商标权，应承担停止侵权、消除影响并赔偿损失的民事责任。

重庆市第一中级人民法院判决如下：

一、防水建材公司于本判决生效之日立即停止侵害第 13475××号商标专用权的注册商标的行为；

二、防水建材公司于本判决生效之日立即停止在其生产销售的涉案商品外包装上使用与防水材料公司、经贸公司特有装潢相近似装潢的不正当竞争行为；

三、防水建材公司于本判决生效之日起十日内在《重庆晚报》上刊登声明，消除因侵权行为给防水材料公司、经贸公司带来的影响；

四、防水建材公司于本判决生效之日起十日内赔偿防水材料公司、经贸公司经济损失及为制止侵权支付的合理费用共计 50 万元；

五、驳回防水材料公司、经贸公司的其他诉讼请求。

防水建材公司不服一审判决，提起上诉。

重庆市高级人民法院经审理认为：本案争议焦点在于防水建材公司能否以其系使用自有注册商标作不侵权抗辩。本案中，大量证据材料客观反映涉案商品在区分表分类归属是一个争议颇大的专业技术问题。认可一审法院属于《区分表》第 1 类的认定。在被诉侵权人援引注册商标权作为正当性抗辩时，应当对其权利基础进行一定程度的必要审查，借此在具体案件合理裁量司法保护范围和力度。在案证据显示，第 13475××号商标为在先注册商标，且通过多年使用和广泛宣传，使得“劳亚尔”品牌在防水行业具有了较高知名度。“劳亚尔”文字的显著性与知名度更多来源于防水材料公司、经贸公司对第 13475××号商标的使用行为。司法对第 13475××号商标以及第 52703××号商标的注册商标专用权保护范围和保护力度，应当与前述商标的显著性和知名度相符。在后注册使用的商标，在具体商品可能存在种类归属不清之时，理应对同种或类似商品上的在先商标进行合理避让，以保护在先的合法权利或利益，避免对他人已有合法权益的入侵或掠夺。行为人不能依据其在后非善意取得使用的注册商标专用权对他人的正当使用行为主动提起侵权之诉，同理，亦不能成为其作防御性抗辩时的保护伞。本案中，防水建材公司在后非善意取得第 52703××号商标，此后对于同属于防水行业、同样使用于聚合物水泥防水材料类产品的第 13475××号商标非但没有进行合理避让，反而将其长期大量使用于生产销售同类商品之上，造成市场对两公司商品的混淆误认，挤压了在先权利人通过商标使用行为积累商誉、开拓市场空间的可能，扰乱了市场正常竞争秩序。防水建材公司的行为具有攀附 13475××号商标所载商誉的明显故意，实质妨碍第 13475××号商标发挥识别作用，违反了诚实信用原则。防水建材公司的注册商标专用权系在后非善意取得使用，不能据此抗衡防水材料公司、经贸公司的注册商标专用权，其以系在核定商品的范围内使用其注册商标的抗辩主张，构成权利滥用，不应得到法院支持。

重庆市高级人民法院依照《中华人民共和国民事诉讼法》第一百七十条第一款第一项规定，判决如下：

驳回上诉，维持原判。

【法官后语】

知识产权制度在于保障和激励创新。在商标侵权纠纷涉及注册商标专用权冲突时，应当积极研究符合商标法立法目的和商标案件审理规律的裁判规则，以司法智慧强化提升民事司法保护力度。

一、商品区分表类别归属判定属个案司法裁量

法院一般不需要认定涉案商品区分表归属。本案的特殊之处在于，权利人与被诉侵权人先后在不同类别注册商标，产生注册商标专用权冲突。一审法院就如何判定类别归属进行了详细论证，二审法院综合全案在卷证据材料，支持一审法院意见，但同时指出此种判定是个案司法裁量。

主要考虑的是：第一，判定涉案商品区分表类别归属，类似于查明技术事实。目前只能依靠法官通过阅读专业书籍，并结合各方当事人的陈述和辩论，尽快了解涉案商品所属领域的专业技术知识再作出判断，最终结论与法官在裁判当时占有掌握的专业技术材料密切相关。第二，论证涉案商品类别归属时，常见逻辑是从商品名称出发，按相同或近似的读音或词汇寻求论据。但《区分表》系根据尼斯分类表制作而成，语系不同翻译者择取词汇与原文用语可能存在指代偏差，而专业技术领域从业者对同一词汇亦可能有不同理解，尼斯分类表亦处于动态调整中。判断某词汇的指称与另一种特定语境下的相同词汇是否能够对应或等同，依靠的是法官内心确认。第三，如何选择《区分表》对于商品的划分标准以及在具体个案中如何适用标准，更多的是司法裁量。第四，由于科技发展技术进步，新型技术产品在《区分表》中商品类别归属并非泾渭分明。为尊重科技发展客观规律、尊重行业发展现状，将本案结论看作个案司法

裁量，可为行业认知革新和统一预留空间。

二、涉案商品类别归属不明时对“滥用注册商标专用权行为”的延伸理解

滥用注册商标专用权行为主要有两种表现形式：一种是超出核定商品的范围使用。所谓“核定使用的商品”一般不会存在认识分歧，各注册商标权利人得以在预先划定好的边界内行使权利。但是，如果涉案商品在《区分表》中类别归属出现了争议，商标注册时的核定使用范围就不再是清晰的权利行使界限。以本案为例，被诉侵权人有意借由涉案商标类别归属不明，在后于其他类别抢注商标，商标文字部分和权利人商标完全相同，并有意使用于同种商品，造成市场严重混淆。另一种是知识产权法以基于创新所产生的社会关系为主要调整对象。商标标志本身可能不具有创新性，商标法实际保护的是这种标志作为商标的第一次运用以及第一个获得商标权的主体利益，以及由此涉及消费者对这种“第一次”的认同所获得的利益。因此，倘若两个冲突注册商标专用权均使用在同种类商品之上，在后注册商标理应对在先注册商标予以必要的合理避让，以尊重在先权利人的合法利益。若在后注册商标有意长期大量使用于生产销售同种商品之上，此种非善意的使用行为明显具有攀附商誉的主观故意，对在先商标权造成基本性损害，可以认定为“滥用注册商标专用权”。

三、注册商标专用权司法保护力度的裁量基点

在被诉侵权人援引在后注册商标作为正当性抗辩时，法院应当对其权利基础进行必要审查，合理裁量对不同注册商标的司法保护力度。一是注册商标的知名度和显著性。注册商标作为市场主体用以吸引消费者和积累商誉的标识工具，对于在后注册知名度低的商标，若存在明显具有通过“搭便车”攀附在先注册商标商誉的侵权事实时，司法给予其的保护力度应当与在先注册知名度高的商标有所区别。二是注册商标的权利基础。任何违背法律目的和精神，以损害他人正当权益为目的，恶意取得并行使权利、扰乱市场正常竞争秩序的行为均构成权利滥用。如果商标注册人在申请注册时即存有攀附他人商誉的主观动机，在行使权利时非善意损害他人正当权益，该注册商标要求司法保护的权利基础即为非正义，相关权利主张不应得到法律保护和支持。

本案综合商标首创性显著性知名度、注册使用主客观表现等因素，合理裁量与权利基础正当性相适应的司法保护力度，综合全案事实依法对被诉侵权人使用自有注册商标的抗辩不予支持，认定其构成侵害权利人商标权并承担相应民事责任。本案裁判思路为破解商标授权确权与商标侵权循环诉讼提供了有益的司法探索，提升了对恶意抢注与"搭便车"行为的审查惩治力度，彰显了尊崇诚实信用、鼓励保护创新、推动品牌强国建设的司法导向。判决生效后被诉侵权人未申请再审并积极履行了判决义务。

编写人：重庆市高级人民法院　王乐

（三）专利权权属、侵权纠纷

29

侵权人擅自销毁、转移被保全的侵权产品，可以推定权利人的主张成立

——周某诉机械设备制造公司侵害发明专利权案

【案件基本信息】

1. 裁判书字号

最高人民法院（2021）最高法知民终334号民事判决书

2. 案由：侵害发明专利权纠纷

3. 当事人

原告（被上诉人）：周某

被告（上诉人）：机械设备制造公司

【基本案情】

周某系专利号为ZL201110375×××.×名称为“排水板成型机”的发明专利专利权人。因发现机械设备制造公司存在涉嫌侵权行为，周某向苏州市中级人民法院提出诉前证据保全申请。法院根据周某提出的证据保全申请，至机械设备制造公司对被诉侵权产品采取了保全措施，并明确告知不得破坏或者转移保全证据。之后，周某向法院提起专利侵权之诉，请求判令机械设备制造公司立即停止侵权行为，并赔偿经济损失及维权合理费用共计100万元。案件审理过程中，机械设备制造公司将被保全证物擅自转移并销售给案外人，致使该被诉侵权产品灭失，无法进行现场勘验。

【案件焦点】

1. 被诉侵权人擅自实施转移、处分人民法院证据保全之物的行为如何进行法律评价；2. 因上述妨碍民事诉讼的行为导致技术特征比对事实无法查明的，如何进行专利侵权判定；3. 在被保全证据被恶意转移的情况下，能否结合在案证据推定侵权成立。

【法院裁判要旨】

江苏省苏州市中级人民法院经审理认为：本案诉前保全产品系本案进行专利侵权比对的关键证据，而机械设备制造公司在未告知法院的情形下擅自转移诉前保全产品并导致该产品灭失，严重妨害了民事诉讼的正常开展。为维护正常的诉讼秩序，应对相应行为进行处罚。根据机械设备制造公司的经营范围、公司网站宣传展示内容，诉前证据保全情况以及本案诉中现场勘验情况，足以认定其存在制造、销售、许诺销售被诉侵权产品的行为，依法仍应承担相应责任。至于具体赔偿金额，首先，被诉侵权产品价值较大；其次，机械设备制造公司法定代表人曾与周某共同投资设立公司，对周某享有涉案专利权理应知晓，机械设备制造公司侵权行为主观上存在恶意；再次，相关证据显示机械设备制造公司方面曾向全国多地发送过排水板生产线，可见侵权规模较大，情节较为恶劣；最后，机械设备制造公司毁灭诉前保全证据的行为严重妨害本案诉讼的正常开展，亦在客观上增加周某一方的维权成本，在赔偿裁量中应一并考虑。

江苏省苏州市中级人民法院于2020年11月20日作出决定书，对机械设备制造公司罚款20万元。并依照《中华人民共和国专利法》第十一条第一款、第五十九条第一款、第六十五条，《最高人民法院关于知识产权民事诉讼证据的若干规定》第十四条之规定，作出如下判决：

一、被告机械设备制造公司立即停止侵害原告周某ZL201110375×××.×号发明专利权的行为，即停止制造、销售、许诺销售侵权产品并销毁库存侵权产品；

二、被告机械设备制造公司于本判决生效之日起十日内赔偿原告周某经济损失及维权合理费用共计1000000元。

机械设备制造公司不服一审判决，提起上诉。

最高人民法院经审理认为：被诉侵权产品具有冲压粒子、冲压粒子固定螺杆、真空泵、连通管路等部件，技术方案落入涉案专利权利要求1的保护范围。原审法院基于机械设备制造公司对证据保全的被诉侵权产品所实施的妨害民事诉讼行为，推定被诉侵权产品的技术方案全面覆盖涉案专利权利要求1的全部技术特征落入涉案专利权的保护范围，具有充分的事实和法律依据，予以维持。

最高人民法院依照《中华人民共和国民事诉讼法》第一百七十条第一款第一项之规定，作出如下判决：

驳回上诉，维持原判。

【法官后语】

本案系证据妨碍排除规则适用于专利侵权判定的典型案例，对构建知识产权领域诉讼诚信体系具有重要意义。

在2020年11月16日发布的《最高人民法院关于知识产权民事诉讼证据的若干规定》中，专门就证据保全的审查及相应后果作出了具体规定，并对证据妨碍排除规则在知识产权民事诉讼领域内的适用作出进一步探索。根据前述规定，对于人民法院已经采取保全措施的证据，当事人实施破坏证据的行为致使证据不能使用的，人民法院可以分别对其科以公法层面的制裁和私法层面的不利事实推定。

证据妨碍排除即民事诉讼体系中，“谁主张，谁举证”一般原则到“谁控制谁举证”特别规则的异化，体现的是对“谁主张，谁举证”这一民事诉讼证明基本法则在特定情形下的适当修正，目的是要避免因僵化、机械适用该证明基本法则而可能给寻求司法救济之善意无过错的专利权人造成不公正的结果。其既是促使当事人遵循诚实信用原则的制度性安排，防止当事人利用诉讼技巧，实施妨碍法院查明事实的不诚信诉讼行为，也是维护公平原则的衡量性博弈，避免在个案中将一方当事人实施证据妨碍行为所导致待证事实无法查明的风险，转嫁给无过错的一方当事人。

证据妨碍排除的适用应当满足以下标准，第一，适用前提为行为主体对待证事实无举证义务，且对方当事人已穷尽举证能力进行举证。第二，行为表征为行为人以作为或不作为的方式使得负有举证责任的当事人无法提交证据或使待证事实无法被证明。第三，行为人主观状态上应具有不诚信举证、妨碍对方举证的故意。第四，客观结果上已经实际妨碍案件事实查明，导致基于在案证据无法认定待证事实。本案中，从适用前提来看，机械设备制造公司不负有被诉侵权产品技术方案的举证义务，且周某已申请法院进行诉前证据保全，完成了自身的举证义务。从行为表征来看，机械设备制造公司以转移被保全产品的方式，导致技术特征比对无法开展。从主观上看，机械设备制造公司已被法院明确告知不得擅自破坏、转移被保全产品，主观上知晓其行为的恶性。从客观结果来看，增加了法院侵权认定的难度，该行为构成证据妨碍。

关于证据妨碍排除的适用后果，首先，法院可以采取私法层面的不利事实推定。在充分结合其他在案证据的基础上推定权利人就该证据所涉证明事项的主张成立，不属于对被诉侵权人因实施妨害民事诉讼须承受之不利后果范围的不当扩大。比如，本案中，根据被诉公司的经营范围、公司网站宣传展示内容，诉前证据保全情况以及本案诉中现场勘验的情况，足以认定其存在制造、销售、许诺销售被诉侵权产品的行为，依法仍应承担相应的侵权责任，故据此推定侵权成立。其次，法院可以对该妨害民事诉讼的行为科以公法层面的制裁。本案中，法院对机械设备制造公司的司法罚款体现了法律对于机械设备制造公司妨害民事诉讼、破坏诉讼秩序的否定性评价。通过寻求证据妨碍排除规则制度价值和司法技术，为切实提高知识产权审判质量和加大知识产权司法保护力度贡献一剂良方。

编写人：江苏省苏州市中级人民法院　张小全　李昕玥

30

专利侵权案件中等同原则的适用及限制

——甲智能设备公司诉机械公司、乙智能设备公司侵害发明专利权案

【案件基本信息】

1. 裁判书字号

最高人民法院（2021）最高法知民终 192 号民事判决书

2. 案由：侵害发明专利权纠纷

3. 当事人

原告（被上诉人）：甲智能设备公司

被告（上诉人）：机械公司、乙智能设备公司

【基本案情】

甲智能设备公司于 2016 年 4 月 1 日向国家知识产权局申请名称为“电动绿篱机”发明专利，于 2018 年 7 月 24 日获得授权。甲智能设备公司主张机械公司生产、销售的被诉侵权产品“宽带修剪机（弧形）”的技术特征落入涉案发明专利的权利要求 1 的保护范围。无论采用电机或者是燃油机，对于绿篱机的一个整体结构和功能而言没有明显的区别和影响，故构成等同侵权，另主张乙智能设备公司向机械公司销售绿篱机刀头的行为属于帮助他人实施侵权行为。

遂起诉要求机械公司、乙智能设备公司停止侵害、赔偿损失。

机械公司辩称：根据涉案发明专利的保护主题名称“一种电动绿篱机”，以及甲智能设备公司在专利说明书背景技术部分对于两种驱动方式的介绍并结合发明目的部分关于“环保无污染”效果的强调等，可知该项发明专利限定的是用电驱动的绿篱机。但其销售的是采用燃油发动机驱动的修剪机，因此并不落入涉案发明专利保护范围。

乙智能设备公司辩称：甲智能设备公司所主张的涉案专利发明点在于可以通过把手将弧形支架相对于刀片进行旋转，根据机械公司在（2019）苏05知初819号诉讼案件审理中所提供的专利无效宣告审查决定书的内容可知：该发明点已经被合议组认定为现有技术公开。因此在这种控制方式不是发明点的情况下，电机和燃油机的驱动是一个比较本质的区别，被诉侵权产品未落入涉案专利权利要求保护范围。乙智能设备公司另主张其销售零部件的行为不构成帮助侵权。

【案件焦点】

涉案专利权利要求1要求保护的是一种电动绿篱机，被诉侵权产品是一种燃油机驱动的绿篱机，两种驱动方式是否构成等同特征？

【法院裁判要旨】

江苏省苏州市中级人民法院经审理认为：在绿篱机领域，电动和燃油是两种最常用的自动绿篱机的驱动方式，都是通过驱动刀片作往复运动实现其剪切的基本功能，具体来说，就是为平剪模式或圆剪模式下的剪切提供动力，而无论哪种驱动方式，都不对平剪模式和圆剪模式间的相互切换产生效果。与电动驱动相比，燃油驱动以基本相同的手段，实现基本相同的功能，达到基本相同的效果，并且该领域的普通技术人员无须经过创造性劳动就能联想到的特征，因此两种驱动方式构成等同特征。

江苏省苏州市中级人民法院根据《中华人民共和国民法总则》第一百七十九条，《中华人民共和国专利法》第十一条第一款、第五十九条第一款、第六十五条，《中华人民共和国侵权责任法》第九条，《最高人民法院关于审理侵犯专利纠纷案件应用法律若干问题的解释》第七条，《最高人民法院关于审理侵犯专利权纠纷案件应用法律若干问题的解释（二）》第二十一条第一款之规定，作出如下判决：

一、机械公司、乙智能设备公司立即停止侵害甲智能设备公司ZL20161020××××.0号发明专利权的行为；

二、机械公司、乙智能设备公司共同赔偿甲智能设备公司经济损失8万元及合理费用2万元；

三、驳回甲智能设备公司的其他诉讼请求。

机械公司、乙智能设备公司均不服一审判决，提起上诉。

最高人民法院经审理认为：专利权保护范围的确定，既要严格保护专利权人的利益，又要维护权利要求的公示作用和社会公众对专利文件的信赖，平衡专利权人与社会公众之间的利益。如果专利权人在撰写专利申请文件时已明确地知晓相关技术方案，但并未将其纳入权利要求保护范围之内，则在侵权诉讼中不得再适用等同理论将该技术方案纳入保护范围。同时，专利主题名称一般而言也具有限定作用，它限定了技术方案所适用的技术领域。涉案专利权利要求前序部分的主题名称已载明为“一种电动绿篱机”，并基于权利要求所限定的“电动绿篱机”、说明书背景技术部分对存在电机驱动和燃油发动机驱动两种方式的介绍以及发明目的关于“环保无污染”效果的强调等，本领域普通技术人员完全可以理解为专利申请人明确不寻求保护以燃油发动机作为动力源的绿篱机技术方案。在此情况下，若将燃油发动机驱动与电机驱动认定构成技术特征等同，则不利于专利权利要求公示作用的发挥和社会公众信赖利益的保护。

最高人民法院根据《中华人民共和国专利法》第五十九条、《最高人民法院关于审理侵犯专利纠纷案件应用法律若干问题的解释》第七条、《最高人民法院关于审理专利纠纷案件适用法律问题的若干规定》第十七条、《中华人民共和国民事诉讼法》第一百七十条第一款第二项之规定，判决如下：

一、撤销江苏省苏州市中级人民法院民事判决；

二、驳回甲智能设备公司的诉讼请求。

【法官后语】

随着社会公众对专利制度认识的不断提升，完全抄袭型的专利侵权行为趋于减少，而通过对专利进行非实质性修改来逃避专利侵权责任成为常见的专利侵权表现形式。为了给予专利权人更切实有效的法律保护，我国司法实践将等同原则作为专利侵权判定中的一项基本原则。对等同原则的适用设限是在专利权人的权利与社会公共利益之间进行取舍与平衡，也是维护和避免因私权利扩大滥用风险导致社会公共利益受损的关键环节。

1. 等同原则的司法认定

根据《最高人民法院关于审理专利纠纷案件适用法律问题的若干规定》第十七条第二款的规定：等同特征，是指与所记载的技术特征以基本相同的手段，实现基本相同的功能，达到基本相同的效果，并且本领域普通技术人员在被诉侵权行为发生时无须经过创造性劳动就能够联想到的特征。因此可知，该项原则实质上属于对权利要求范围字面意义进行的一种扩大解释，有利于充分保护专利权人的利益。通常按照如下步骤进行：(1) 通过比较专利技术方案与被控侵权技术方案的对应特征，得出两者的不同点。(2) 分析该不同点是否导致在“手段、功能、效果、目的”等方面的不同，若采取改变部分结构达到同样功能和效果的，应认定具有等同特征。(3) 判断该权利要求技术特征中不同点部分之间的替代是否需要本领域普通技术人员经创造性劳动方可获知。

2. 等同原则的适用限制

采用等同原则作为专利侵权判断标准，需考虑在等同侵权成立的客观状态下维护权利要求的公示功能，平衡保障社会公众的合法权益。对等同原则施加合理且必要的限制，是司法实践中一直予以强调和完善探索的方向，主要包括捐献原则、禁止反悔原则、特意排除规则、可预见性规则等。

第一，捐献原则。2009 年《最高人民法院关于审理侵犯专利权纠纷案件应用法律若干问题的解释》（以下简称《侵犯专利权纠纷案件司法解释》）第五条规定：对于仅在说明书或者附图中描述而在权利要求中未记载的技术方案，权利人在侵犯专利权纠纷案件中将其纳入专利权保护范围的，人民法院不予支持。该条规定确立了捐献原则在我国的适用，是对专利的保护功能和公示功能进行利益衡量的产物。第二，禁止反悔原则。源于《侵犯专利权纠纷案件司法解释》第六条规定：专利申请人、专利权人在专利授权或者无效宣告程序中，通过对权利要求、说明书的修改或者意见陈述而放弃的技术方案，权利人在侵犯专利权纠纷案件中又将其纳入专利权保护范围的，人民法院不予支持。该项限制规则也被称为“审批过程导致的禁止反悔”，是民法中诚实信用原则在专利法领域的当然体现，特指禁止那些在专利授权和确权程序中为获得或维持专利权而对权利要求的技术特征范围进行了限制性的修改或者解释，但在侵权诉讼程序中又意图适用等同侵权原则涵盖被诉侵权技术方案、获得侵权收益、损害公众利益的行为。第三，可预见性规则。最高人民法院曾有如下裁判观点[①]：就弹性支撑片等高排列的技术特征而言，涉案专利申请人在专利申请时足以预见到存在这一替代性特征，但未将其写入涉案专利权利要求，故弹性支撑片等高排列的技术特征不应当被认定为与涉案专利权利要求1中“弹性支撑片高低相间排列”等同的技术特征。可知，该项原则是指专利权人在申请专利时对于该领域普通技术人员普遍知晓的技术方案却未将其记载在权利要求中予以保护，则对该可预见的特征不宜再适用等同原则。第四，特意排除规则。记载于《最高人民法院关于审理侵犯专利权纠纷案件应用法律若干问题的解释（二）》第十二条规定：权利要求采用“至少”“不超过”等用语对数值特征进行界定，且本领域普通技术人员阅读权利要求书、说明书及附图后认为专利技术方案特别强调该用语对技术特征的限定作用，权利人主张与其不相同的数值特征属于等同特征的，人民法院不予支持。是指对于本领域普通技术人员而言，若专利权人或专利申请人在权利要求中特意强调并有意排除特定技术方案的，在主张

---

① 最高人民法院（2019）最高法民申3118号民事裁定书，载中国裁判文书网，https：//wenshu. court. gov. cn/website/wenshu/181107ANFZ0BXSK4/index. html？docId=/5FH2H03CGnwR8XWqc0/Jw+yD9MGj9O1UnGjx1rxhc6ic6sH3jLclPUKq3u+IEo4w4OaGAbnG2A8A8lfcm2NXSN05NRB6QgWvb77MR4zDn7ISfg5mujxyGgmh+s5eWPN，最后访问时间：2023年2月5日。

权利时不宜再通过适用等同原则将其纳入专利权的保护范围。权利人特意排除的情形主要包括：对权利要求进行特定限制的撰写方式或在说明书中进行特定限制的描述，本案的改判，说明最高人民法院对于以此项规则限制等同原则适用是持肯定态度的。

三、特意排除规则在本案裁判中的具体适用分析

本案中，最大的争议焦点在于：涉案专利权利要求文字上表述为“电动”，但其保护范围是否应该等同解释为包括“燃油驱动”。原审法院的裁判观点仅从等同原则的角度出发，得出侵权的结论，这一论述逻辑基本是正确的，但特意排除规则的适用，则反转了结论。需要注意的是，特意排除规则对于等同原则不是推翻，而是补充。二审生效裁判体现了以下审理思路：首先，最高人民法院从专利法的立法意旨的角度强调：专利权保护范围的确定，既要严格保护专利权人的利益，又要维护权利要求的公示作用和社会公众对专利文件的信赖，平衡专利权人与社会公众的利益；其次，对于特别排除规则对等同原则适用的限制作出进一步明确：对于在专利申请时专利权人已明确知晓但未要求保护的技术方案，不能再将其纳入等同技术特征的范畴予以保护，否则将有损社会公众对专利权保护范围确定性和可预见性的信赖；最后，阐述了特别排除规则应如何具体适用的问题：确定专利权人在专利申请时是否明确知晓并保护特定技术方案，可结合说明书及附图内容予以认定，并应将说明书及附图作为整体看待，判断的标准是本领域普通技术人员阅读权利要求书与说明书及附图之后的理解。据此可以看出，本案之所以可以适用特别排除规则，是因为本领域普通技术人员基于对权利要求所限定的“电动绿篱机”、说明书背景技术部分对绿篱机存在电机驱动和燃油发动机驱动两种驱动方式的介绍，以及说明书发明目的部分关于“环保无污染”效果的强调等内容，完全可以理解为涉案专利技术方案中的驱动方式仅限于电机驱动，而不包括燃油发动机驱动。由此可以看出，权利要求书中“电动”的描述就是为了排除“燃油驱动”，若再判定被诉侵权产品已落入涉案专利权保护范围，则不利于专利权利要求公示作用的发挥和社会公众信赖利益的保护，甚至动摇专利制度的基石。

总之，严格明晰等同原则的适用限制规则能够使权利要求的公示功能得到进一步强化、专利权保护边界更加清楚明确、更好平衡专利权人与社会公众之间的利益冲突，符合我国知识产权事业的发展方向和时机。司法实践中，在多方利益相互交织下，被诉侵权技术方案与涉案专利的权利要求是否构成技术特征等同成为判断难题，法官常需考虑两造双方与社会公众等利益协调问题，原告一方拟采用等同原则进而主张涉案专利侵权成立，而被告一方则又考虑适用禁止反悔和捐献原则等进行不构成侵权抗辩。因此，只有细化等同原则“三基本相同+显而易见性”的适用条件、适用范围及适用方法，并通过捐献原则、禁止反悔原则、可预见规则、特意排除规则等对等同原则的适用施加必要限制，以及结合具体案情厘清等同原则的适用情况并合理预测案件的走向，才能从根本上兼顾专利权人权利与社会公众利益、保证专利制度的正常运作和价值实现、达到促进科学技术进步之目的。

编写人：最高人民法院司法案例研究院与湖南大学联合培养实习生　彭力军

31

专利先用权抗辩的独立性要件

——闫某文诉播种器厂侵害实用新型专利权案

【案件基本信息】

1. 裁判书字号

最高人民法院（2021）最高法知民终 1650 号民事判决书

2. 案由：侵害实用新型专利权纠纷

3. 当事人

原告（上诉人）：闫某文

被告（被上诉人）：播种器厂

【基本案情】

闫某文为ZL201020292×××.×号“旱田人力施肥器”实用新型专利的专利权人，该实用新型的专利申请日为2010年8月16日，授权公告日为2011年3月23日，该专利权于2017年8月16日终止。该专利的权利要求1内容为：一种旱田人力施肥器，车架与车轮转动连接，扶手与该车架固定连接，支腿与扶手固定连接，其特征在于：轴承座固定连接在车架上，轴承位于该轴承座中，轴套与该轴承转动连接，轴与轴套通过销固定连接，主动链轮与车轮固定连接，从动链轮与轴套固定连接，链条绕接在主动链轮和从动链轮上，三个肥盒与传动轴连接，肥盒顶部与肥箱固定连接，肥盒下端连接漏肥管，调肥螺母与轴固定连接。该专利说明书在发明内容部分记载：“……使用时，将肥料装入肥箱中，转动调肥螺母来使肥箱左右移动，调节肥箱向肥盒漏肥的多少，然后推动车架前行，肥料沿漏肥管向地面施肥。”国家知识产权局专利复审委员会于2014年10月24日作出无效宣告请求审查决定：维持该专利权有效。北京知识产权法院作出行政判决维持该决定，该行政判决已生效。

闫某文为ZL201220169×××.×号“旱田人力施肥器”实用新型专利的专利权人，该实用新型专利的专利申请日为2012年4月20日，授权公告日为2012年10月31日，闫某文提交的相关票据显示其最近一次缴纳该专利年费的时间为2019年5月9日。该专利的权利要求1内容为：一种旱田人力施肥器，其特征在于：车轮与车架转动连接，扶手与车架固定连接，支腿与扶手固定连接，肥箱与车架固定连接，固定板与车架固定连接，轴承座与固定板固定连接，轴承位于轴承座中，肥箱轴与轴承转动连接，轴芯与肥箱轴固定连接，轴芯与肥盒转动连接，主动链轮与车轮固定连接，从动链轮与轴芯固定连接，链条与主动链轮、从动链轮绕接，漏肥管与肥盒下端固定连接，弹簧一段与轴承座顶接，另一端与相邻的轴芯顶接，手轮与肥箱轴转动连接。国家知识产权局专利复审委员会于2014年10月24日作出无效宣告请求审查决定：维持该专利权有效。北京知识产权法院作出行政判决维持该决定，该行政判决已生效。

2014年4月7日，闫某文在玉米专业合作社以190元的价格购买“肥车”

一个，并以该销售者为被告提起侵害实用新型专利权纠纷诉讼，吉林省高级人民法院于2018年9月11日作出（2018）吉民终462号民事裁定，认定玉米专业合作社销售的吉×牌施肥器产品落入ZL201220169×××.×号“旱田人力施肥器”实用新型专利权的保护范围，系侵权产品，并且认定该产品来源于播种器厂。

播种器厂成立于2005年2月26日，类型为个体工商户，经营范围包括：播种器/制造。

本案中，闫某文当庭提供了被控侵权的施肥器产品，并称之与（2018）吉民终462号案件中的侵权产品相同，播种器厂对此无异议，认可该被控侵权产品系由其生产、销售，并提供了该被控侵权产品的电子设计图纸，该电子图纸制作时间为2011年10月9日。闫某文认可该电子图纸内容即为被控侵权产品所采用的技术方案。

在某视频网站搜索“吉×播种器”可检索到名称为“播种器、玉米播种器、吉×播种器、施肥车产品视频由播种器的专业生产厂家播种器厂提供”的视频，该视频上传时间显示为2011年12月22日，内容为对吉×牌播种器、施肥车的介绍和展示，视频开始页面标注“播种器厂视频”并留有播种器厂经营者王某亮的手机号码（与闫某文起诉状中提供的被告电话一致）。闫某文认可该视频中展示的施肥车产品与本案被控侵权产品采用了相同的技术方案。

将被控侵权产品所采用的技术方案与ZL201220169×××.×号“旱田人力施肥器”实用新型专利权利要求所记载的全部技术特征进行比对，被诉侵权技术方案包含与上述权利要求记载的全部技术特征相同的技术特征。

将被控侵权产品所采用的技术方案与ZL201020292×××.×号“旱田人力施肥器”实用新型专利权利要求所记载的全部技术特征进行比对，二者之间存在以下明显区别：第一，被诉侵权技术方案中从动链轮通过花型齿轮套将动力传递给轴，与涉案专利权利要求中记载的“轴与轴套通过销固定连接”的结构方案明显不同；

第二，被诉侵权技术方案是通过调节蝶形螺母使轴沿轴向左右移动，带动轴芯相对肥盒运动，从而调整施肥量，与涉案专利技术方案中转动调肥螺母使肥箱左右移动，从而调节肥箱向肥盒漏肥的多少的技术手段明显不同。

【案件焦点】

1. 被控侵权技术方案是否落入涉案两项专利权的保护范围；2. 被告方针对涉案专利权 2 提出的先用权抗辩能否成立；3. 能否确认原告方主张的其权利要求书中的存在“笔误”。

【法院裁判要旨】

吉林省长春市中级人民法院经审理认为：实用新型专利权的保护范围以其权利要求的内容为准，说明书及附图可以用于解释权利要求的内容。《最高人民法院关于审理专利纠纷案件适用法律问题的若干规定》第十七条第一款规定对此进一步解释为：“……专利权的保护范围应当以权利要求记载的全部技术特征所确定的范围为准，也包括与该技术特征相等同的特征所确定的范围。”本案中，闫某文明确主张 L201020292×××. ×号“旱田人力施肥器”和 ZL201220169×××. ×号“旱田人力施肥器”两项实用新型专利，保护范围应当分别以该两项专利权利要求记载的全部技术特征，也包括与该技术特征相等同的特征所确定的范围为准。

一、关于闫某文主张的 ZL201220169×××. ×号“旱田人力施肥器”实用新型专利权

首先，将本案被诉侵权方案与 ZL201220169×××. ×号“旱田人力施肥器”实用新型专利权利要求记载的全部特征进行比对，被诉侵权技术方案包含与该权利要求记载的全部技术特征相同的技术特征，应当认定其落入专利权的保护范围。虽然播种器厂辩称被控侵权产品的从动链轮未与轴芯固定连接，而是可以左右相对移动，不具备“从动链轮与轴芯固定连接”这一技术特征，但结合该专利说明书中关于如何通过调整轴芯位置来调整施肥量的具体描述并结合“调施肥量方便”的发明目的和整体内容，应当将“从动链轮与轴芯固定连接”解释为仅指在沿链条转动的径向上不产生位移，而非在轴向方向上排除左右位

移的连接方式，这样才能实现“调施肥量方便”的发明目的，因此被控侵权产品的从动链轮与轴芯在沿链条转动方向上固定连接，即具有“从动链轮与轴芯固定连接”的技术特征，播种器厂提出的异议不能成立，应当认定其被控技术方案落入该专利权的保护范围。

其次，关于播种器厂针对ZL201220169×××.×号“旱田人力施肥器”实用新型专利提出的先用权抗辩。《中华人民共和国专利法》第六十九条第二项规定，在专利申请日前已经制造相同产品、使用相同方法或者已经作好制造、使用的必要准备，并且仅在原有范围内继续制造、使用的不视为侵犯专利权。其中，针对“已经作好制造、使用的必要准备”，《最高人民法院关于审理侵犯专利权纠纷案件应用法律若干问题的解释》第十五条第二款明确规定，包括已经完成实施发明创造所必需的主要技术图纸或者工艺文件的情形；针对“原有范围”，《最高人民法院关于审理侵犯专利权纠纷案件应用法律若干问题的解释》第十五条第三款解释为，包括专利申请日前已有的生产规模以及利用已有的生产设备或者根据已有的生产准备可以达到的生产规模。ZL201220169×××.×号“旱田人力施肥器”实用新型专利的申请日为2012年4月20日，播种器厂于2005年注册成立开始从事播种器制造，2011年10月9日完成被控侵权产品技术设计图纸，2011年12月22日在某视频网站上发布广告性质宣传视频许诺销售被控侵权产品，可以认定播种器厂在该专利申请日前已经具备一定的生产规模，利用已有条件和生产设备已经制造了相同产品并已有生产准备，其后在原有范围内继续制造被控侵权产品的行为，依法不视为侵犯ZL201220169×××.×号“旱田人力施肥器”实用新型专利，播种器厂提出的先用权抗辩成立。

最后，关于播种器厂针对ZL201220169×××.×号“旱田人力施肥器”实用新型专利提出的现有技术抗辩。《中华人民共和国专利法》第六十二条规定，在专利侵权纠纷中，被控侵权人有证据证明其实施的技术或者设计属于现有技术或者现有设计的，不构成侵犯专利权。《中华人民共和国专利法》第二十二条第五款明确“现有技术”的概念，是指申请日以前在国内外为公众所知的技术。播种器厂以其于2011年12月22日在某视频网站上发布的视频作为该项抗辩的证据，但该证据仅能证明其在ZL201220169×××.×号实用新型专利申请日2012年4月20日之前已经制造相同产品，但并未提供任何一项现有技术方案与该被诉侵权技术方案落入专利权保护范围的全部技术特征进行比对，不能证明其实施的方案为申请日以前在国内外为公众所熟知的技术，因此其提出的现有技术抗辩不能成立。

二、关于闫某文主张的L201020292×××.×号“旱田人力施肥器”实用新型专利权

《最高人民法院关于审理侵犯专利权纠纷案件应用法律若干问题的解释》第七条规定：“人民法院判定被诉侵权技术方案是否落入专利权的保护范围，应当审查权利人主张的权利要求所记载的全部技术特征。被诉侵权技术方案包含与权利要求记载的全部技术特征相同或者等同的技术特征的，人民法院应当认定其落入专利权的保护范围；被诉侵权技术方案的技术特征与权利要求记载的全部技术特征相比，缺少权利要求记载的一个以上的技术特征，或者有一个以上技术特征不相同也不等同的，人民法院应当认定其没有落入专利权的保护范围。”本案被控侵权产品所采用的技术方案与L201020292×××.×号“旱田人力施肥器”实用新型专利权利要求所记载的全部技术特征相比，有一个以上技术特征不相同，且该区别特征并非本领域普通技术人员在被诉侵权行为发生时无须经过创造性劳动就能够联想到的特征，不能被认定为《最高人民法院关于审理专利纠纷案件适用法律问题的若干规定》第十七条规定的等同特征，依法应当认定其没有落入该专利权的保护范围。因播种器厂并未擅自实施L201020292×××.×号“旱田人力施肥器”实用新型专利，故本院对闫某文以播种器厂未经许可生产、销售该专利产品为由提起的诉讼请求不予支持。

吉林省长春市中级人民法院依照《中华人民共和国专利法》第十一条第一款、第二十二条第五款、第五十九条第一款、第六十二条、第六十九条第二项，《最高人民法院关于审理侵犯专利权纠纷案件应用法律若干问题的解释》第二条、第七条、第十五条第二款、第三款，《最高人民法院关于审理专利纠纷案件适用法律问题的若干规定》第十七条之规定，判决如下：

驳回闫某文的全部诉讼请求。

原告闫某文不服一审判决，提起上诉。

最高人民法院经审理认为：

（一）被诉侵权产品的技术方案是否落入涉案专利 1 的保护范围

《中华人民共和国专利法》第五十九条第一款规定，发明或者实用新型专利权的保护范围以其权利要求的内容为准，说明书及附图可以用于解释权利要求的内容。《最高人民法院关于审理侵犯专利权纠纷案件应用法律若干问题的解释》第一条第一款规定，人民法院应当根据权利人主张的权利要求，依据专利法第五十九条第一款的规定确定专利权的保护范围。第七条第二款规定，被诉侵权技术方案包含与权利要求记载的全部技术特征相同或者等同的技术特征的，人民法院应当认定其落入专利权的保护范围；被诉侵权技术方案的技术特征与权利要求记载的全部技术特征相比，缺少权利要求记载的一个以上的技术特征，或者有一个以上技术特征不相同也不等同的，人民法院应当认定其没有落入专利权的保护范围。

将被诉侵权产品所采用的技术方案与涉案专利 1 权利要求 1 所记载的全部技术特征进行比对，两者技术特征之间存在以下区别：

1. 被诉侵权技术方案中从动链轮固定安装在花型齿轮套上，肥盒转动安装在花型齿轮套上，花型齿轮套固定安装在轴上，从动链轮通过花型齿轮套将动力传递给轴；而涉案专利 1 权利要求中记载的是“轴承座固定连接在车架上，轴承位于该轴承座中，轴套与该轴承转动连接，轴与轴套通过销固定连接”，涉案专利 1 中的动力从动链轮通过轴套将动力传递给轴。

闫某文认为上述特征为相同特征，但显然被诉侵权产品中的花型齿轮套不仅用于固定安装从动链轮而且与肥盒转动连接，即花型齿轮套不仅用于传递来自于从动链轮的动力而且用于转动支撑肥盒。而涉案专利 1 的轴套通过轴承、轴承座的结构支撑在车架上，且只用于固定安装从动链轮，涉案专利 1 中的轴套和肥箱没有任何连接关系，因此，被诉侵权产品中的花型齿轮套和涉案专利 1 的轴套不仅在结构上不同，且在功能、效果上也不相同，因此两者既不相同也不构成等同。

2. 被诉侵权技术方案是通过调节蝶形螺母相对于轴的转动使轴沿轴向左右移动，带动轴芯相对肥盒运动，从而调整施肥量。涉案专利1权利要求1中仅描述了“调肥螺母与轴固定连接”，而在说明书第［0003］段明确描述了转动调肥螺母使肥箱左右移动，从而调节肥箱向肥盒漏肥的多少。虽然闫某文在二审中主张上述说明书中的描述属于笔误，但一方面，这不属于《专利审查指南》中有关专利申请文件明显笔误的情形，另一方面，闫某文陈述的转动调肥螺母使轴左右移动的技术手段，无法从说明书的其他部分文字描述或者说明书附图公开的内容得到支持，因此，闫某文有关笔误的主张不能成立，本院不予采信。被诉侵权技术方案与涉案专利1有关肥箱中肥料调节的技术特征无论在技术手段上，还是在功能、效果上均明显不同，因此两者既不相同也不构成等同。综上，被诉侵权产品的技术方案并未落入涉案专利1的保护范围。

（二）播种器厂针对涉案专利2提出的先用权抗辩能否成立

《中华人民共和国专利法》第六十九条第二项规定，在专利申请日前已经制造相同产品、使用相同方法或者已经作好制造、使用的必要准备，并且仅在原有范围内继续制造、使用的不视为侵犯专利权。

闫某文上诉认为播种器厂针对涉案专利2提出的先用权抗辩不能成立，理由是涉案专利1申请时间早于涉案专利2申请时间，而根据先用权的独立性条件，先用权人所使用的发明创造必须是独立或合法获得，且与专利权人无关，以非法途径得到的发明创造不能产生优先权。

本院认为，涉案专利1与涉案专利2是两个独立的专利，是否存在涉案专利1，对于判断播种器厂针对涉案专利2提出的先用权抗辩而言，既无关联也不产生影响。闫某文上诉主张的先用权独立性条件缺乏法律依据。原审判决认定播种器厂提出的先用权抗辩成立并无不当。

关于闫某文提出的鉴定申请，由于原审判决就被诉侵权产品认定的两点区别技术特征虽涉及技术事实的查明，但并非必须通过鉴定才能查明的事实，故本院对该鉴定申请不予准许。对于闫某文申请调取原审法院当庭监控视频，以查明播种器厂提供的电子图纸、某视频、财务账本等证明优先权及侵权赔偿依据的证据，因闫某文在二审中已经提交了某视频等相关证据，足以据此对本案所涉优先权问题予以审查认定，同时由于经审查，原审判决认定播种器厂未构成专利侵权并无不当，无须再对侵权损失赔偿额予以认定，调取原审法院当庭监控视频显无必要，对于闫某文的该项申请，本院亦不予准许。

最高人民法院依照《中华人民共和国专利法》第十一条第一款、第二十二条第五款、第五十九条第一款、第六十二条、第六十九条第二项，《最高人民法院关于审理侵犯专利权纠纷案件应用法律若干问题的解释》第二条、第七条、第十五条第二款、第三款，《最高人民法院关于审理专利纠纷案件适用法律问题的若干规定》第十七条之规定，判决如下：

驳回闫某文的全部诉讼请求。

【法官后语】

第一，先用权的独立性要件。在适用先用权抗辩时，大多数情况关注以下几个要件是否具备：首先是时间要件，在先实施行为必须发生在涉案专利的申请日（优先权日）之前；其次必须存在使用行为，即已经制造相同产品、使用相同方法，或者已经作好制造使用的必要准备，且只限于原有的范围之内；最后才有必要进行比对，确认在先实施的技术方案与涉案专利技术方案是否相同或者等同。而先用权的独立性要件是很少被提及的，但这个要件却非常重要，先用权的独立性要件要求先用权人所实施的技术方案必须是独立完成或者合法获得的，而不是抄袭、窃取专利权人或他人的技术。如果该先用的技术方案从获得源头上就不具有合法性，其他要件也就无从谈起。在认定先用权独立性要件时必须明确该专利的技术内容，关联专利之间一般并不产生影响。本案涉及两项专利，一审支持了被告方针对涉案专利 2 提出的先用权抗辩，原告上诉的理由认为因涉案专利 1 早于涉案专利 2 申请时间，所以涉案专利 2 不具备先用权的独立性条件。二审法院明确回应这是两个独立的专利，是否存在涉案专利 1，对于判断播种器厂针对涉案专利 2 提出的先用权抗辩而言，既无关联也不产生影响，故原审判决认定播种器厂提出的先用权抗辩成立并无不当。

第二，“等同原则”的适用。全面覆盖原则严格划定了专利的保护范围，即权利要求中描述的每一个技术特征点必须同时具备，才能判定落入专利权的保护范围。严格适用全面覆盖原则必然会因过于僵化而使专利权无法得到周延合理的保护，因此将等同原则作为补充。进行侵权比对时，将与所记载的技术特征以基本相同的手段，实现基本相同的功能，达到基本相同的效果，并且本领域的普通技术人员无须经过创造性劳动就能够联想到的特征认定为等同特征，从而纳入专利权的保护范围。等同原则实质上是将涉案专利的保护范围延伸到与专利权利要求书等同的部分，扩大了专利权利的保护范围。等同原则的补充虽然避免了对技术特征文字描述中缺陷的恶意利用，但同时也增加了专利保护范围的不确定性，可能遏制创新、损害公平竞争。司法实践中，很多情况下被控侵权的技术方案与专利技术方案存在明显差异，但原告方仍然坚持认为等同侵权。本案中，被诉侵权产品中的花型齿轮套和涉案专利 1 的轴套不仅在结构上不同，且在功能、效果上也不相同，因此两者既不相同也不构成等同，因此两个审判法院均认定为区别特征，并未支持原告坚持主张的等同侵权，避免了“等同原则”的滥用。

第三，关于权利要求说明书中的笔误问题。在专利申请中，权利要求的撰写至关重要，可以说是整个专利申请的核心环节，很多时候都需要专业的专利代理人进行撰写，以确保专利保护范围的准确。一旦将专利权利要求内容公示，则需要保持稳定，以使公众明确实施此类技术的权利的边界和创新基础，为此专利法中特设“禁止反悔原则”。同理，对于专利要求书中出现的“笔误”的判定必须严格掌握。对于权利人所称的“笔误”必须从说明书的其他部分文字描述或者说明书附图公开的内容得到支持，属于《专利审查指南》中有关专利申请文件明显笔误的情形，避免权利人以“笔误”为由随意扩大专利保护范围。

编写人：吉林省长春市中级人民法院　王欣

32

利用聊天软件推送侵权产品照片、标注价格、提供询价服务构成许诺销售

——王某诉模具公司侵害外观设计专利权案

【案件基本信息】

1. 裁判书字号

重庆市高级人民法院（2021）渝民终298号民事判决书

2. 案由：侵害外观设计专利权纠纷

3. 当事人

原告（被上诉人）：王某

被告（上诉人）：模具公司

【基本案情】

王某是名称为“绿化箱（垂直绿化墙—模块）”的外观设计专利的专利权人，涉案专利目前处于有效状态。成都市国力公证处公证书主要载明：申请人王某的代理人郑某于2019年11月18日提出公证申请，称其受权利人王某的委托，向线上一家店铺购买了涉嫌侵犯权利人合法权利的产品，现线上所购的侵权产品已经快递到公证处，为固定证据，申请对已通过聊天软件购买物品的记录、公证员收到快递及拆分过程和快递内容办理保全证据公证。通过公证书附件可知：郑某和严某云在该软件上的聊天记录为2019年11月15日下午，郑某称在严某云在该软件的虚拟社区里看到绿化墙的产品并向其咨询，严某云发送了涉案产品四孔以及两孔、单孔的实物产品照片，郑某对此款产品予以确认并购买了一平方米涉案产品。严某云还通过聊天软件称其是厂家，不是经销商；

向郑某出示加盖有“模具公司”印章及其财务专用章、发票专用章和魏某福印章的“模具公司”开票信息材料照片，并称现在库房存货已经发完，生产任务有点紧张，大约下周三发货。

经当庭拆封公证实物，公证实物包括四孔种植盒和可拆装的柱体滤网。经当庭比对，涉案被诉侵权产品与涉案外观设计专利均为主体呈中空的立方体状，相邻开口中部有竖挡板分割为左右两部分，左右相邻两开口前表面上边缘中部有矩形凹槽，前表面有一倾斜约45度的多边形开口，后表面靠近上边缘处有若干矩形和圆形孔，底面有若干柱状连接结构。两者不同之处主要在于前表面开口形状不同，涉案被诉侵权产品为八边形，涉案外观设计专利为六边形；每个开口对应的后表面不同，涉案被诉侵权产品后表面上方有一八边形小镂空结构，中部左右两边有若干小长方形镂空结构，涉案外观设计专利后表面与前表面开口相应位置有一六边形镂空结构；涉案外观设计专利左右两侧面下部各有一圆形镂空结构，而被诉侵权产品无此结构；被诉侵权产品每个开口底面有两个圆形孔柱，涉案外观设计专利每个开口底面有一个圆形孔柱。

【案件焦点】

1. 涉案绿化箱产品的设计是否侵害王某的外观设计专利权；2. 侵权人通过聊天软件向消费者推送涉案侵权产品照片、标注价格、提供询价服务是否构成许诺销售。

【法院裁判要旨】

重庆市第五中级人民法院经审理认为：本案是外观设计专利权纠纷，王某系涉案“绿化箱（垂直绿化墙—模块）”外观设计专利权人，其依法享有的外观设计专利权在专利有效期内应受法律保护。涉案侵权产品与涉案外观设计专利设计均为绿化用容器，属于相同种类产品。涉案侵权产品在整体外形以及各部分结构的具体设计如正面开口为多边形、相邻开口前表面上边缘中部的矩形凹槽，后表面的若干矩形和圆形孔，底面有若干柱状连接结构等都构成近似，上述部位为主要容易觉察且设计空间较大的部分，而开口的多边形边数、后表面和左右两侧面下部的镂空结构等差异不会对产品外观设计的整体视觉效果产生实质影响。综合评估两者的相同点和区别点对整体视觉效果的影响，被诉侵权设计与授权外观设计在整体视觉效果上无实质性差异，两者构成近似，被诉侵权设计落入了涉案专利权的保护范围。而根据涉案公证书可知，模具公司通过聊天软件推送了涉案侵权产品图片，且以线上聊天对话的方式对被诉侵权产品进行展示（能够反映出被诉侵权产品的具体形状和结构）、标注价格、提供询价服务，属于许诺销售行为。加之，模具公司通过聊天软件自述“是厂家，不是经销商”，故认定模具公司制造、许诺销售、销售的涉案产品侵犯了王某所享有的涉案外观设计专利权。

重庆市第五中级人民法院依照《中华人民共和国专利法》第十一条第二款、第五十九条第二款、第六十二条、第六十五条，《最高人民法院关于审理侵犯专利权纠纷案件应用法律若干问题的解释》第八条、第十条、第十一条、第十四条第二款，《最高人民法院关于审理侵犯专利权案件应用若干问题的解释（二）》第十四条，《中华人民共和国民事诉讼法》第一百四十二条的规定，作出如下判决：

一、被告模具公司立即停止制造、许诺销售、销售侵犯原告王某外观设计专利权的产品，并销毁库存侵权产品；

二、被告模具公司于本判决生效之日起十日内赔偿原告王某经济损失及维权合理费用共计4万元；

三、驳回原告王某的其他诉讼请求。

模具公司不服一审判决，提起上诉。

重庆市高级人民法院经审理认为：涉案外观设计专利的授权文本记载该外观设计产品的设计要点为产品的形状，最能表明该外观设计要点的是图片或照片。被诉侵权产品虽然与涉案外观专利设计在开口的多边形边数、后表面和左右两侧面下部的镂空结构以及开口地面圆形孔柱数量存在不同，但被诉侵权产品的正面视觉效果与涉案外观专利设计并无实质性差异，因此被诉侵权产品落入涉案外观设计的保护范围。模具公司用聊天软件主动推送了涉案产品四孔以及两孔、单孔的实物产品照片，称“现在库房存货已经发完，生产任务有点紧张”，并收取货款，交付四孔产品，足以认定其具有制造、许诺销售、销售的行为。

重庆市高级人民法院依据《中华人民共和国民事诉讼法》第一百七十条第一款第一项之规定，作出如下判决：

驳回上诉，维持原判。

【法官后语】

本案涉案产品构成侵害涉案外观设计专利权争议不大，但侵权人通过聊天软件推送涉案侵权产品照片、标注价格、提供询价服务是否构成许诺销售，是我们在审理专利侵权纠纷案中遇到的新情况。

《最高人民法院关于审理专利纠纷案件适用法律问题的若干规定》第十八条规定：“专利法第十一条、第六十九条所称的许诺销售，是指以做广告、在商店橱窗中陈列或者在展销会上展出等方式作出销售商品的意思表示。”而《中华人民共和国专利法》第十一条规定“发明和实用新型专利权被授予后，除本法另有规定的以外，任何单位或者个人未经专利权人许可，都不得实施其专利，即不得为生产经营目的制造、使用、许诺销售、销售、进口其专利产品，或者使用其专利方法以及使用、许诺销售、销售、进口依照该专利方法直接获得的产品。外观设计专利权被授予后，任何单位或者个人未经专利权人许可，都不得实施其专利，即不得为生产经营目的制造、许诺销售、销售、进口其外观设计专利产品。”因此，许诺销售属于专利法领域内的专有概念，笔者赞同其是指行为人以营利为目的向特定或非特定主体作出的愿意销售或将要销售专利产品的意思表示①。根据专利法的立法本意，我们需要明确的是，许诺销售涉嫌侵犯专利权语义下的专利产品包括专利权利人的产品以及非法实施权利人

① 关于“许诺销售”的概念，很多学者的观点都是围绕司法解释的界定而展开，典型观点可以参见程永顺：《实施新专利法的思考》，载《人民法院报》2000 年 12 月 7 日；衣庆云：《浅析“许诺销售”》，载程永顺主编：《专利侵权判定实务》，法律出版社 2003 年版，第 153 页。

专利方法直接获得的侵权产品。

法律规定许诺销售有利于保护和激励创新，是因为其目的在于赋予专利权人可以在无法确认侵权产品源头的情况下及时阻断侵权人向合理使用人出售的渠道。在销售侵权产品行为尚在准备阶段即采取措施，能快速控制侵权行为蔓延，显著提高专利权人维权效率，降低维权成本。

一般认为，许诺销售具有以下特征：第一，行为发生在实际销售之前，行为的目的是实际销售。如果行为人确实进行了演示、展览专利产品或专利方法的行为，但目的不是销售，而是诋毁有关专利技术等其他目的，则可能构成不正当竞争，并非许诺销售。实际销售的目的可以是直接地表示愿意销售，也可以是间接地表示将要销售，如展览、公开演示等。本案中，侵权人通过聊天软件推送涉案侵权产品照片，其目的是推销侵权产品。第二，许诺销售的行为表示可以是针对特定人的，也可以是针对非特定人的。而本案针对的行为对象即为不特定的消费者。第三，许诺销售的意思表示可以是书面或口头方式，也可以通过实际行为进行。利用聊天软件推送涉案侵权产品照片、标注价格、提供询价服务属于利用互联网媒介发出销售侵权产品的意思表示。第四，许诺销售行为可能构成单一侵权行为，也可能与其他侵权行为相复合。本案中，模具公司员工通过聊天软件对话方式自认是生产厂家并作出可以销售的意思表示，既属于未经许可制造涉案专利产品的侵权行为，又构成许诺销售。

另外需要注意的是，《中华人民共和国专利法》规定的许诺销售并不包含许诺提供专利方法或许诺销售间接侵权产品的行为。

编写人：重庆市第五中级人民法院　刘德宝

重庆市江津区人民法院　蒋璐

33

外表使用透明材料的被诉侵权设计与外观设计专利侵权比对的具体规则

——机械公司诉吴某荣等侵害外观设计专利权案

【案件基本信息】

1. 裁判书字号

上海市高级人民法院（2022）沪民终 38 号民事判决书

2. 案由：侵害外观设计专利权纠纷

3. 当事人

原告（上诉人）：机械公司

被告（被上诉人）：吴某荣、陈某林

被告：技术公司

【基本案情】

机械公司是名为“食品成型加工设备”外观设计专利（以下简称涉案专利）的专利权人，专利申请日为 2016 年 9 月 29 日，授权日为 2017 年 2 月 22 日，专利目前处于有效状态。该专利简要说明载明，本外观设计产品用以将软质食品分切加工为具有特定外形的食品，最能表明设计要点的图片或照片为立体图（见附图一）。

2020 年 10 月 22 日，机械公司委托代理人从购物平台网店购买了一台小型粉圆机，支付了货款 11798 元。其和商家的聊天记录显示，商家称“我们卖得很多，客户反映都不错……我们线下和其他平台出货多，这边刚开始呢……我们是工厂店，都是生产线呢”，并支出公证费 4000 元。

当庭拆封所购买的产品（见附图二），产品上及外包装上无生产企业信息。产品正面右上角有“YU×××”标识。经比对，被控侵权产品与机械公司涉案专利外观设计的侧视图、俯视图无实质差别。主要区别为：被控侵权产品前后面板均为透明面板，可见产品内部的辊等结构；而涉案专利外观设计的前后面板为不透明材质，不能看见产品内部结构。此外，被控侵权产品前面右上角有一个较大的按键，下方有两个较小的按键；而涉案专利外观设计前面无按键。

陈某林在第7类的厨房用电动机器等商品注册有“YU-×××”商标；且陈某林于2018年12月6日在社交平台发布2019年产品电子图册，该图册中有一款采用透明面板的粉圆机产品，于2020年10月4日在社交平台发布方形保温桶的产品图片，该图片上呈现有两排标有“YU×××”标识的小型商用粉圆机包装箱。

陈某林于2018年1月25日申请名为“粉圆机”的外观设计专利，于2018年9月4日获得授权。该外观设计专利附图显示，产品前后无面板或透明面板，可见产品内部的辊等结构；前面右上角有一个较大的按键，下方有两个较小的按键。2020年11月24日，该外观设计专利被机械公司申请无效成功。

技术公司系购物平台的经营者，吴某荣系涉案网店的经营者。根据技术公司核查后台的系统信息，被控侵权产品ID于2021年1月19日下架，实际成交销售数量为1件，销售金额为11798元。

2021年1月5日，机械公司向上海知识产权法院提出诉请，请求法院判令吴某荣、陈某林、技术公司立即停止侵害涉案专利；吴某荣、陈某林连带赔偿机械公司经济损失100万元、合理费用10万元。

附图一

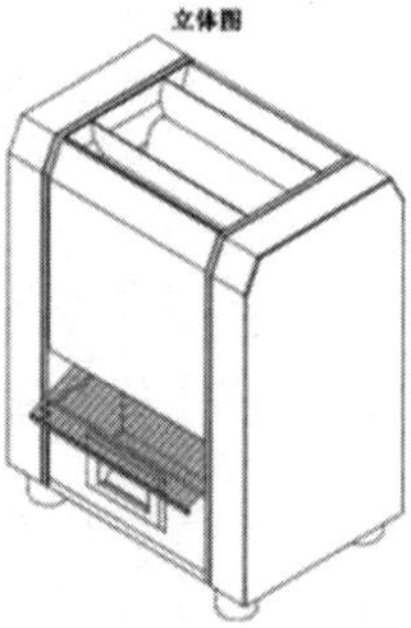

附图二

【案件焦点】

1. 按照“整体观察、综合判断”的外观设计侵权比对标准，材料是否透明、图案如何、内部结构是否应当成为侵权评判的因素；2. 压片辊轮、制丸辊轮、刀辊、切刀等内部结构是否属于功能性设计特征，从而是否应当纳入侵权比对的范围。

【法院裁判要旨】

上海知识产权法院经审理认为：被控侵权产品与涉案专利产品为相同种类产品。经比对，被控侵权产品与涉案专利外观设计的主要区别为两者前后面板因使用不同材质导致的视觉效果差异。涉案专利设计的前后面板为不透明面板，不能看见产品的内部结构；被控侵权产品的前后面板为透明面板，可以看见产品的内部结构。对于外表使用透明材料的产品，通过透明材料能观察到的产品内部的形状、图案和色彩，应当视为该产品外观设计的一部分。被控侵权产品透明面板约占前后面板二分之一的面积，透过面板可见的产品内部结构对整体视觉效果有重要影响。被诉侵权设计与机械公司涉案专利在整体视觉效果不相同、不近似，被诉侵权设计未落入涉案外观设计专利权的保护范围，对机械公司的诉讼请求不予支持。

上海知识产权法院依照《中华人民共和国专利法》第十一条第二款、第六十四条第二款，《最高人民法院关于审理侵犯专利权纠纷案件应用法律若干问题的解释》第八条、第十条、第十一条之规定，判决如下：

驳回原告机械公司的全部诉讼请求。

机械公司不服一审判决，提起上诉。

上海市高级人民法院经审理认为：压片辊轮、制丸辊轮、刀辊、切刀等部件具有功能性，但该些部件的形状和组合方式并不唯一，其组成的外观设计仍会呈现出多种设计可能性，给使用者带来不同的视觉美感。故被控侵权产品的内部结构并不由功能唯一限定，不属于功能性设计。外观设计侵权判断遵循“整体观察，综合判断”的基本方法。所谓“整体观察，综合判断”，是指一般消费者从整体上而不是仅依据局部的设计变化，来判断外观设计专利与被控侵权产品设计的视觉效果是否具有明显区别；在判断时，一般消费者对于外观设计专利与被控侵权产品设计，可视部分的相同点和区别点均会予以关注，并综合考虑各相同点、区别点对整体视觉效果的影响大小和程度。对于外表使用透明材料的产品，通过人的视觉能观察到的其透明部分以内的形状、图案和色彩，应当视为该产品的外观设计的一部分。本案中，尽管被控侵权产品与涉案专利外观设计整体框架近似，但被控侵权产品透明面板约占前后面板二分之一的面积，通过一般消费者的视觉可以观察到被控侵权产品的内部结构，而涉案专利外观相应部位由不透明面板遮挡，其内部结构不可见，从整体上观察，两者视觉效果不相同，也不近似。

上海市高级人民法院依照《中华人民共和国民事诉讼法》第一百七十七条第一款第一项之规定，判决如下：

驳回上诉，维持原判。

【法官后语】

根据《中华人民共和国专利法》第二条第四款和《最高人民法院关于审理侵犯专利权纠纷案件应用法律若干问题的解释》《最高人民法院关于审理侵犯专利权纠纷案件应用法律若干问题的解释（二）》的相关规定，外观设计专利侵权判断遵循“整体观察，综合判断”的基本方法，即从一般消费者的视觉感观出发，从整体上而不是仅依据局部的设计变化，来判断两者的视觉效果是否具有明显区别；区别时需要关注到两者可视部分的相同点和区别点，但对整体视觉效果的影响大小和程度，需要结合观察方式和公共政策等因素综合判断。

被诉侵权设计的产品外观与授权外观设计专利整体形状相同，但是由于前者外表或者部分构件的外表使用了透明材料，相对于后者而言，的确会给一般消费者带来不同的视觉感观。但是，这种视觉感观的差异是否必然导致两者不相同或不近似，不能一概而论，仍然需要在“整体观察，综合判断”基本方法的框架下，遵循以下规则予以判断。

一是对于外表使用透明材料的产品，通过人的视觉能够观察到的其透明部分以内的形状、图案和色彩，应当视为该产品的外观设计的一部分，纳入侵权比对范围。这正是由于侵权判断的基准为一般消费者的视觉感观，只要能够为一般消费者的视觉感觉和观察到的部分，无论部分大小，视觉效果影响程度高低，均视为该产品外观设计的组成部分。这一点，在同类案件审理中均得到明确。[①] 本案中，透过被控侵权产品的前后面板，可见该产品的内部结构，故应当将此内部结构纳入侵权比对范围之中，即从不同视角来观察比较被控侵权产品和涉案专利的视图。

二是相同或相异部分对于一般消费者整体视觉效果的影响。除局部外观设计获得授权的情况外，产品外观是作为一个整体吸引消费者眼球的产品，在外观设计方面的微细差异，通常不会引起消费者的注意。被诉侵权设计的产品外表或部分构件的外表使用透明材料，导致其与授权外观设计专利在视觉感观方面产生的差异，需要置于整体观察的视角下判断差异的影响程度。比如，有的产品尽管采用了将不透明材料替换为透明材料，或者将透明材料替换为不透明材料的制作手法，但并不足以导致消费者整体视觉效果产生实质性差异，应当依法被认定为近似。[②] 而在本案中，被控侵权产品透明面板约占前后面板二分之一的面积，透过面板可见其主要内部结构，在整体视觉效果产生显著影响，可以说被诉侵权设计与涉案专利设计外观不相同也不近似。

三是否存在着公共政策的考虑，可以将视觉效果的影响弱化或忽略。知识产权本身就是公共政策的产物，在知识产权赋权和侵权认定中，融入公共政策

---

① 最高人民法院（2020）最高法民申 5783 号民事裁定书，载中国裁判文书网，https：//wenshu. court. gov. cn/website/wenshu/181107ANFZ0BXSK4/index. html？docId=SLOmL5FWlp2XH3j28znoa5HuXqaONE3amxBMIddNz6PETi+NdutfN/UKq3u+IEo4w4OaGAbnG2A8A8lfcm2NXSN05NRB6QgWvb77MR4zDn4krAirig2dqELunFeuIlU2，最后访问时间：2023 年 2 月 6 日。广东省高级人民法院（2020）粤民终 2849 号民事判决书，载中国裁判文书网，https：//wenshu. court. gov. cn/website/wenshu/181107ANFZ0BXSK4/index. html？docId=zWwP3sOYntxAxQBuBk49RvbS4PsNuKgFVsOL4eXfOHh4DPQIJr385/UKq3u+IEo4w4OaGAbnG2A8A8lfcm2NXSN05NRB6QgWvb77MR4zDn7LTnXG4cIzouMAjL0DxF3P，最后访问时间：2023 年 2 月 6 日。

② 浙江省高级人民法院（2019）浙民终 1764 号民事判决书，载中国裁判文书网，https：//wenshu. court. gov. cn/website/wenshu/181107ANFZ0BXSK4/index. html？docId=708DqiUCGXOPsiNyosKziuLYWqqmlcwQ1Jwm/vm8Xq97q5VWb8UGlPUKq3u+IEo4w4OaGAbnG2A8A8lfcm2NXSN05NRB6QgWvb77MR4zDn5m4yy7ndCzrVHuX1hH9ycG，最后访问时间：2023 年 2 月 6 日。

因素的考量必不可少。在外观设计专利侵权比对中，需要重点保护体现新颖性的设计特征，弱化惯常设计特征，排除功能性设计特征。本案中，涉案外观设计专利用于食品成型加工设备，整体呈现长方体结构，面板、格栅、进料辊、进料引导板上下排列组合形式较为普通，新颖性特征并不突出。上诉人意图将被诉侵权产品和涉案专利区分为外部和内部两个部分进行侵权比对，主张导致视觉效果显著不同的内部构件属于功能性设计特征，从而将其排除在侵权比对范围之外，而外部长方形结构两者相同，从而得出两者整体视觉效果近似，构成侵权的判断结论。但是，从证据来看，压片辊轮、制丸辊轮、刀辊、切刀等部件是具有功能性，但该些部件的形状和组合方式并不唯一，仍然存在着多种多样的形状和组合方式；况且，将整个产品人为地区分为内外两个部分进行比较，也违反了整体观察的比对规则。因此，综合考虑上述因素，一审、二审法院的裁判观点是一致的，被诉侵权设计和涉案专利既不相同，也不近似，故不构成侵权。

编写人：上海市高级人民法院　唐震

（四）侵害企业名称（商号）权纠纷

34

不同主体间企业名称权和商标权冲突的认定及合法权益的边界限定

——甲建材公司诉建材门市部侵害企业名称权案

【案件基本信息】

1. 裁判书字号

湖南省高级人民法院（2021）湘知民终 474 号民事判决书

2. 案由：侵害企业名称权纠纷

3. 当事人

原告（上诉人）：甲建材公司

被告（被上诉人）：建材门市部

第三人：乙建材公司

【基本案情】

甲建材公司成立于 2015 年 4 月 20 日，经营范围包括建筑材料、防水涂料、填缝剂、腻子粉的生产、销售等。建材门市部成立于 2018 年 10 月 30 日，经营范围包括建筑材料、五金交电等。乙建材公司成立于 2006 年 5 月 11 日，经营范围包括生产砂浆、防水建筑材料制造、黏合剂制造等。2019 年 3 月 8 日，乙建材公司以其为涉案商标注册人，委托代理人前往相关门店购买侵权产品，以固定证据为由，向公证处申请办理了保全证据公证。第三人乙建材公司以上述公证书及证明的事实为主要证据和事实之一，将本案原告甲建材公司、被告建材门市部列为共同被告，向本院提起侵害商标权诉讼，本院于2020年8月24日立案。该案审理期间，本案原告甲建材公司于2020年11月26日向本院提起本案诉讼。甲建材公司认为建材门市部以非法渠道购入侵权产品，该侵权产品包装袋上印有其公司名称、地址，该销售行为侵犯了其名称权，应承担侵权责任，并诉至法院。另案经审理查明，本案涉案公证购买商品为侵害乙建材公司商标专用权的商品，甲建材公司为侵权商品的生产者，建材门市部为侵权商品的销售者，均应当依法对乙建材公司承担停止侵害、赔偿损失的民事责任。

【案件焦点】

1. 如何认定涉案公证购买商品的生产者；2. 甲建材公司的企业名称权是否与乙建材公司注册商标专用权存在冲突，是否存在合法权益以及是否应该得到保护。

【法院裁判要旨】

湖南省衡阳市中级人民法院经审理认为：本案系侵害企业名称权纠纷，与另案审理的侵害商标权纠纷案在案件事实虽有关联，但案件当事人、诉讼标的、诉讼请求均不相同，依法不构成重复起诉。《中华人民共和国反不正当竞争法》第六条第二项规定，经营者不得擅自使用他人有一定影响的企业名称、社会组织名称、姓名。第十七条第一款、第二款规定，经营者违反本法规定，给他人造成损害的，应当依法承担民事责任；经营者的合法权益受到不正当竞争行为损害的，可以向人民法院提起诉讼。但根据相应法律规定，受保护的企业名称权应当为该企业名称的合法权益而不是非法利益。本案中，虽然建材门市部销售的公证购买商品在包装上使用了甲建材公司的企业名称、地址、网址等，但另案经审理查明，该公证购买商品侵害了第三人商标专用权，甲建材公司为该公证购买商品的生产者和侵害第三人商标专用权的侵权人，故其在该商品上不具有企业名称的合法权益而是非法利益，其所主张的企业名称权不受法律保护。

另鉴于本案公证购买商品为甲建材公司生产，即便其在本案中因建材门市部销售涉案公证购买商品行为引发商标侵权纠纷而造成损害，根据《中华人民共和国侵权责任法》第二十七条“损害是因受害人故意造成的，行为人不承担责任”之规定，建材门市部亦无须在本案中对甲建材公司承担侵权责任。

湖南省衡阳市中级人民法院依照《中华人民共和国民法总则》第一条、第一百一十条第二款，《中华人民共和国民法通则》第九十九条第二款、第一百二十条第二款，《中华人民共和国侵权责任法》第一条、第二十七条，《中华人民共和国反不正当竞争法》第六条第二项、第十七条，《企业名称登记管理规定》第二十七条，《最高人民法院关于适用〈中华人民共和国民事诉讼法〉的解释》第二百四十条、第二百四十七条之规定，判决如下：

驳回原告甲建材公司的诉讼请求。

甲建材公司不服一审判决，提起上诉。

湖南省高级人民法院经审理认为：甲建材公司虽主张涉案产品并非系其生产，而是他人为谋求利益制假销售，但未提交足够推翻该事实的相反证据，甲建材公司主张建材门市部擅自销售的涉案产品为其自己生产，其仅因建材门市部销售了涉案产品即认为建材门市部侵害了其企业名称权的上诉主张不能成立。湖南省高级人民法院认为一审判决适用法律部分存在错误，但判决结果并无不当。

湖南省高级人民法院依照《中华人民共和国民事诉讼法》第一百七十条第一款第一项之规定，判决如下：

驳回上诉，维持原判。

【法官后语】

企业名称权和商标权是民商事主体在民商事活动中极为重要的权利，对经营商及普通消费者而言意义重大。二者的冲突在涉知识产权和不正当竞争维权领域较为常见，本案亦不例外，其中的难点在于被控侵权商品生产者的查明、二者冲突的认定及合法权益的边界限定。

一、被控侵权商品生产者的查明

知识产权及不正当竞争纠纷案件中，侵权商品生产者的确定在司法实践中属难点问题，需参考多个因素进行确定。第一，根据《最高人民法院关于产品侵权案件的受害人能否以产品的商标所有人为被告提起民事诉讼的批复》的规定，可以通过识别性标识、企业名称进行确定，即可以通过产品外包装上直接指明的有关产品制造者的企业或个人信息所指向的对象推定为产品的生产者，亦可利用商标及企业名称等标识的相关全国联网信息逆向查询产品的生产者。第二，通过对侵权商品本身存有的条形码、生产许可证批号、二维码等信息进行查询，追溯被隐藏的真实生产者。第三，通过销售者及中间经销商进行确定，即主要根据末端或者中间经营者提供的合同、单据、网络订单等锁定来源。本案根据公证购买商品包装上的信息并结合商品外包装二维码扫描出的信息，共同证实甲建材公司为涉案侵权商品的生产者。

二、不同主体间企业名称权和商标权冲突的认定

判断不同主体间的企业名称权和商标权是否存在冲突，应考虑以下两个因素。其一，标识是否存在显著性冲突。企业字号或商标作为企业间相互区分的重要标识，能有效体现商品或服务来源的差异性，为便于消费者识别，不同主体间企业的字号或商标应具有显著性的标志。标识的显著性部分存在相同或近似，是判断二者冲突的第一层条件。其二，是否导致混淆。具体而言，可以分为直接混淆和间接混淆。前者指消费者误将某商品或服务当成权利人的商品或服务而购买；后者指消费者认为某商品或服务与权利人之间存在某种关联关系而购买。在满足第一层条件的情况下，还进一步导致相关公众产生了直接或间接混淆，即认为二者产生了冲突。

根据权利获得的先后，不同主体间企业名称权和商标权的冲突主要分为两种情况。第一，在先登记知名的企业名称权与在后申请注册商标权冲突。企业名称经核准登记并经企业宣传后，通常认为其字号在一定范围内形成排他权利，如果其登记、使用在先，则可依据《中华人民共和国商标法》第三十二条的规定，申请商标注册不得损害他人现有的在先权利，依据其在先权利直接对在后商标提起异议或宣告无效等。第二，在先注册商标与在后登记使用的企业名称权冲突。将与他人注册商标相同或者相近似的文字作为企业的字号在相同或者

类似商品上突出使用，容易使相关公众产生误认的，属于侵犯注册商标专用权。“突出使用”是指在企业名称的使用过程中将字号突出显示出来，如在商业活动中单独使用字号或在标注企业名称时将字号的文字、大小、字体、颜色等进行特殊化处理，使其相对独立的具有标识意义。若后登记字号的企业具有攀附在先商标商誉和“搭便车”的不正当主观恶意，构成不正当竞争的，适用《中华人民共和国反不正当竞争法》进行规范。

本案中公证购买商品的生产者为甲建材公司，其在商品上使用了侵犯乙建材公司涉案商标的标识，会导致消费者混淆，构成商标侵权。

三、不同主体间企业名称权和商标权合法权益的边界限定

权利的行使与保护应以合法为边界，禁止权利滥用。合法的企业名称权和注册商标专用权应受法律保护，但侵害他人注册商标专用权的侵权商品上不具有企业名称权上的合法权益，不应受到法律保护。甲建材公司作为另一件侵害商标权纠纷案的被告和两案同一涉案商品的生产者，在本案中为其非法利益对另案其他被告即侵权商品的销售者提起本案诉讼，构成权利滥用及恶意诉讼。

本案判决，合法划定了不同主体间企业名称权和注册商标专用权的权利边界，发挥了法律的指引和评价作用，有利于引导企业诚信经营、合法经营，并彰显了司法正义。

编写人：湖南省衡阳市中级人民法院　朱玥　谭云鹏

三、不正当竞争纠纷

35

Robots 协议正当性的认定

——科技公司诉技术公司不正当竞争案

【案件基本信息】

1. 裁判书字号

北京市高级人民法院（2021）京民终281号民事判决书

2. 案由：不正当竞争纠纷

3. 当事人

原告（被上诉人）：科技公司

被告（上诉人）：技术公司

【基本案情】

科技公司成立于2012年3月9日，主要从事互联网信息服务、技术开发、技术推广等，“××Spider”系科技公司所有和经营的“今日××”产品的网络机器人。技术公司成立于2010年8月9日，主要从事互联网信息服务、技术开发、技术咨询等，是A社交媒体平台的主办方。

技术公司在技术公司网站的robots. txt[①] 文件中作出如下设置：

① robots是网站跟爬虫间的协议，用简单直接的txt格式文本方式告诉对应的爬虫被允许的权限。下文不再对此进行提示。

User-agent：××Spider

Disallow：/

User-agent：*

Disallow：* gsid = *

该设置表明技术公司禁止科技公司的网络机器人“××Spider”抓取其网站信息。技术公司认可在 2016 年设置 robots. txt 文件时只是针对科技公司。同时，双方均认可技术公司的涉案行为仅是单方宣示行为，没有其他技术上的限制措施，且所有网络用户都可以看到涉案声明。一审庭审中，技术公司认可涉案声明已于 2019 年 7 月 18 日进行了修改。

科技公司认可其在技术公司设置上述限制声明后，仍然使用“××Spider”网络机器人抓取了 A 社交媒体平台的内容，并根据是否获得 A 社交媒体平台博主的授权对抓取后的内容是否用于“微××”产品进行处理，对于获得授权的内容仍然用于“微××”产品。“微××”与 A 社交媒体平台相同，均是社交性质的内容产品。

科技公司主张，技术公司的涉案行为构成不正当竞争，请求判令科技公司停止不正当竞争行为、消除影响、赔偿其经济损失 1 亿元及合理开支 50 万元。技术公司否认其行为构成不正当竞争。

【案件焦点】

技术公司针对科技公司设置 robots 协议是否扰乱互联网行业的竞争秩序及是否违反公认的商业道德而构成不正当竞争。

【法院裁判要旨】

北京知识产权法院经审理认为：技术公司涉案行为导致原告科技公司的网络机器人无法正常抓取相关网络信息，直接降低了科技公司“今日××”平台的用户体验，影响了网络用户对科技公司相关网络平台的市场评价，也一定程度上降低了科技公司“今日××”网络平台的竞争优势，损害了科技公司的合法权益，违反了公平竞争、诚实信用原则和互联网行业公认的商业道德。

北京知识产权法院依据《中华人民共和国反不正当竞争法》第一条、第二条第一款和第二款、第二十条，《中华人民共和国立法法》第九十三条之规定，作出如下判决：

一、技术公司立即停止涉案不正当竞争行为；

二、技术公司消除影响；

三、技术公司赔偿科技公司经济损失30万元及制止侵权的合理开支34343元。

北京市高级人民法院经审理认为：在案证据能够证明，除技术公司外，其他网站的robots协议也存在以主体进行抓取限制的情形，特别是科技公司在其网站上也明示了其他网站可以通过robots协议禁止其抓取的内容。由此可知，包括科技公司在内的互联网企业对于网站经营者通过robots协议来限制其他网络机器人的抓取行为都是认可和遵守的。因此，通过robots协议对网络机器人进行限制并不当然违背互联网行业的商业道德。

科技公司对于其他网站经营者通过robots协议拒绝其网络机器人抓取是认可的，对结果也是有明确预期的。因此，被诉行为与科技公司的经营意愿并不违背。事实上，科技公司也并没有因为技术公司设置了robots协议的限制而未能抓取到A社交媒体平台内容，而是在抓取后根据是否获得用户的授权来决定删除还是保留。此外，作为一般消费者通常不会仔细阅读用户协议，即使点开其中的链接去读取robots协议，作为一般消费者而言，大多也不会理解robots协议中语句的具体内涵。科技公司并没有因为被诉行为受到实际损害。

被诉行为应被认定为行使企业自主经营权的行为，但这并不意味着对于互联网企业所设置的任何robots协议均能够基于企业自主经营权而当然地认定其具有正当性。综上，被诉行为应属于技术公司企业自主经营权范畴内的正当行为，并不构成不正当竞争行为。

北京市高级人民法院依照《中华人民共和国民事诉讼法》第一百七十条第一款第二项之规定，作出如下判决：

一、撤销北京知识产权法院判决；

二、驳回科技公司的诉讼请求。

【法官后语】

新类型网络不正当竞争案件中，适用《中华人民共和国反不正当竞争法》第二条原则条款判断被诉行为是否违反商业道德时，需要考察以下方面并对被诉行为正当与否作出评判。

一、被诉行为所涉行业是否存在特定的行业惯例

robots 协议是搜索引擎行业较早形成的行业惯例，是搜索引擎行业普遍遵守的一项技术规范。网站经营者既可以在 robots 协议中列明准许或禁止网络机器人抓取的网站内容，也可以列明准许或不准许抓取其网站内容的网络机器人，即通常所说的“白名单”“黑名单”制度。robots 协议主要是为了应对被抓取网站流量负载压力，防止因网络机器人频繁抓取、重复抓取而影响网站正常运行，同时也是为了识别抓取内容，让网络机器人避开不希望被抓取的内容，提高抓取效率。

中国互联网协会于 2012 年 11 月 1 日发布了由当时国内主要搜索引擎公司参加的《互联网搜索引擎服务自律公约》[①]，其中第七条第一款规定：“遵循国际通行的行业惯例与商业规则，遵守机器人协议（robots 协议）”，第八条规定：“互联网站所有者设置机器人协议应遵循公平、开放和促进信息自由流动的原则，限制搜索引擎抓取应有行业公认合理的正当理由，不利用机器人协议进行不正当竞争行为，积极营造鼓励创新、公平公正的良性竞争环境。”因此，robots 协议限制抓取的设置规则满足作为搜索引擎行业惯例的要求。

二、特定的行业惯例能否用于评判被诉行为的正当性

《互联网搜索引擎服务自律公约》中要求互联网站所有者设置机器人协议应遵循公平、开放和促进信息自由流动的原则，限制搜索引擎抓取应有行业公认合理的正当理由，主要应针对搜索引擎行业相关的网站。原因在于，搜索引擎网站的主要作用是促进信息流通和共享，具有一定的公益性质。因此，搜索引擎网站所设置的 robots 协议应当公平、开放和促进信息自由流动，不宜针对

---

① 《互联网搜索引擎服务自律公约》，载中国互联网协会网，https：//www.isc.org.cn/article/10677720886931456.html，最后访问时间：2023 年 2 月 6 日。

性设置限制抓取的robots协议。

随着爬虫程序应用场景的不断扩展，robots协议的应用场景也日益扩展。在非搜索引擎应用场景下，爬虫程序不仅仅是抓取检索网站的信息编制成索引便于其他用户访问，而往往抓取其他网站公开的各种数据，甚至是其他网站中用户生成的数据，直接用于自己的商业行为。被诉行为即非发生在搜索引擎应用场景下，则针对搜索引擎网站适用的robots协议限制抓取规则不宜直接作为评判该行为正当性的依据。

三、被诉行为正当性评判的考量因素

在当前的数字经济时代，网络数据已经成为企业重要的生产要素，网络经营者对数据的收集、整理、展示、挖掘都付出了可观的经营成本。数据资源的获取与利用是极为重要的一种资源配置方式。如果爬虫程序用于非搜索引擎应用场景下，特别是将抓取到的经营者数据进行替代性或同质化利用，既属于“不劳而获”的掠夺他人经营资源的行为，又无法从实质上增加消费者福利，显然不符合诚信经营的基本商业道德。本案中，科技公司的“××Spider”网络机器人将抓取后的内容直接“移植”到“微××”，实现对A社交媒体平台内容实质性替代的应用场景，虽然在一定程度上扩大了消费者对于用户发布内容的获取途径，但并没有实质上增加消费者的消费体验。此种情形下，经营者通过设置，甚至针对性设置限制抓取的robots协议，不属于影响信息自由流动的可责性行为，而是网站经营者经营自主权的一种体现。更何况，robots协议仅是一项“君子协议”，不属于可实现禁止访问的技术措施。

本案为数字经济时代设置robots协议相关行为正当性判断的典型案例，充分阐明了行业惯例作为公认商业道德的评判依据，对于非搜索引擎应用场景下的网站经营者设置限制抓取数据的robots协议，不影响信息共享和公共利益，不构成不正当竞争，恰当平衡了经营者、消费者利益，也有利于规范自律的网络市场秩序的形成。

编写人：北京市高级人民法院　谢甄珂

36

反不正当竞争法中“一般条款”与“互联网条款”关系界定

——人才服务公司、咨询公司诉科技公司不正当竞争案

【案件基本信息】

1. 裁判书字号

北京知识产权法院（2021）京73民终1092号民事判决书

2. 案由：不正当竞争纠纷

3. 当事人

原告（被上诉人）：人才服务公司、咨询公司

被告（上诉人）：科技公司

【基本案情】

“××招聘”网站系提供人才招聘服务的网站，由人才服务公司、咨询公司共同经营。科技公司开发了一款名为“省钱×”的浏览器插件，其网站页面介绍，“省钱×”插件于2018年3月上线，支持多种浏览器安装，“通过35个招聘渠道同步比价”最低1元 即可采购三大网站简历 ×××前程×猎聘 省钱神器·操作简单·全网比价”“省钱× 简历省钱神器 用省钱×每天下载10份简历 1年节省84000元 相比于其他网站1份简历高达50元、60元 同一份简历通过“省钱×”全网比价后仅需5元“省钱×” 可实现全网简历最低价购买 节省企业70%简历购买费用”。

用户下载并安装“省钱×”插件，注册“省钱×”账户后，打开并登录“××招聘”网站，浏览并选择一份简历，此时弹出窗口“省钱×提示 已找到更低

价格的下载渠道 通过省钱×下载 最低仅需5元”，点击下载该份简历，弹出窗口显示“此份简历最低价格为6元，比××下载节约21元”，窗口底部显示有“通过省钱×下载”与“通过××下载”按钮。点击“通过省钱×下载”按钮并下载简历后，再打开科技公司网站，亦显示有上述下载的简历，显示下载渠道为“××（省）”，点击简历可浏览该其中全部信息。科技公司还认可其“省钱×”插件的一项功能为将用户不同平台账户中的简历自动同步于其“省钱×”账户，便于用户对通过不同渠道下载的简历进行集合管理，该个人账户中的简历信息还将自动同步于“省钱×”共享云端存储空间，可供其他用户进行浏览和下载。

此外，科技公司曾以求职者的身份向“××招聘”网站投放了内容完全一致的“简历”19份，其中虚构求职者年龄、学历、职位等信息，但内容主体为“省钱×”插件的推广宣传。科技公司还存在向二原告员工批量发送广告邮件的行为等。

【案件焦点】

1. 科技公司在宣传中使用“××招聘”字样的行为是否构成不正当竞争；2. 科技公司通过“省钱×”插件在“××招聘”网站插入链接，进行比价及获取简历资源的行为是否构成不正当竞争；3. 科技公司在“××招聘”网站以虚假简历形式投放广告的行为是否构成不正当竞争。

【法院裁判要旨】

北京市朝阳区人民法院经审理认为：1. 科技公司自身作为从事提供招聘服务的主体，利用同行业的“××招聘”进行宣传，将人才服务公司与咨询公司提供的服务混同为自身提供的服务，可能导致用户误认为科技公司与人才服务公司、咨询公司存在某种合作关系或关联关系，属于擅自使用他人有一定影响的企业名称（包括简称、字号等）的混淆行为，违反《中华人民共和国反不正当竞争法》第六条第二项规定。2. 科技公司利用“省钱×”插件在“××招聘”网站插入链接的方式，截取了“××招聘”网站的用户流量，掠夺了人才服务公司和咨询公司基于其经营成本所将获得的经营成果，阻碍了人才服务公司和咨询公司与用户之间的正常业务往来，破坏了人才服务公司和咨询公司“以投入创造产出”的商业经营模式，严重损害了人才服务公司和咨询公司的利益，违反了《中华人民共和国反不正当竞争法》第十二条第一项的规定。3. 科技公司依附用户与“××招聘”网站之间的业务往来为自身积累简历资源的同时，又以相同的简历、利用更低的价格转而截取“××招聘”网站的流量。科技公司的上述行为有违诚实信用原则与商业道德，构成不正当竞争。4. 科技公司以虚假简历的形式向“××招聘”网站投放广告，扰乱了人才服务公司、咨询公司对“××招聘”网站的正常经营，客观上容易降低用户在“××招聘”网站上筛选简历的体验感，系以不正当手段削弱人才服务公司、咨询公司竞争力的行为，违反了诚实信用原则和商业道德，违反了《中华人民共和国反不正当竞争法》第二条的规定。

北京市朝阳区人民法院依照《中华人民共和国反不正当竞争法》第二条，第十二条第一项、第四项，《中华人民共和国民事诉讼法》第六十四条第一款之规定，作出如下判决：

一、科技公司于判决生效之日起立即停止涉案不正当竞争行为；

二、科技公司于判决生效之日起十日内，在指定社交媒体账号上发布声明，消除因涉案不正当竞争行为给人才服务公司、咨询公司造成的不良影响（声明内容需经一审法院核准，逾期不执行，一审法院将在一家全国发行的报纸上公布本判决主要内容，所需费用由科技公司承担）；

三、科技公司于判决生效之日起十日内赔偿人才服务公司、咨询公司经济损失 100 万元；

四、科技公司于判决生效之日起十日内赔偿人才服务公司、咨询公司合理费用 65261 元；

五、驳回人才服务公司、咨询公司的其他诉讼请求。

科技公司不服一审判决，提起上诉。

北京知识产权法院认为一审判决认定事实清楚，并在指出一审判决适用法律部分不当的基础上，依照修订前的《中华人民共和国民事诉讼法》第一百七十条第一款第一项规定，判决如下：

驳回上诉，维持原判。

【法官后语】

互联网领域利用技术手段扰乱市场竞争秩序的各种新型被诉侵权行为时有发生，这些行为是1993年《中华人民共和国反不正当竞争法》（以下简称《反不正当竞争法》）规定的11项具体侵权行为类型所不能涵盖的，故法院在判断此类行为是否构成不正当竞争时，通常援引1993年《反不正当竞争法》第二条原则性条款的“诚实信用原则和公认的商业道德”进行个案裁判。2017年修订的《反不正当竞争法》第十二条首次新增了规制互联网领域不正当竞争行为的“互联网条款”。该条款第一款为宣示性条款，不具备实质意义；第二款第一至三项基于在先裁判归纳列举了三种网络领域不正当竞争的具体情形；第二款第四项为防止挂一漏万的兜底性条款。2019年《反不正当竞争法》未对“互联网条款”进行修改。

司法实践中，关于《反不正当竞争法》第十二条第二款第一项至第四项规定应当如何理解和适用，第一项至第三项和第四项的关系应如何界定和选择适用，第二条和第十二条的适用关系应当如何协调等问题，存在争议。近年来，我国法院虽然对《反不正当竞争法》第十二条的适用进行了有益的探索，积累了一些实践经验，但鲜有判决对《反不正当竞争法》第二条和第十二条适用关系的界定和协调，以及对第十二条第二款第一项至第三项和第四项的关系解读及适用范围等进行深入探讨。本案二审判决尝试在个案裁判的分析论证中，对上述条款的具体内涵、适用情形及相互关系等进行解读、界定和协调，以期对未来互联网领域不正当竞争纠纷案件审理中的法律适用提供参考和借鉴。[①]

---

① 需要说明的是，本案中人才服务公司、咨询公司起诉主张科技公司实施了多种不正当竞争行为，鉴于本文主要探讨《反不正当竞争法》第十二条第二款第一项、第四项和第二条的法律适用及其关系协调问题，故下文仅围绕科技公司通过“省钱×”插件在“××招聘”网站插入链接、进行比价及获取简历资源的行为，科技公司在“××招聘”网站以虚假简历形式投放广告的行为是否构成不正当竞争的法律适用问题展开分析和探讨，对其他涉案不正当竞争行为的法律适用不再探讨。

《反不正当竞争法》第十二条第二款在列举具体侵权行为形态前，先对侵权行为实施方式这一前提进行了明确，即“利用技术手段，通过影响用户选择或者其他方式”。本案中，“省钱×”插件需要用户下载安装并注册“省钱×”账户后才能正常使用，属于诱导用户进行相应操作以实现科技公司所意欲追求的不正当竞争行为和后果。故该行为尚不同于科技公司利用技术手段主动、强行在“××招聘”网站中插入链接、强制进行目标跳转，去影响用户选择等情形，故应认定该行为未违反《反不正当竞争法》第十二条第二款第一项的规定。但如判决所述，科技公司通过“省钱×”插件，在用户浏览“××招聘”网站的简历时弹出窗口，提示可以更低价格提供此份简历，以低价引流用户的行为明显具有不正当性，违反了诚实信用原则和公认的商业道德，应认定构成“其他妨碍、破坏其他经营者合法提供的网络产品或者服务正常运行的行为”，违反了《反不正当竞争法》第十二条第二款第四项的规定。此外，科技公司在其网站未收录有某份简历的情况下，通过用户从“××招聘”网站下载该简历后，提取该简历至其数据库，再将该简历以更低价格出售给其他用户，无论其获取用户个人账户中简历的行为是否获得用户的授权许可，该行为均不具有正当性，妨碍了人才服务公司和咨询公司基于其合法商业模式开展的人力资源服务经营活动，亦构成《反不正当竞争法》第十二条第二款第四项规定的“其他妨碍、破坏其他经营者合法提供的网络产品或者服务正常运行的行为”。一审判决相关法律适用存在不当之处，但相关认定的主要理由充分，结论正确，二审法院在对其适用法律不当予以指明的基础上，对其认定结论予以确认。

关于科技公司在“××招聘”网站以虚假简历形式投放广告的行为违反《反不正当竞争法》第二条规定，二审法院认为，“××招聘”网站系专门提供招聘服务的平台，以提供真实、准确、充足的简历，为求职者与企业用户之间创造可靠的招聘机会为主要服务。科技公司作为同业竞争者，以虚假简历的形式向“××招聘”网站投放广告，扰乱了人才服务公司、咨询公司对“××招聘”网站的正常经营，客观上容易降低用户在“××招聘”网站上筛选简历的体验感，系以不正当手段削弱人才服务公司、咨询公司竞争力的行为，违反了诚实信用原则和商业道德，扰乱了市场公平的竞争秩序，构成不正当竞争行为。需要注意的是，该行为虽然发生于网络环境中，但从其行为性质和表现形式看，应不属于经营者利用技术手段实施的妨碍、破坏其他经营者合法提供的网络产品或者服务正常运行的行为，故不宜认定为违反了《反不正当竞争法》第十二条第二款第四项的规定，应认定为违反了《反不正当竞争法》第二条的规定。

编写人：北京知识产权法院　刘义军

37

利用App唤醒策略实施流量劫持行为的不正当性判断

——网络公司、软件公司诉科技公司不正当竞争案

【案件基本信息】

1. 裁判书字号

浙江省杭州市中级人民法院（2020）浙01民终8743号民事判决书

2. 案由：不正当竞争纠纷

3. 当事人：

原告（被上诉人）：网络公司、软件公司

被告（上诉人）：科技公司

【基本案情】

网络公司、软件公司系手机×宝App的开发者、运营者。科技公司系×车App的运营者和网络服务提供者。科技公司将×车App客户端的“URL Scheme”①规则中输入了对应×宝网的协议名称“×bao”，用户下载安装×车App后，使用

① URL Scheme，指一种包含其他对象引用的格式。下文不再对此进行提示。

浏览器等访问手机×宝时，弹出的页面仅显示打开App的提示框，且用户只能选择“打开”或“取消”，用户点击“打开”后页面直接跳转至×车App。网络公司、软件公司认为，科技公司通过篡改唤醒协议的技术手段，强制进行应用间跳转，劫持两原告用户流量，牟取不正当商业利益，构成不正当竞争。网络公司、软件公司请求判令科技公司立即停止劫持流量的不正当竞争行为，刊登声明消除影响并赔偿两原告经济损失100万元。

科技公司辩称，×车App系由他人开发与维护，其作为×车App的使用者已尽到相应的注意义务，涉案纠纷源于“URL Scheme”本身技术漏洞，且×车App与×宝App的产品定位和用户群体具有明显差异，不会对两原告的商业利益造成实质性影响。

【案件焦点】

1. 被诉行为是否构成在他人合法提供的网络产品中强制进行目标跳转；2. 被告实施强制目标跳转行为是否具有不正当性。

【法院裁判要旨】

杭州铁路运输法院经审理认为：第一，科技公司通过自定义唤醒协议的技术手段，将用户选择×宝App的应用目标自动导引至其所经营的×车App，且用户只能选择打开×车App或取消。在此种应用目标跳转情景下，用户虽然可以选择取消×车App的应用，但无法再选择应用×宝App，只能放弃原定应用目标。此种应用目标间的跳转，就用户而言具有迫使其放弃原定应用目标选择的强制性；就×宝App而言因不能被用户选择而丧失了实际运行的可能性。涉案两应用软件间的此种目标跳转违背了用户的知情权和自由选择权，且妨碍、破坏了两原告合法提供的网络产品的正常运行，损害了其正当的商业利益，具有不正当性。第二，科技公司的被诉行为易造成用户对应用软件服务来源的混淆。两原告享有对“×bao”商标和“×bao”域名，“×bao”作为×宝App公认的协议名称，具有较高的知名度和识别性，在公众中能形成指代×宝应用软件的稳定联系。科技公司在经营活动中对他人使用在先并具有较高知名度的通用协议名称应予以避让，以免造成混淆、误认的后果。科技公司擅自使用他人具有公知性的协议名称，主观上具有过错，违背了诚实信用原则和公认的商业道德。

综上，科技公司通过自定义唤醒协议的技术手段，无正当理由迫使用户转至与其需求不同的应用界面，属于未经其他经营者同意，在其合法提供的网络产品或者服务中，采用技术手段强制进行目标跳转的行为，妨碍、破坏了两原告合法提供的×宝网络产品的正常运行，构成不正当竞争。

杭州铁路运输法院依照《中华人民共和国反不正当竞争法》第十二条第二款第一项和第十七条第一款、第二款、第三款，《中华人民共和国民事诉讼法》第六十四条之规定，判决如下：

一、科技公司立即停止涉案不正当竞争行为；

二、科技公司赔偿两原告经济损失50万元；

三、科技公司刊登声明为两原告消除影响。

科技公司不服一审判决，提起上诉。

杭州市中级人民法院同意一审法院的裁判意见，判决：

驳回上诉，维持原判。

【法官后语】

网络市场应当允许网络经营者在遵循自愿、平等、公平、诚信原则下自由竞争用户流量，鼓励经营者开发网络产品和服务，但不能以创新技术为名损害其他经营者的竞争权益。在适用《中华人民共和国反不正当竞争法》（以下简称《反不正当竞争法》）第十二条“互联网专条”认定不正当竞争时，应从以下两个方面进行分析：一是被诉行为是否利用技术手段干扰他人网络产品或者服务正常运行；二是对于互联网环境下法益损害的判定，应将公共利益、经营者利益和消费者利益进行“三元叠加”予以综合考量，判断被诉行为基于互联网商业伦理是否具有不正当性，从而建立多元化利益主体保护，规范网络竞争秩序。

一、流量劫持行为中强制进行目标跳转行为的判定

《反不正当竞争法》第十二条虽然设定了网络流量劫持类行为构成不正当竞争的要件，但在实务适用中存在争议。比如，本案所涉及的“强制进行目标

跳转”应如何理解适用，如果插入跳转的页面仅是目标选择提示框，用户仍可以选择不进入指定应用目标的，这样的情形是否属于强制跳转？对于该问题的把握，应从用户选择受影响的程度分析实施目标跳转的方式是否已达到了“强制”的程度，以及从用户原本选择的网络产品是否可能得以正常运行，综合分析“应用目标”是否已实际完成了跳转。而不是从用户是否可以选择不进入被告指定的目标以及该指定的目标是否实际完成跳转的角度作出判断。故依据该标准认定被告的行为属于违反《反不正当竞争法》第十二条规定的流量劫持类不正当竞争行为。

二、流量劫持行为的不正当性之判断

如果对被诉行为是否违反《反不正当竞争法》类型化规定存疑，除了相关条款中的概括性规定以外，《反不正当竞争法》第二条的一般性规定亦具有依照适用的效力。第一，从行为正当性方面分析，网络市场中的App应用软件是海量的，每个应用软件被用户主动选择并下载安装是经营者付出积极努力从自由竞争的市场中赢得用户的结果。科技公司擅自使用×宝App公认“×bao”协议名称，剥夺了用户的知情权和自由选择权，违背了诚信原则和公认的商业道德。第二，从损害后果方面分析，流量是衡量网站和应用软件经济效益的核心指标，流量的本质是用户。两原告经过经营积累已拥有数量众多的用户，积累了在互联网行业中的竞争优势。×车App网络流量劫持行为会导致两原告的交易机会流失，从而为其创造更多的商业机会，扰乱了公平的网络市场竞争秩序。

本案系涉及利用手机App唤醒策略实施流量劫持的网络不正当竞争新类型案件。本案判决以用户原选定应用目标能否得以实现为主要切入点，通过对被诉行为对消费者选择权和他人网络产品或服务正常经营的影响程度以及是否符合诚信原则和商业道德、是否扰乱市场竞争秩序等方面进行综合评判，明确了互联网新型流量劫持不正当竞争行为的判定标准，对类案的处理具有典型的指导和借鉴意义。本案判决秉持正向的网络治理观，有效规制了互联网流量劫持行为，为打造公平有序的互联网竞争秩序提供了司法保障。

编写人：杭州互联网法院 沙丽

38

商品构造类装潢受反不正当竞争法保护的要件分析

——珠宝公司诉饰品公司不正当竞争案

【案件基本信息】

1. 裁判书字号

浙江省金华市中级人民法院（2021）浙07民终2954号民事判决书

2. 案由：不正当竞争纠纷

3. 当事人

原告（被上诉人）：珠宝公司

被告（上诉人）：饰品公司

【基本案情】

原告珠宝公司于1999年成立。截至2018年11月，某珠宝品牌在中国大陆至少开设了15家精品店，销售自有品牌的项链、戒指等珠宝产品。“Alham×××/四叶××”系列产品设计灵感来源于象征着幸运、健康、财富和爱的四叶草，并通过艺术进一步美化，其独有的装饰和设计主要包括：A. 四叶××系列珠宝的边缘为彼此相连的四个圆弧，组成四叶××系列基本图案中的四叶形状；B. 四叶××系列珠宝两面的边缘由对称的金属珠排列组成，或由平面金属框架组成；C. 四叶内部往往由整块贵重金属材料制成，包括黄金、钻石、珍珠母贝、黑玛瑙、红玉髓、绿松石、孔雀石、蛇纹木等；D. 四叶形状的中央部分与金属边缘所占比例和选用颜色存在明显差异，从而凸显出中间部分的四叶形状。原告上述系列产品在珠宝行业具有较高的知名度。

被告饰品公司系案涉网店的经营者，系注册商标“卡西×”的商标专用权人。

2020 年 9 月 17 日和 27 日原告代理人在被告开设的网店内下单购买了多种款式的珠宝首饰，包括项链、手链、戒指等饰品；并查看了被诉侵权产品链接下的商品评论。北京市长安公证处对上述下单行为、网页查看行为均进行了公证取证。

经庭审比对，被诉侵权产品与“Alham×××/四叶××”系列珠宝产品，两者在颜色搭配、外观构造、镶边的设计、主平面与镶边的比例方面均相同，二者在视觉效果上基本无差别。

【案件焦点】

1. 原告主张的“Alham×××/四叶××”系列产品是否是具有一定影响的商品包装、装潢；2. 被告行为是否侵犯了原告具有一定影响的商品包装、装潢，构成不正当竞争行为。

【法院裁判要旨】

浙江省义乌市人民法院经审理认为：原告“Alham×××/四叶××”系列产品属于形状构造类装潢，四叶草造型的设计不属于珠宝类产品通用造型，也不属于为实现某种技术效果或使商品具有实质性价值的设计，其设计具有较高的独创性和显著性，具备显著特征。且经过原告广泛推广，相关公众已经将“Alham×××/四叶××”系列产品的形状构造与品牌紧密结合，该系列产品在中国市场具有一定影响，为公众所知悉，起到识别商品来源的作用。综上，法院认定“Alham×××/四叶××”系列产品的造型构成具有一定影响的商品装潢。需要指出的是，即使法院认定该系列产品的造型构成有一定影响的商品装潢，并不意味着原告可以垄断四叶草基本造型在珠宝领域的使用。

被告虽辩称其所销售的被诉产品与原告主张装潢的产品品牌、材质、价格、销售渠道不同，但经庭审比对，两者在颜色搭配、外观构造、镶边的设计、主平面与镶边的比例方面均相同，二者在视觉效果上基本无差别。同时，被告在其网店多款产品中使用与“Alham×××/四叶××”系列产品设计无差别的图片，这种行为更加容易造成相关公众混淆误认，引人误认为是原告的商品或者与原告存在特定联系。被告与原告系同行业竞争者，其生产、销售被诉侵权产品，侵害了原告具有一定影响的商品装潢，构成不正当竞争行为。

浙江省义乌市人民法院依照《中华人民共和国反不正当竞争法》第六条、第十七条的规定，判决如下：

一、被告饰品公司立即停止生产、销售与原告珠宝公司“Alham×××/四叶××”系列产品特有装潢相同或近似的产品；

二、被告饰品公司于本判决生效后二十日内赔偿原告珠宝公司经济损失人民币500000元（含合理费用）；

三、驳回原告珠宝公司的其他诉讼请求。

饰品公司不服一审判决，提起上诉。

浙江省金华市中级人民法院同意一审法院的裁判意见。

【法官后语】

《中华人民共和国反不正当竞争法》第六条第一项规定，经营者不得实施下列混淆行为，引人误认为是他人商品或者与他人存在特定联系：擅自使用与他人有一定影响的商品名称、包装、装潢等相同或者近似的标识。《最高人民法院关于审理不正当竞争民事案件应用法律若干问题的解释》第一条规定，在中国境内具有一定的市场知名度，为相关公众所知悉的商品，应当认定为反不正当竞争法所规定的“知名商品”。人民法院认定知名商品，应当考虑该商品的销售时间、销售区域、销售额和销售对象，进行宣传的持续时间、程度和地域范围，作为知名商品受保护的情况等因素，进行综合判断。第二条第一款规定，具有区别商品来源的显著特征的商品的名称、包装、装潢，应当认定为反不正当竞争法第五条第二项规定的“特有的名称、包装、装潢”。仅仅直接表示商品的质量、主要原料、功能用途、重量、数量及其他特点的商品名称；或仅由商品自身的性质产生的形状，为获得技术效果而需有的商品形状以及使商品具有实质性价值的形状，不认定为知名商品特有的名称、包装、装潢。

根据上述规定，原告“Alham×××/四叶××”系列产品构成有一定影响的商品装潢，应当满足以下几个要件：第一，该系列产品构成装潢；第二，该系列产品的形状既不属于由商品自身的性质所决定的形状，也不属于为实现某种技术效果所必需的形状或者使商品具有实质性价值的形状，具备了显著特征；第三，该系列产品具有一定影响，他人对此类形状的使用足以使相关公众对商品的来源产生混淆或误认。结合上述要件分析如下：本案中，“Alham×××/四叶××”系列产品系珠宝商品，珠宝产品本身并不具有实用性的功能，珠宝的形状富有美感，起到美化的作用，消费者的选择也是着眼于珠宝形状的艺术性、美感，故本案原告“Alham×××/四叶××”系列产品属于形状构造类装潢。原告“Alham×××/四叶××”系列产品的四叶草造型的设计，不属于珠宝类产品通用造型，也不属于为实现某种技术效果或使商品具有实质性价值的设计，其设计特点在于：外围四边呈圆弧形，四个中心朝内的圆弧相包围形成简明主题形状；中心镶嵌以珍贵材质打造，如黄金、钻石、珍珠母贝、玛瑙、绿松石、红玉髓、孔雀石、蛇纹木等；正反两面的外围嵌有均匀排布的滚珠镶边或平滑的镶边；主平面和边框对比强烈，色彩差异大。此种设计凸出了四叶草主体形状，不同于同类市场上其他珠宝产品，也不同于一般的四叶草造型，具有较高的独创性和显著性，具备了显著特征。故原告“Alham×××/四叶××”系列产品构成反不正当竞争法保护的特有装潢。从原告提交的证据来看，原告在中国市场投入大量的广告、宣传，开设门店，销售“Alham×××/四叶××”系列产品。通过原告的广泛推广，相关公众已经将“Alham×××/四叶××”系列产品的形状构造与品牌紧密结合，该系列产品在中国市场具有一定影响，为公众所知悉，起到了识别商品来源的作用。综上，“Alham×××/四叶××”系列产品的造型构成具有一定影响的商品装潢。

被告所销售的被诉侵权产品与原告“Alham×××/四叶××”系列产品均用在项链、手链、戒指等饰品上，虽然材质不同，但经庭审比对，两者在颜色搭配、外观构造、镶边的设计、主平面与镶边的比例方面均相同，二者在视觉效果上基本无差别。被告在其网店多款产品中使用与“Alham×××/四叶××”系列产品设计无差别的图片，更加容易造成相关公众混淆或误认，引人误认为是原告的商品或者与原告存在特定联系。因此，被告与原告系同行业竞争者，被告生产、销售被诉侵权产品，侵害了原告具有一定影响的商品装潢，构成不正当竞争行为，被告应当承担停止侵权并赔偿损失的责任。

本案厘清了形状构造类商品装潢受《中华人民共和国反不正当竞争法》保护的要件，明确了珠宝类商品可以通过形状构造类商品装潢受到保护，对类案起到了参考作用。同时，本案全面考量了赔偿经济损失的因素，全额支持原告诉请的索赔金额50万元。此外，考虑原告在珠宝行业的知名度，为了防止因认定“Alham×××/四叶××”系列产品造型具有一定影响的商品装潢而导致原告在珠宝领域垄断“四叶草”造型的使用，本案明确指出本案的认定不意味着原告可以垄断四叶草基本造型在珠宝领域的使用。本案判决有效保障和维护了权利人的合法权益，彰显了法院对品牌保护的决心和力度，同时也兼顾市场的自由竞争，对垄断行为作出特别提示和说明，避免因司法行为在行业中产生垄断现象。

编写人：浙江省义乌市人民法院　叶飞

39

涉人工干预策略算法鉴定的责任分配与认定

——甲科技公司诉乙科技公司不正当竞争案

【案件基本信息】

1. 裁判书字号

北京知识产权法院（2021）京73民终559号民事判决书

2. 案由：不正当竞争纠纷

3. 当事人

原告（被上诉人）：甲科技公司

被告（上诉人）：乙科技公司

【基本案情】

甲科技公司合法拥有和运营 A 网站及其移动网站、客户端。乙科技公司是 B 网站的所有者和运营者，同时也是其移动客户端的开发者、所有者和运营者，通过 B 网站及其移动网站、移动客户端，向用户提供在线搜索服务，是全球最大的中文搜索引擎。双方在互联网业务领域具有同业竞争关系。

2018 年 1 月至 4 月，当用户使用 B 移动网站及其移动客户端搜索 A 网站时，在搜索结果中原告官网链接的标题下方，会出现红色、醒目的“提醒：该页面因服务不稳定可能无法正常访问!”的警示字样。

【案件焦点】

1. 甲科技公司与乙科技公司是否存在竞争关系；2. 涉案标红提示语及行为是否构成商业诋毁及非类型化的不正当竞争一般侵权行为；3. 如果涉案行为构成侵权，被告应当如何承担侵权责任。

【法院裁判要旨】

北京市海淀区人民法院经审理认为：乙科技公司与甲科技公司在互联网业务领域具有竞争关系，甲科技公司依据《中华人民共和国反不正当竞争法》有权对乙科技公司提起不正当竞争诉讼。甲科技公司提供证据证明 A 网站在涉案期间不存在服务不稳定的情况，而乙科技公司提供的证据无法证明涉案期间 A 网站存在服务不稳定的情况，未能证明其给出的不稳定提示具有充分证据，因此被告的标红提示行为存在编造传播虚假信息，影响网络用户对原告经营涉案网站稳定性和安全性的评价，误导网络用户作出选择判断，损害了原告的商业信誉和商品声誉，足以降低涉案网站的用户流量，构成商业诋毁的不正当行为，该行为与标红提示语之间是行为与结果的关系或手段与目的的关系，并非是可以割裂的两个侵权行为，因此涉案侵权行为不单独构成一般不正当竞争行为。乙科技公司的涉案侵权行为构成对甲科技公司的商业诋毁不正当竞争行为，应当承担停止侵权、消除影响、损害赔偿的侵权责任。

北京市海淀区人民法院依据《中华人民共和国反不正当竞争法》第十一

条、第十二条第一款、第十七条之规定，判决如下：

一、乙科技公司于本判决生效后立即停止涉案不正当竞争行为；

二、乙科技公司于本判决生效后七日内分别在B移动网站及其移动客户端显著位置持续四十八小时公开发表声明，消除因涉案侵权行为给甲科技公司造成的不良影响（上述声明的内容均须经一审法院审核，逾期不执行，一审法院将依据甲科技公司申请，依法选择一家全国性的媒体公开本判决书的主要内容，相关费用由乙科技公司负担）；

三、乙科技公司于本判决生效后十日内赔偿甲科技公司经济损失及维权合理支出共500000元；

四、驳回甲科技公司的其他诉讼请求。

乙科技公司不服一审判决，提起上诉。

北京知识产权法院经审理认为：本案的争议焦点在于乙科技公司的被控侵权行为是否构成商业诋毁行为。乙科技公司提交的证据不足以证明涉案网站存在服务不稳定和无法正常访问的情况。在案证据表明，在多个时点同时通过其他搜索引擎搜索涉案网站，只有B搜索引擎对上述网站进行了不稳定提示，上述网站在上述时点是否稳定属于客观事实，在其他搜索引擎均得出相同结论的情况下，仅B搜索引擎得出相反结论，乙科技公司对此并未提交充分证据作出合理解释。乙科技公司通过对搜索关键词进行人为干预的方式，对涉案网站的搜索结果设置了具有虚假和误导性的不稳定提示。故乙科技公司涉案侵权行为构成商业诋毁，应承担法律责任。

北京知识产权法院依照《中华人民共和国民事诉讼法》第一百七十条第一款第一项之规定，判决如下：

驳回上诉，维持原判。

【法官后语】

本案系典型的涉搜索关键词人工干预策略算法鉴定的不正当竞争纠纷案件。当前，标红提示功能是搜索服务业态的行业通用积极功能，搜索结果页面的设置也是搜索服务提供者经营自主权的体现。应当厘清搜索网络服务提供者的经营自主权与被搜索网站经营者及网络用户的异议权、更正权及不正当竞争保护维权权利等权利行使的界限，不可在没有初步证据的情况下，就要求搜索网络服务提供者提供后台数据与算法依据用于证明标红提示的正当性，而应当在经营自主与权利保护之间取得价值与利益的平衡，以下结合本案简要论述：

（一）被标红网站需提交证明标红提示的不正当性的初步证据。标红提示功能虽然是有利于消费者的积极功能，但同时具有对网站经营主体进行标签化的作用，一旦滥用标签化提示，就有可能侵害其他网络服务提供者和网络用户的权益。因此，被标红网站具有提出异议的权利，但如果异议一经提出即要求搜索网络服务提供者对于标红提示进行举证，无疑会加重其举证责任，同时会加重运营负担成本并存在泄露商业秘密的风险，因此，需要被标红网站提交证明标红提示不正当性的初步证据，主要包括以下三方面。第一，同一搜索网络服务提供者提供的其他网络产品进行测试的结果。同一系列的网络服务产品的测试体系应当是一致的，当测试结果出现逻辑性矛盾时，则可证明标红提示的不正当性。第二，同一类型的不同搜索网络服务提供者进行测试的结果。一般而言，特定网站的服务在现有互联网技术标准下的展现是一个相对客观的事实，作为同样具有此项功能的其他搜索引擎均没有对被标红网站进行标红提示，那么侧面证明标红提示具有不正当性。第三，在网站被标红提示时对被标红网站进行浏览访问，如果显示正常，则可以进一步证明标红提示具有不正当性。

（二）各类搜索引擎网站及产品是以其算法为产品内在逻辑，通过算法的自然运行得出的结果即为自然搜索结果。经过初步证据的自证，当被搜索网站的异议权成立时，则搜索网络服务提供者具有人工干预搜索结果的可能性，其应当依据产品的内在逻辑，证明标红提示是搜索引擎依据算法自然运行得出的自然搜索结果。为达到这一证明目的，证明过程中应当提供的证据包括并不限于：涉案期间被标红提示网站的后台完整搜索日志数据、涉案期间同类型站点的后台完整搜索日志数据、算法代码片段等。其中，后台完整日志数据是为提供足量的样本检材。而算法涉及搜索网络服务提供者的商业机密，应当予以保护，但算法代码片段需在前述证明目的的前提下尽量完整。一般来说，搜索引擎网站进行标红提示的策略均是综合了多种因素，如站点抓取规模、抓取失败率、抓取失败率波动情况等综合因素来进行判断，其提供的算法代码片段应至少对综合的多个因素进行具体、定量的详细描述。

综上，在涉人工干预策略不正当竞争案件的审理中应坚持审慎包容的原则，在保障搜索服务提供者自主经营的前提下，兼顾网络用户和其他网络服务提供者的合法权益。本案为搜索网络服务提供者的自主经营权厘清了边界，为搜索网络服务提供者在《中华人民共和国反不正当竞争法》的框架下确立了基本的经营规则。本案有助于厘清搜索网络服务提供者的经营自主权与被搜索网站经营者及网络用户的异议权、更正权及不正当竞争保护维权权利等权利行使的界限，为同类案件审理树立坚实的裁判规则，也有利于发挥搜索引擎服务在信息社会中的正向价值，保障信息流通、分发的秩序，为网络用户、搜索网络服务提供者、其他网络经营者，建立共生共赢的良好互联网生态，为互联网经济的健康有序发展构建提供了充分制度保障。

编写人：北京市海淀区人民法院　陈昶屹　刘思鹭

40

使用知名高校简称是否构成不正当竞争

——医科大学诉科技公司、科技公司分公司不正当竞争案

【案件基本信息】

1. 裁判书字号

浙江省温州市中级人民法院（2021）浙 03 民终 4003 号民事判决书

2. 案由：不正当竞争纠纷

3. 当事人

原告（被上诉人）：医科大学

被告（上诉人）：科技公司、科技公司分公司

【基本案情】

医科大学是某省省属普通高等学校，2015 年成为国家卫生健康委员会、教育部和某省人民政府共建高校，2017 年成为某省重点建设高校。学校拥有 5 所附属医院，其中 4 所为三级甲等医院，同时在某省设有 23 所非直管附属医院（临床学院）。附属眼视光医院、附属第一医院、附属第二医院进入 2018 年度中国医院科技量值评价排行榜综合百强，附属眼视光医院眼科学连续三年位居全国第二，科技产出指标首次位列全国第一。某医是医科大学的简称。

科技公司成立于 2019 年 11 月 11 日，经营范围为计算机软硬件、眼视光技术的技术开发、技术服务、技术咨询、成果转让。2020 年 1 月 16 日，科技公司开设分支机构科技公司分公司，经营范围为承接总公司业务。

2020 年 9 月，医科大学发现科技公司分公司经营案涉门店，主要提供验光及配镜服务，其店面门头、店内装潢等处均标注“××某医眼视光中心”字样，其中“××”字样较小，“某医眼视光中心”字样较大。

医科大学认为科技公司、科技公司分公司在明知“某医”知名度的情况下，故意以“某医”为字号，并在经营过程中使用含有“某医”字样的店招、室内装潢等，构成不正当竞争。故诉请要求科技公司、科技公司分公司停止侵权、赔偿损失并刊登声明消除影响。

【案件焦点】

1. 医科大学的简称“某医”是否属于有一定影响的企业简称；2. 科技公司、科技公司分公司使用“某医”字样是否构成不正当竞争。

【法院裁判要旨】

浙江省瑞安市人民法院经审理认为：“某医”作为医科大学的简称，经由

长期持续使用，已为相关公众广泛认可并具有较高的知名度和影响力，并与医科大学形成稳定对应的联系，具有识别经营主体的商业标识意义，故可认定“某医”为有一定影响的企业简称。医科大学拥有附属眼视光医院等多所附属医院，科技公司、科技公司分公司所涉行业和经营范围与医科大学的业务范围、科研领域存在部分重合，其在企业名称中使用“某医”文字，并在店面门头、店内装潢中突出使用“某医”字样，主观上具有攀附医科大学商誉的故意，客观上亦使得相关公众误认为其与医科大学存在特定关系，构成不正当竞争。

科技公司、科技公司分公司不服一审判决，提起上诉。

浙江省温州市中级人民法院经审理认为：一审判决认定事实清楚，适用法律正确，但因科技公司分公司在二审期间注销，遂改判全部责任由科技公司承担。

【法官后语】

本案是涉知名高校简称被仿冒的不正当竞争的典型案例。判断使用高校简称的行为是否构成不正当竞争，主要从以下四个方面进行考量。

第一，高校简称是否属于企业名称。《中华人民共和国反不正当竞争法》（以下简称《反不正当竞争法》）第六条规定：“经营者不得实施下列混淆行为，引人误认为是他人商品或者与他人存在特定联系……（二）擅自使用他人有一定影响的企业名称（包括简称、字号等）、社会组织名称（包括简称等）、姓名（包括笔名、艺名、译名等）……”就企业名称而言，应当作广义解释，即除狭义的企业名称外，也包括非企业，如事业单位、社会团体等非企业法人名称。具体到本案中，“某医”作为医科大学的简称，应当也属于企业名称。

第二，企业简称的知名度及影响力。《反不正当竞争法》保护的企业名称（包括简称）应当具备一定的影响力，即指具有一定的市场知名度、为相关公众所知悉。医科大学是浙江省唯一的省属重点建设医学类高校，实力雄厚，在温州地区颇负盛名。医科大学附属眼视光医院更是浙江省唯一一家三级甲等眼科专科医院，综合实力位列全国眼科第一方阵，享有极高声誉。“某医”作为医科大学的简称，经由长期持续使用，已与其形成稳定对应的联系，成为有一定影响的企业简称。

第三，双方业务上是否具有相关性或竞争性。《反不正当竞争法》立法目的在于通过规制市场主体参与市场竞争的行为，阻止市场主体以不正当方式获取市场竞争优势，维护“平等、公平、诚信”的市场竞争秩序。《反不正当竞争法》维护具有直接竞争关系的经营者之间的正当竞争，也维护整个市场的竞争秩序。不正当竞争行为损害对象的多样性决定了竞争行为的广泛性，当经营者以不正当手段谋取竞争优势或是破坏他人竞争优势，由此产生的亦是损害与被损害的关系。因此，反不正当竞争法的着眼点不应当仅局限于具有直接竞争关系的主体之间，而是应当聚焦于“竞争性利益”的保护。本案中，医科大学是从事教学、科研业务的教育机构，科技公司、科技公司分公司主要提供验光及配镜服务，虽然二者不具有直接竞争关系，但医科大学拥有的附属眼视光医院从事包括验光及配镜服务在内的眼科医疗活动，可以认定二者的经营业务存在关联性，故医科大学的竞争性利益应当受到保护。确认非直接竞争关系的经营者被不正当手段争夺了交易机会时也可以获得反不正当竞争法的救济，有助于遏制复杂多样的扰乱市场竞争秩序的不正当竞争行为。

第四，被诉侵权行为是否引起混淆后果。仿冒混淆的不正当竞争行为是指足以引人误以为是他人商品或者与他人存在特定联系的混淆行为。本案中，科技公司、科技公司分公司不仅将“某医”字样登记为企业字号，还在店面门头、店内装潢中突出使用“某医”字样，明显具有攀附商誉的故意，客观上亦使得相关公众误认为其与医科大学及其附属眼视光医院存在特定关系，足以造成混淆后果，构成不正当竞争。

综上，本案厘清了使用高校简称是否构成不正当竞争的裁判标准，并通过司法判决确认了医科大学的简称“某医”属于有一定影响的企业简称，强有力地保护了本土知名高校无形的财产权利，充分体现了法院打击不正当竞争行为、加强知识产权保护、优化营商环境的决心和力度。

编写人：浙江省瑞安市人民法院　赵章瑜

41

网络评测中正当对比和商业诋毁的边界

——甲通信公司诉科技公司不正当竞争案

【案件基本信息】

1. 裁判书字号

浙江省杭州市中级人民法院（2021）浙 01 民终 5200 号民事判决书

2. 案由：不正当竞争纠纷

3. 当事人

原告（被上诉人）：甲通信公司

被告（上诉人）：科技公司

【基本案情】

甲通信公司系合法注册的经营电信业务和移动通信业务的企业，向社会公众提供网络宽带服务为其业务的重要组成部分。科技公司为测速网的主办方及经营者，其通过测速网为用户提供网络速度测试服务。科技公司系宽带服务经营者乙通信公司的网络业务推广商。科技公司在其测速网上向浙江范围内的宽带用户定向推送对比广告，具体内容为："经测速网分析，当前城市的乙通信公司网速超出甲通信公司网速 58.95%，本地区乙通信公司网速更快、网络更稳，玩游戏更流畅、直播无延迟""您当前的运营商为甲通信公司。经大数据分析，本市平均网速低于乙通信公司网速 57.94%，建议更换网络"等。

甲通信公司认为，科技公司作为乙通信公司宽带服务推广商，编造了乙通信公司宽带服务与甲通信公司宽带服务的虚假对比结论，歪曲了事实关系，足以使消费者对甲通信公司宽带产品质量产生错误认识，严重损害其商业信誉，导致其客户流失，给甲通信公司造成了严重的损失，构成商业诋毁及虚假宣传。科技公司认为对比广告是根据用户实际测量网速而得，是真实数据，其如实公布用户测速的统计数据，不会使消费者产生错误认识，也无法影响消费者的决定，且根据其提交的证据可知，市场上普通用户对乙通信公司宽带和甲通信公司宽带的认知很明确：乙通信公司宽带网速快、稳定、适合直播、玩游戏，但是价格昂贵；甲通信公司宽带网速慢、不稳定、但是价格低，适合日常浏览网页等对网络要求不高，追求实惠的消费者使用，故甲通信公司宽带网速远低于乙通信公司宽带网速是市场的普遍认知，其行为不构成不正当竞争。

甲通信公司起诉请求判令科技公司立即停止在网站上发布涉案宽带网速对比广告的行为，并赔偿其经济损失 499 万元，并发布道歉声明，消除影响。

【案件焦点】

1. 涉案对比广告中的信息是否属于虚假或误导性信息；2. 涉案对比广告是否损害了甲通信公司的商业信誉、服务信誉。

【法院裁判要旨】

杭州铁路运输法院经审理认为：关于争议焦点一。经营者为竞争目的对他人进行商业评论时，尤其要尽谨慎注意义务，不能误导公众损人商誉。涉案广告对于相关事实的描述属于误导性信息，主要理由：其一，涉案广告未表明相关数据的统计期限，容易使消费者误认为甲通信公司的网络服务长期存在网速差距。其二，涉案广告发布时未说明计算依据和计算方式，亦未提示该对比数值的得出未排除变素的影响，会使消费者误认为该结果系测速网通过规范的、系统全面的测试而得出。其三，涉案广告中未提示系宽带网速，会使消费者误认为该结果涵盖了所有网络服务项目以及乙通信公司相对甲通信公司等而言在网速方面具有全方位的竞争优势。因此被告在数据样本采集及统计分析方式上存在瑕疵，涉案广告以此对比数值为依据，进行以偏概全的宣传，属于误导性信息。

关于争议焦点二。科技公司作为乙通信公司的网络服务代理商，推广、经营与甲通信公司相同的网络宽带业务，二者具有竞争关系。科技公司作为从事专业测速网站的经营者，其所陈述的观点在相关公众中更为权威，其发表对比广告应更为严谨中立，但其发布的涉案广告的数据比对结果缺乏准确和全面的事实依据，其片面地将甲通信公司网速同乙通信公司网速做不对称的宣传和对比，并以文字的形式突出强调乙通信公司网速更快、更稳定等有利于自己产品的结论或者直接建议更换网络，对甲通信公司的网速产生负面评价，减损了消费者对于原告网络服务质量的信赖程度，损害了甲通信公司的商业信誉和商品声誉，已构成商业诋毁。

杭州铁路运输法院依据《中华人民共和国反不正当竞争法》第八条、第十一条、第十七条，《中华人民共和国民事诉讼法》第六十四条之规定，判决如下：

一、被告立即停止在其网站上发布涉案宽带网速对比广告的行为；

二、被告在涉案网站首页位置刊登声明消除影响；

三、被告赔偿原告经济损失100万元。

科技公司不服一审判决，提起上诉。

杭州市中级人民法院同意一审法院的裁判意见，判决：

驳回上诉，维持原判。

【法官后语】

一、网速测评中误导性信息的判定

对网速测评内容是否属于误导性信息，应重点分析网速测试数值是否满足数据来源客观、数据统计口径一致、数据计算方法科学等要求。第一，影响网速的因由众多，故同一用户标准下，通过有线接入进行网速测量要求最大限度降低和排除客观因素对网速测量结果的影响。但被告未区分测速用户宽带接入方式，且未提示用户关闭其他应用程序，其测试结果不能完全反映乙通信公司网速与甲通信公司网速的实际速率；第二，关于数据口径的合理性和计算方式的科学性。作为专门的网速测量网站，应当知道签约宽带的不同会给网速测量结果带来的影响，同时应在计算方法上就同一取值范围对数据进行横向对比，减少不同值域对比对结果的客观影响。但被告未对签约宽带进行区分而仅是依据用户实际测速结果进行算数平均计算，且原、被告双方均确认乙通信公司因企业用户多选取大宽带的用户比例高，涉案测速网站的设置及计算方式会直接导致不同取值范围的数据进行横向快慢比较，该种将所有数据样本不区分维度、简单进行算数平均数得出测试结果不符合对比分析的可对比性原则，具有不确定性和片面性。鉴于被告在数据样本采集及统计分析方式上存在瑕疵，以此为依据所作的对比广告宣传，属于误导性信息。

二、商业评论中正当对比与商业诋毁的边界

在正当的商业评论和不正当的商业诋毁之间，存在法律界限。这一界限在于，经营者必须出于正当目的，客观、真实、公允和中立地进行评论，不得误导公众和损害他人商誉。特别是针对与自己存在直接竞争关系的经营者进行评论，更应负有谨慎注意义务。如果经营者为了谋求自身竞争优势或者破坏竞争对手的竞争优势，编造、传播虚假信息或误导性信息，使得公众对其他经营者及其产品产生误解、质疑、偏见，或者使得公众对其他经营者及其产品产生负面印象和负面评价，造成其他经营者的商业信誉和商品声誉受损的，则构成商业诋毁。被告作为与原告具有同业竞争关系的企业，对外发布数据不完整、评述不恰当的对比广告，以夸大己方产品优势反衬凸显对方的劣势，损害了原告的商业信誉和商品声誉，应认为构成商业诋毁。

三、对比广告的虚假宣传和商业诋毁的认定

广告宣传内容缺乏依据，引人误认，虚假抬高自身竞争优势的，可以认定构成虚假宣传。如果是对比性广告，将自己与他人同类产品进行优劣对比且缺乏依据，贬损他人产品公众评价的，又构成商业诋毁的不正当竞争。本案被诉侵权的对比性广告既构成引人误解的虚假宣传，同时也构成商业诋毁。当虚假宣传和商业诋毁行为发生竞合时，在法律上应优先适用《中华人民共和国反不正当竞争法》对于商业诋毁行为的规定。

“网络评测”属于互联网时代新型商业模式。本案系互联网上利用网速评测方式进行商业诋毁的典型案例。本案判决以遏制诋毁他人商誉行为，维护消费者知情权与选择权不受干扰为导向，确立了网速评测结果应遵循可比性原则，即在满足数据来源客观、数据统计口径一致、数据计算方法科学的前提下进行全面客观评述，厘清了正当广告对比和商业诋毁的边界，同时明确了评测公司应恪守客观、中立的职业操守，对凭借网速测试者优势介入他人市场竞争的行为予以了规制，有利于维护公平的网络市场竞争秩序，助推诚信有序、公平透明的法治化营商环境建设。

编写人：杭州互联网法院　沙丽

42

网络服务商引诱用户洗稿行为的定性及规制

——计算机公司、科技公司诉网络公司不正当竞争案

【案件基本信息】

1. 裁判书字号

广东省深圳市中级人民法院（2021）粤03民终26107号民事判决书

2. 案由：不正当竞争纠纷

3. 当事人

原告（上诉人）：计算机公司、科技公司

被告（上诉人）：网络公司

【基本案情】

计算机公司、科技公司是“××号”一站式内容创作平台的经营者，该平台上创作者创作的内容通过计算机公司、科技公司对外进行分发。计算机公司、科技公司经过投入大量的技术、资金、人力、服务等经营成本，为其平台上创作者创作内容以及将这些创作的内容对外分发提供了保障。经过努力经营，计算机公司、科技公司运营的“××号”内容创作平台具有较高的知名度，其上有众多的创作者进行创作，该平台上丰富的创作内容和信息吸引了大量网民进行

浏览阅读，从而大大增加了网站的流量，为计算机公司、科技公司带来了竞争优势和经济利益。

从计算机公司、科技公司提供的多家自媒体平台协议来看，均倡导和要求在平台上进行原创内容创作，抵制和打击内容抄袭，以向网民提供原创和高质量的内容和信息，保障和维护自媒体领域有序的市场竞争秩序。

本案网络公司的“×专自媒体助手”软件产品为其研发并经营的唯一网络用户服务。网络公司在其网站上列出“××号”等35+家自媒体的logo，表明其提供的“×专自媒体助手”软件服务针对的是这35+家自媒体。网络公司的“×专自媒体助手”软件产品服务，具有八大功能，上述八大功能属于紧密联系的一体化服务，其核心服务为：通过“爆文中心”将“××号”等众多自媒体平台上的高点击量和阅读量的作品内容进行聚合；通过“导入编辑”功能将浏览到的作品复制、粘贴到“×专自媒体助手”软件；通过“智能重写”功能，对复制、粘贴的作品采用包括重写新标题、文章近义词和同义词替换、文章第一段增加摘要、文本内容调整等方式，进行“伪原创”；通过“原创度检测”，对“智能重写”的“伪原创”内容进行原创度检测；通过“一键发布”功能，将文章发布到用户想要发布的自媒体平台上。由此可见，网络公司向用户提供的“×专自媒体助手”软件服务，并没有创作出新作品，在本质上是对原作品的变相抄袭，即通常所说的洗稿行为。

【案件焦点】

1. 被告向用户提供“×专自媒体助手”软件的行为是否构成不正当竞争；2. 如被告的行为构成侵权，应如何承担民事责任。

【法院裁判要旨】

广东省深圳市南山区人民法院经审理认为：自媒体行业内的公认商业道德和行为标准之一是鼓励原创、打击抄袭。“×专自媒体助手”为被告唯一软件产品，该软件的核心功能围绕的是将“35+自媒体平台的高点击量和阅读量的作品”，通过“导入编辑”将浏览到的作品复制、粘贴到“×专自媒体助手”软件，通过“智能重写”功能实现文章近义词和同义词替换，通过“一键发布”功能，将文章发布至用户想发布的系统平台。该软件没有创作出新的作品，二原告作为“××号”的经营者，经过长期投入大量的资金、技术、服务等经营成本，为自身建立了一定的市场竞争优势并获得一定的商业利益，原创和高质量内容必然带来关注度的提升，优质信息内容会带来更高的关注度，最终转换成商业利益。如果在“××号”平台，通过“洗稿”的方式批量产生大量“伪原创”，必然破坏“××号”平台生态系统良好的有序发展，降低该平台的流量和用户访问量，并给二原告的商誉带来负面影响。被告通过诱导宣传的方式，涉案软件为其唯一经营软件，该软件的核心功能也均围绕“洗稿”功能，被告的行为非单纯地提供软件技术支持，其行为已构成不正当竞争行为的直接参与者，这种行为影响了二原告的服务质量，损害了二原告的合法利益，使上网用户对二原告所提供服务的评价降低，对二原告的商业信誉产生不利影响，同时也违背了诚实信用原则和公认的商业道德，不利于网络环境的健康发展。故对于被告认为《中华人民共和国反不正当竞争法》及司法解释并未将被告的行为定性为不正当竞争行为的抗辩，依法不予支持。被告的行为违反自媒体行业公认的商业道德和行为标准，损害了二原告的商业利益，其行为构成不正当竞争。

网络公司通过“×专自媒体助手”软件的聚合“××号”热点文章以及“导入编辑”“文章导入”“智能重写”和“发布”等系列功能，侵害了原告的正常运营秩序和商业生态，违背了其应当遵循的诚实信用原则和公认的商业道德，构成不正当竞争，依法应承担停止侵权及赔偿损失的民事责任。关于经济损失和合理开支的赔偿数额，因根据本案在案证据不能确定原告的实际损失及被告的侵权获利所得。根据法律规定，应当综合考虑被告主观恶意程度、侵权行为性质、后果等情节进行确定。在确定本案经济损失的赔偿数额时，综合考虑了以下因素：第一，“×专自媒体助手”软件作为被告唯一运行软件，其核心是其他平台的高点击量和阅读量的作品通过“智能重写”功能实现文章近义词和同义词替换，通过“一键发布”功能，将文章发布至用户想发布的多家系统平台，即以“伪原创”为其核心功能，且具有聚合式批量洗稿功能，被告的主观恶意程度较高。第二，被告在产品宣传中以“伪原创”为核心卖点，进行系统性的“自媒体学习资料培训课程”培训，通过其“原创度检测”功能针对性的躲避“‘××号’运营规则”等多家自媒体平台运营规则，以“收益统计”功能诱导式的鼓励抄袭，严重损害了二原告及其他自媒体平台的合法权益。第三，被告提交的其 2019 年 10 月至 2020 年 9 月 30 日财务报表明显失真，其通过不断变化第三方平台来收益。经法院裁定：准许原告计算机公司、科技公司的申请，责令被告网络公司自本裁定送达之日起七日内提交其通过第三方平台收款的财务数据。被告仍不提供其侵权获利所得。第四，二原告为本案聘请了律师参加诉讼，并支出了公证费用，其中的合理部分，被告应当予以赔偿。第五，除涉及二原告的自媒体平台外，被告的涉案软件涉及 35+家自媒体平台，原告未提供证据证明其在所有 35+自媒体平台中的市场份额，原告主张的赔偿数额过高，不予全额支持。综上，酌定本案经济损失和维权合理开支的赔偿数额为人民币 20 万元。

计算机公司、科技公司与网络公司均不服一审判决，提起上诉。

广东省深圳市中级人民法院经审理认为：上诉人计算机公司、科技公司经过投入大量的技术、资金、人力、服务等经营成本，为“××号”平台上创作者创作内容以及将这些创作的内容对外分发提供了保障。经过努力经营，上诉人计算机公司、科技公司运营的“××号”内容创作平台具有较高的知名度，其上有众多的创作者进行创作，该平台上丰富的创作内容和信息吸引了大量网民进行浏览阅读，从而大大增加了网站的流量，为上诉人计算机公司、科技公司带来了竞争优势和经济利益。

从上诉人计算机公司、科技公司提供的各大自媒体平台协议来看，均倡导和要求在平台上进行原创内容创作，抵制和打击内容抄袭，以向网民提供原创和高质量的内容和信息，保障和维护自媒体领域有序的市场竞争秩序。

“×专自媒体助手”软件产品为上诉人网络公司研发并经营的唯一网络用户服务。上诉人网络公司在其网站上列出“××号”等 35 家多自媒体的 logo，表明其提供的“×专自媒体助手”软件服务针对的是这 35 家多自媒体。上诉人网络公司的“×专自媒体助手”软件产品服务，其核心服务为：通过“爆文中心”将“××号”等众多自媒体平台上的高点击量和阅读量的作品内容”进行聚合；通过“导入编辑”功能将浏览到的作品复制、粘贴到“×专自媒体助手”软件；通过“智能重写”功能，对复制、粘贴的作品采用包括重写新标题、文章近义词和同义词替换、文章第一段增加摘要、文本内容调整等方式，进行“伪原创”；通过“原创度检测”，对“智能重写”的“伪原创”内容进行原创度检测；通过“一键发布”功能，将文章发布到用户想要发布的自媒体平台上。由此可见，上诉人网络公司向用户提供的“×专自媒体助手”软件服务，并没有创作出新作品，在本质上是对原作品的变相抄袭，即通常所说的洗稿行为。

基于以上事实，上诉人网络公司向用户提供的是引诱用户针对包括上诉人计算机公司、科技公司运营的“××号”等在内众多自媒体平台上的热点文章进行聚合、搬运、抄袭、原创度检测和上传的服务，该行为会妨碍、扰乱、破坏上诉人计算机公司、科技公司运营的“××号”等自媒体平台的正常经营活动，使“××号”等自媒体平台的服务质量降低，进而导致网络用户对“××号”等自媒体平台的用户体验下降、评价降低，对上诉人计算机公司、科技公司的商誉带来不利影响。同时，上诉人网络公司的行为还扰乱了网络自媒体平台的正常经营秩序，违背了诚实信用原则和公认的商业道德，该行为构成不正当竞争。

因上诉人网络公司的行为构成不正当竞争，一审法院基于上诉人计算机公司、科技公司的诉讼请求，责令上诉人网络公司立即停止侵权，二审法院予以维持。

关于上诉人网络公司应承担的损害赔偿责任问题，由于上诉人计算机公司、科技公司与上诉人网络公司均未提供“上诉人计算机公司、科技公司因上诉人网络公司侵权受损或上诉人网络公司因侵权获利数额”的确切证据，故二审法院综合考虑以下因素：1. 上诉人计算机公司、科技公司经营的“××号”等自媒体平台具有较高的知名度，流量大，获利程度较高；2. “×专自媒体助手”为上诉人网络公司经营的唯一软件产品服务；3. 上诉人网络公司在其网站上广泛宣传、推广其“×专自媒体助手”软件服务，并对用户进行使用说明、指导；

4. “×专自媒体助手”在众多软件平台提供下载服务，侵权规模大、范围广；5. 在互联网中搜索上诉人网络公司的“×专自媒体助手”，显示结果“×专自媒体助手”50万+的人都在用的自媒体一键发布工具”；6. 上诉人网络公司提交的2019年10月至2020年9月30日财务报表明显失真，其通过不断变化第三方平台等来获取收益，在法院责令其提交通过第三方平台收款的财务数据时，上诉人网络公司拒不提交；7. 上诉人网络公司侵权的主观过错程度较高；8. 上诉人计算机公司、科技公司为本案维权支付了律师费、公证费等维权合理开支。基于以上考量因素，二审法院全额支持上诉人计算机公司、科技公司要求上诉人网络公司赔偿经济损失及维权合理费用490万元的诉讼请求。一审判决酌定赔偿的数额明显过低，二审法院予以改判。

广东省深圳市中级人民法院依照《中华人民共和国反不正当竞争法》第二条，第十七条第一款、第二款、第三款；《中华人民共和国民事诉讼法》第一百七十条第一款第二项的规定，判决如下：

一、维持广东省深圳市南山区人民法院民事判决第一项；

二、撤销广东省深圳市南山区人民法院民事判决第三项；

三、变更广东省深圳市南山区人民法院民事判决第二项为：上诉人网络公司于本判决生效之日起十日内赔偿上诉人计算机公司、科技公司经济损失及维权合理费用490万元。

【法官后语】

本案属于典型的网络服务商向用户提供洗稿软件引诱用户侵权，被认定构成不正当竞争的新类型案例。该案判决对网络服务提供商研发的新技术，是属于技术中立行为，还是属于引诱网络用户侵权的不正当竞争行为进行了清晰界定，对同类案件的审判具有指引和参考作用。

洗稿是指行为人在未经原创者同意的情况下，将新闻报道改头换面进行传播，使阅读者认为该篇新闻报道就是行为人撰写的原创成果。洗稿人未经许可将他人作品改头换面说成是自己的原创作品，该行为不仅侵犯了他人的著作权，使原创者的创作积极性受到打击挫伤，还使相应的原创生态环境遭受破坏。

网络服务商向网络用户提供洗稿软件的行为构成不正当竞争。对于那些公认的不正当竞争行为，《中华人民共和国反不正当竞争法》将其直接列举出来，作为类型化的不正当竞争行为予以固定。对于其他的不正当竞争行为则是通过一般条款或一般原则予以认定，其中包括在长期的司法实践中进行经验性归类，形成事实上的受到规制的不正当竞争行为，在这种情况下，主要是基于反不正当竞争法的一般条款来进行调整，具有较大的弹性空间，主要立足于制止确属不公平的竞争行为。①

目前《中华人民共和国反不正当竞争法》分别规定了反不正当竞争法一般条款和互联网条款。本案不适用互联网条款。当适用反不正当竞争法一般条款处理案件时，尽管该条款可以用于维护市场公平竞争，但同时应注意严格把握适用条件，以避免不适当干预而阻碍市场自由竞争。适用反不正当竞争法一般条款须同时满足三个条件：一是法律对某种行为未作出特别规定；二是其他经营者的合法权益因该竞争行为而受到了实际损害；三是该行为违反诚实信用原则和公认的商业道德而具有不正当性或可责性。②

从本案来看，两原告经过努力经营，其“××号”内容创作平台已具有较高的知名度，该平台网站的流量为其带来竞争优势和经济利益，该竞争利益受我国反不正当竞争法保护。各大自媒体平台协议均倡导和要求在平台上进行原创内容创作，抵制和打击内容抄袭。

被告网络公司研发并向网络用户提供针对网络内容创作平台的洗稿软件，用户使用该软件创作的内容在本质上是对原作品的抄袭。被告网络公司提供洗稿软件引诱用户针对包括原告“××号”等内容创作平台进行洗稿的行为，妨碍、破坏、干扰了这些内容创作平台的正常经营活动和经营秩序，违背诚信原则和公认的商业道德，该行为满足适用《中华人民共和国反不正当竞争法》一

---

① 孔祥俊：《商标与反不正当竞争法—原理和判例》，法律出版社2009年版，第644~645页。

② 张广良：《具有广告过滤功能浏览器开发者的竞争法责任解析》，载《知识产权》2014年第1期。

般条款的三个条件，故应认定被告网络公司向用户提供洗稿软件的行为构成不正当竞争。

因被告网络公司的行为构成不正当竞争，法院基于原告计算机公司、科技公司的诉讼请求，责令被告网络公司立即停止不正当竞争行为。

关于被告网络公司应承担的侵权损害赔偿责任问题，由于原告与被告均未提供“原告因被告侵权受损或被告因侵权获利数额”的确切证据，故一审、二审法院均采用法定酌定赔偿方式，判决被告应向原告承担的侵权损害赔偿数额。一审综合考虑被告主观恶意程度、侵权行为性质、后果等情节，酌定被告赔偿原告经济损失和维权合理开支20万元。二审考虑到网络公司主观恶意重、侵权规模大、侵权获利数额大等因素，全额支持计算机公司、科技公司要求网络公司赔偿经济损失及维权合理费用490万元的诉讼请求，对一审酌定判决赔偿的数额予以改判，是妥当的。

编写人：广东省深圳市中级人民法院　祝建军

43

微信社交数据的属性及不正当竞争保护路径

——计算机公司、甲科技公司诉乙科技公司不正当竞争案

【案件基本信息】

1. 裁判书字号

杭州互联网法院（2021）浙8601民初309号民事判决书

2. 案由：不正当竞争纠纷

3. 当事人

原告：计算机公司、甲科技公司

被告：乙科技公司

【基本案情】

乙科技公司系“极××”产品的经营者，未经甲科技公司许可利用爬虫技术非法抓取微信公众平台信息内容及数据，并对外提供公众号及其文章的搜索、公众号导航及排行、公众号数据抓取、公众号数据分析等微信公众号数据服务，具体情况如下：（一）被告利用爬虫技术非法抓取的微信公众平台信息内容及数据范围，经查证，具体分为三个部分：1. 公众账号信息，包括公众账号头像、名称、微信号、二维码、简介、账号主体、名称记录；2. 公众号文章信息，包括发文时间、发文位置、文章标题、链接、是否原创、阅读数、点赞数、文章所属公众号；3. 小程序信息，包括头像、名称、简介、服务类目。（二）被告通过“极××”产品为用户提供微信公众号数据服务，1. 该产品设置了“假号检测”“历史采集”“公众号导航”“小程序搜索”“定制服务”“API”① 的功能。其中，“假号检测”功能对公众号发文预约监控或实时监控，提供分钟级的文章阅读数或点赞数监测；“历史采集”功能对公众号文章进行采集；“公众号导航”功能推荐公众号、文章、原创文章、原创公众号，并提供最新假号、最新文章、最新收录公众号；“公众号榜单”功能按日榜、周榜、月榜提供公众号的综合榜单、真号榜单、行业榜单、原创榜单；“公众号查找”功能通过关键词搜索、高级搜索、文章搜索的方式搜索公众号及文章；“小程序搜索”功能搜索小程序名称或简介中带有该关键词的小程序；“定制服务”对账号寻找、大规模数据采集、榜单等功能进行定制；通过“API”可获取公众号发文情况、公众号历史发文列表、文章阅读与点赞、文章信息、公众号主体信息、文章评论。两原告认为，被告的行为系利用非法抓取的微信公众号源网页信息内容和数据，通过简单的统计和分析后对外提供微信公众号数据服务的寄生经营行为，重构了微信公众号的数据评价体系，违背了微信公众平台产品设计逻辑和运营原则，损害了微信平台生态系统的健康，损害了两原告的商业利益，具有不正当性。

---

① API，Application Programming Interface 的缩写，指应用编程接口。

【案件焦点】

1. 两原告作为微信公众平台的经营者和平台数据的收集者、控制者，对微信公众号数据是否享有竞争性权益；2. 经营者违背诚实信用原则，擅自使用其他经营者征得用户同意、依法收集且具有商业价值的数据，并足以实质性替代其他经营者提供的部分产品或服务，损害公平竞争的市场秩序，是否构成不正当竞争。

【法院裁判要旨】

杭州互联网法院经审理认为：微信公众号文章数据处于网络环境中可集成、可交互的特点，并非用户单一数据，而是与文章阅读数、点赞数、发文时间、文章评论等其他数据共同构成整体数据资源，两原告就上述微信公众号上积累的整体数据资源享有竞争性权益。

结合两原告主张的上述被诉行为的具体表现及后果，被控不正当竞争行为突破 IP 访问限制和封禁措施，破坏了微信产品登录访问服务运行及访问登录服务运行；从微信公众平台安全运行角度分析，被诉行为妨碍了微信公众平台运行；从微信公众号的产品展示规则及评价机制分析，被控行为妨碍了微信产品的正常运行机制；"极××"官网提供微信公众号及文章搜索、展示等服务，已经构成对微信公众号部分数据内容服务的实质性替代，进而损害两原告通过对外授权可获取的合作利益等商业利益，构成不正当竞争。

杭州互联网法院判决如下：

一、被告乙科技公司立即停止涉案不正当竞争行为，即立即停止非法抓取微信公众号信息内容及数据、停止对外提供微信公众号及其文章搜索、公众号排行及推荐、公众号数据抓取等涉案相关数据服务，并删除已经存储的前述数据；

二、被告乙科技公司于本判决生效之日起十日内赔偿原告计算机公司、甲科技公司经济损失及为制止不正当竞争行为所支付的合理费用共计 60 万元；

三、被告乙科技公司于本判决生效之日起七日内，在极××网站连续七日刊登声明为原告计算机公司、甲科技公司消除影响（声明内容需经本院审核，逾期不履行，由本院登报公开判决主要内容，登报费用由被告乙科技公司负担）；

四、驳回原告计算机公司、甲科技公司的其他诉讼请求。

判决后，双方当事人均未上诉，本判决现已生效。

【法官后语】

一、整体数据资源的竞争性财产权益

《中华人民共和国民法典》第一百二十七条规定："法律对数据、网络虚拟财产的保护有规定的，依照其规定。"该条为相应的数据立法提供了接口。侵犯网络平台的数据权益往往并不是对数据本身造成物理性损害，而是导致网络平台的营业遭受损失，这与数据的技术特性有着密切关系。微信公众号数据系用户访问平台而形成的数据，是依托于网络平台系统而产生并显示、存储的，微信公众平台通过自身经营活动吸引用户积累的微信公众号文章数据对于平台经营者具有重要意义，故微信公众平台运营者可以通过经营使用这些数据获得相应的商业利益。无论是法定的管理义务还是基于用户协议、平台规则产生的约定管理权，在本质上都不是单纯地为了维护网络平台自身利益而设定的，而更多的是为了维护公共秩序、平台上用户的整体利益，如此一来，网络平台不仅可以依规管理用户，亦可基于其法定或约定的管理职责对抗第三人获取平台数据的请求，或要求第三人在访问网络平台或下载数据时遵循平台规则。

二、实质性替代标准

不正当使用爬虫工具爬取数据所建立的数据服务往往与被爬取方形成直接的竞争关系，甚至形成某种替代关系。如果互联网领域中消费者福利的增加是通过数据爬取对数据进行明显替代性或同质化地利用，不正当使用爬虫工具不劳而获地爬取数据，获得竞争性权益显然具有"搭便车"的嫌疑。由于使用内容完全一致，使用爬虫数据的一方可能会对同类网站构成实质性替代，这种经营模式违反公平原则和诚实信用原则，违反公认的商业道德，构成不正当竞争。

三、"不受扭曲"的竞争标准

反不正当竞争法通过禁止不正当竞争行为保护竞争秩序，二者为一体两面。从强调竞争者保护到强调竞争秩序保护，意味着反不正当竞争法由侵权法演变为了市场行为法。反不正当竞争法对不正当竞争行为的禁止，重点不是因为其损害了某种法益，而在于它违反了为保护竞争者、消费者和社会公共利益而设定的行为规范。“不受扭曲”的竞争标准是从维护竞争功能的角度划定竞争行为的边界，侧重行为客观效果评价。遵循“不受扭曲”的竞争标准意味着对不正当竞争界定必须保持谨慎与中立，不预测竞争结果、不介入竞争过程。“三元叠加”的保护目标，将竞争者自由竞争利益、消费者自由决策的利益和“不受扭曲”的竞争标准所产生的社会公共利益作为评价要素，认定行为的不正当性。从竞争者自由竞争利益角度考量，两原告基于对于微信公众平台的经营、基于竞争享有的利益已经获得竞争胜出的机会，因此对于公开的网络平台数据应当给予竞争法保护；从消费者自由决策利益角度考量，只有在消费者自由决策的基础受到经营者行为的“实质性扭曲”，导致其作出在理性条件下不可能作出的决定而使经营者不合理地获取竞争优势，足以扰乱竞争秩序的情况下，这类行为才被反不正当竞争法所禁止。从社会公共利益角度考量，作为反不正当竞争法保护的社会公共利益是指超越个体竞争自由的“不被扭曲”的竞争秩序所产生的一般利益。“极××”网站爬取微信公众号数据后并未对涉案数据进行深度挖掘、创新，也无更深层次的应用，未能提升社会整体公共利益，加之爬取数据来源并非正常，故此种爬取他人数据的行为难谓正当。

编写人：杭州互联网法院　叶胜男

44

作品名称受反不正当竞争法保护的认定标准

——余某诉影视文化工作室、尚某不正当竞争案

【案件基本信息】

1. 裁判书字号

北京知识产权法院（2021）京73民终953号民事判决书

2. 案由：不正当竞争纠纷

3. 当事人

原告（上诉人）：余某

被告（上诉人）：影视文化工作室、尚某

【基本案情】

余某于2016年10月创作完成作品《战无不胜的祝××》，于2016年10月16日在第四届A平台阅读征文大赛职业女性故事组首次发表，于2018年12月3日完成作品著作权登记，登记的作品名称为“战无不胜的祝××”。

根据第四届A平台阅读征文大赛公布的比赛结果，在职业女性故事组中，尚某（笔名为肥肥×）的作品《小×侠》为获奖作品，读者评委得分7.98分，余某的作品《战无不胜的祝××》入围好评作品，读者评委得分7.14分。2018年1月，影视文化工作室的合作编辑平某锋与余某微信沟通作品创作的合作事项，之后双方未达成合作。截至2019年4月8日，《战无不胜的祝××》的A平台评分为7.8，作品阅读量141473人次，其中1691人在作品页面进行了评价，评论数1074条。

2017年9月18日，影视文化工作室与尚某沟通暂定名为《朝九晚六×××》的创作出版合作事宜，2017年10月双方签订《著作权许可合同》，约定由影视文化工作室以图书的形式出版、发行尚某创作的书名暂定为《朝九晚六×××》的作品。2018年1月26日尚某完成其与影视文化工作室的合作作品，该作品属于职业女性故事题材，作品名原定为“朝九晚六×××”，后改为“××朝九晚六”。2018年3月20日影视文化工作室与尚某再次沟通作品名称，后影视文化工作室根据作品内容自行拟定了“战无不胜的汪××”作为作品名称。自2018年4月开始，影视文化工作室先以公众号连载的方式，推广尚某创作的作品《战无不胜的汪××》。此后，影视文化工作室与尚某均对《战无不胜的汪××》进行连载推广。2018年10月出版社出版发行了《战无不胜的汪××》图书，署名作者肥肥×，定价42元。

余某认为，《战无不胜的汪××》与其作品《战无不胜的祝××》存在诸多相似，影视文化工作室、尚某的涉案行为侵犯了余某的合法权益，违反了《中华人民共和国反不正当竞争法》第二条、第六条的规定，故请求法院判令影视文化工作室、尚某停止涉案行为并消除影响，赔偿余某经济损失30万元以及律师费20万元。

【案件焦点】

1. 余某的涉案作品名称“战无不胜的祝××”是否属于“有一定影响的商品名称”；2. 影视文化工作室、尚某使用的被诉侵权作品名称与余某的涉案作品名称是否构成相同或近似标识，并足以使相关公众对商品来源产生混淆或误认。

【法院裁判要旨】

北京市朝阳区人民法院经审理认为：本案中，根据作品登记证书、A平台网站《战无不胜的祝××》一书的署名及余某与A平台工作人员的邮件等，可以确定该书的作者为余某。结合余某作品在参加A平台征文比赛时入围好评作品、获得读者评委的评分较高以及A平台的读者阅读量和评论数量等，法院认为该作品在职业女性故事题材小说中具有一定影响。《战无不胜的祝××》作为一部针对性地描写职业女性故事的小说，其书名中以“战无不胜”表示主角的强大，以“祝××”指代小说中的主角祝某，在点出主角为女性的同时，也侧面暗示了女主角年纪尚轻的特点，以“战无不胜”修饰“祝××”作为书名，使读者能够快速了解作品是涉及一名年纪尚轻、能力强大的职业女性的故事，并能在一定程度上吸引读者阅读故事，其小说名称与职业女性故事题材及小说内容具有较高的匹配度，法院认为该作品名称属于有一定影响的小说名称，应当受到法律保护。

尚某与余某参加了同期的A平台征文比赛，征文内容均涉及职业女性故事题材，且均为获奖作品，作为参赛选手通常会对同期对手施以较多关注，尚某理应知晓余某的参赛作品《战无不胜的祝××》，或至少应知晓该作品的名称。影视文化工作室运作故事发表的微信平台，其在微信公众号中发布征稿，题材包括都市职业故事等，可见影视文化工作室理应对都市职业故事题材类作品、作者施以较多关注。再者，为影视文化工作室供稿的合作编辑也曾与余某沟通过合作事项。作为关注都市职业题材，并与包括余某、尚某等作者均沟通过合作事项的公司，影视文化工作室亦理应知晓余某及其作品《战无不胜的祝××》，或至少应知晓该作品的名称。

在作品量浩瀚如海的网络环境下，作品名称的“吸睛”作用对于提升作品的吸引力具有较大影响，这一点应属常识，在影视文化工作室发布的声明中也提及“在出版过程中书名文案和封面是最折磨编辑的”。但是在余某在先创作《战无不胜的祝××》并具有一定影响，且影视文化工作室和尚某应当知晓该作品或作品名称的情况下，二者最终仍选择与余某作品名称仅一字之差的“战无不胜的汪××”作为同类型作品名称。该名称包括了“战无不胜的祝××”名称中的关键元素“战无不胜的×××”，仅将姓氏从“祝”改为“汪”，二者之间高度近似。在平台进行搜索时，也可看到两个作品同时出现，且均涉及职业女性故事题材。影视文化工作室与尚某的行为容易引人误认为尚某作品与余某作品之间存在某种关联关系，构成反不正当竞争法规定的混淆行为，二者应当承担停止侵害、消除影响并赔偿损失等法律责任。

北京市朝阳区人民法院依照《中华人民共和国反不正当竞争法》第六条第一项、第十七条的规定，作出如下判决：

一、被告影视文化工作室、尚某于本判决生效之日起停止涉案不正当竞争行为；

二、被告影视文化工作室于本判决生效之日起十日内履行在其社交媒体账号首页发布声明的义务，以消除涉案不正当竞争行为对原告余某造成的不良影响（声明内容须于本判决生效后十日内送本院审核，逾期不履行，本院将在相关媒体上刊登本判决主要内容，所需费用由被告影视文化工作室负担）；

三、被告尚某于本判决生效之日起十日内履行在其社交媒体账号首页发布声明的义务，以消除涉案不正当竞争行为对原告余某造成的不良影响（声明内容须于本判决生效后十日内送本院审核，逾期不履行，本院将在相关媒体上刊登本判决主要内容，所需费用由被告尚某负担）；

四、被告影视文化工作室、尚某于本判决生效之日起十日内赔偿原告余某经济损失 5 万元及律师费 10 万元；

五、驳回原告余某的其他诉讼请求。

余某、影视文化工作室、尚某均不服一审判决，提起上诉。

北京知识产权法院经审理认为：首先，在案证据表明，余某的涉案作品《战无不胜的祝××》在相关公众中具有了较高的知名度。考虑到同类型题材的小说作品名称具有较大的创作空间，且余某的涉案作品《战无不胜的祝××》名称不仅直接突出表明了该作品的故事题材类型，更使读者能够快速了解作品是涉及一名年纪尚轻、能力强大的职业女性的故事，并能在一定程度上吸引读者阅读故事，该作品名称已经具备区分和识别商品来源的功能，属于有一定影响的小说名称，应当受到法律保护。其次，被诉侵权作品名称“战无不胜的汪××”与余某在先创作的小说《战无不胜的祝××》名称仅存在一字之差，二者在构成要素、含义等方面极为近似，且两作品均属于职业女性故事题材的同类型小说，足以使相关公众误认为被诉侵权作品与余某的《战无不胜的祝××》之间存在某种特定关系，进而对商品的来源产生误认。同时，尚某、影视文化工作室理应知晓余某的涉案作品名称，但其不仅未予合理避让，反而将被诉侵权作品名称由“朝九晚六×××”更改为“战无不胜的汪××”，主观上难谓正当。因此，影视文化工作室、尚某的被诉行为侵犯了余某对涉案作品名称“战无不胜的祝××”所享有的合法权益，已构成反不正当竞争法第六条第一项所指“混淆行为”。最后，影视文化工作室、尚某依法应当承担停止侵权、消除影响、赔偿损失的法律责任。关于消除影响，一审判决认定影视文化工作室及尚某在各自的社交媒体账号中发布声明，处理正确；关于赔偿损失，鉴于双方均未举证证明因受损或获益情况，故一审法院综合考虑余某涉案作品知名度、被诉行为的性质、涉案图书定价及销量等因素，酌情确定的具体赔偿金额，数额合理；关于合理支出，一审法院依据合理性、必要性、相关性原则酌情认定具体数额，亦无不当。

北京知识产权法院依照《中华人民共和国民事诉讼法》第一百七十条第一款第一项之规定，判决如下：

驳回上诉，维持原判。

【法官后语】

受制于表达的有限性，作品名称通常难以获得著作权法保护。然而，在作品量浩瀚如海的网络环境下，作品名称的“吸睛”程度对于提升作品的吸引力具有较大影响，易被他人所利用来创造市场需求。若不对其有效保护，会使权利人衍生开发受阻，且可能助长食人而肥、攀附商誉的不正当竞争行为。

本案系通过《中华人民共和国反不正当竞争法》对作品名称予以保护的典型案例，其中明确了作品名称通过反不正当竞争法第六条第一项予以保护的具体裁判规则，积极回应了“战无不胜的到底是‘祝××’还是‘汪××’”的问题，为类似案件的审判提供了重要的参考范本，实现了良好的法律效果和社会效果。

一、从“知名”“特有”到“有一定影响”的规则考量

反不正当竞争法第六条第一项源自修改前第五条第二项，条文内容将先前所称“知名商品特有”修改为“有一定影响”，即经营者不得擅自使用与他人有一定影响的商品名称、包装、装潢等相同或者近似的标识的混淆行为，引人误认为是他人商品或者与他人存在特定联系。

需要说明的是，条文内容修改前后二者的含义和要求并无实质变化，修改初衷在于：“知名商品”容易被误认为荣誉称号，可能导致制度异化；删除“特有”则是认为它已被混淆要件所包含在内。不过，新法以“有一定影响”为要件，宣示了其保护对象为商品名称等商业标识，突出体现了此类保护的实质和特性，直观表明无论何种商业标识，只有具有实际的市场知名度，为相关公众所知悉，方能发挥区别商品或服务来源的功能，进而才有可能导致市场混淆。鉴于此，判定一种仿冒混淆行为是否构成不正当竞争，应将被仿冒混淆的商品名称等商业标识是否“有一定影响”作为裁判逻辑的起点和落脚点，综合考虑各种因素后进行具体判断。

二、《最高人民法院关于适用〈中华人民共和国反不正当竞争法〉若干问题的解释》下“有一定影响”的判定标准

何为“有一定影响”?《最高人民法院关于适用〈中华人民共和国反不正当竞争法〉若干问题的解释》第四条第一款将其定义为具有“一定的市场知名度”并具有“区别商品来源的显著特征”。

关于“一定的市场知名度”,《最高人民法院关于适用〈中华人民共和国反不正当竞争法〉若干问题的解释》第四条第二款进一步明确:“……标识是否具有一定的市场知名度,应当综合考虑中国境内相关公众的知悉程度,商品销售的时间、区域、数额和对象,宣传的持续时间、程度和地域范围,标识受保护的情况等因素。”需要指出的是,“一定的市场知名度”的证明责任在于原告,但原告的举证不必面面俱到,原因在于《最高人民法院关于适用〈中华人民共和国反不正当竞争法〉若干问题的解释》所列举的各项因素仅仅是一种指引,并非在任何案件中均需对上述所有因素一一予以考量,而是应取决于个案情况具体认定,且标准不宜太过严苛。

关于“区别商品来源的显著特征”,其既可以是商业标识本身所固有的显著特征,亦可以是标识经过使用而取得的显著特征,即所谓的“第二含义”或“其他含义”。判断商业标识是否具有显著特征,通常可以结合其本身的含义、称呼和外观,以及使用该商业标识载体的相关公众的认知习惯、所属行业的实际使用情况等因素,综合判断、整体考量。《最高人民法院关于适用〈中华人民共和国反不正当竞争法〉若干问题的解释》虽未给出具体的判断标准,但在第五条中以排除的方式列举了四种不具有显著特征的情形,对其认定提供了反向指引。

三、认定对“有一定影响的作品名称”仿冒混淆的要件解构

据称,在1993年《中华人民共和国反不正当竞争法》制定过程中,曾有人提出对仿冒作品名称等不正当竞争行为单独作出规定,后考虑到进入市场的作品应当受到与其他商品相同的保护,故未再单独作出规定。由此可见,认定对“有一定影响的作品名称”构成仿冒混淆,遵循一般的商品名称的保护要件

即可。具体到个案中，首先需确定当事人双方之间存在“竞争关系”，其次需判断拟保护的作品名称是否“有一定影响”，最后再考虑涉案被诉行为是否属于反不正当竞争法所禁止的仿冒混淆行为。

通常而言，仿冒混淆行为的认定包含以下三个要件，即“标识相同或者近似”“引人误认为是他人商品或者与他人存在特定联系”以及混淆可能性。对此，《最高人民法院关于适用〈中华人民共和国反不正当竞争法〉若干问题的解释》第十二条给出了具体指引：关于“标识相同或者近似”，可以参照商标相同或者近似的判断原则和方法；关于“引人误认为是他人商品或者与他人存在特定联系”，包括误认为与他人具有商业联合、许可使用、商业冠名、广告代言等特定联系；关于混淆可能性，在相同商品上使用相同或者视觉上基本无差别的商品名称、包装、装潢等标识，应当视为足以造成与他人有一定影响的标识相混淆。

综上，本案认定“战无不胜的祝××”属于有一定影响的小说名称，影视文化工作室、尚某在理应知晓该小说名称的情况下不仅未予合理避让，反而将被诉侵权作品名称由“朝九晚六×××”更改为“战无不胜的汪××”，其行为侵犯了余某对小说名称“战无不胜的祝××”所享有的合法权益，已构成反不正当竞争法第六条第一项所指的仿冒混淆行为，应当承担停止侵害、消除影响并赔偿损失等法律责任。本案不仅为“战无不胜的到底是‘祝××’还是‘汪××’”之争画上了圆满的句号，更为推动网络文学健康有序发展提供了司法助力。

编写人：北京市朝阳区人民法院　董欣

45

利用他人公开企业数据的通知删除规则适用

——保健服务公司诉科技公司侵害商标权及不正当竞争案

【案件基本信息】

1. 裁判书字号

广东省深圳市中级人民法院（2021）粤 03 民终 26620 号民事判决书

2. 案由：侵害商标权及不正当竞争纠纷

3. 当事人：

原告（上诉人）：保健服务公司

被告（被上诉人）：科技公司

【基本案情】

保健服务公司是一家从事技术修脚等服务的企业，在同行业中有一定影响力，其是“×世”注册商标的商标权人，是“Penson”注册商标的商标专用权被许可人。某加盟网主办单位为科技公司，该网站未经许可或授权，发布了“×氏足疗加盟”“×世修脚足疗加盟”相关加盟信息，前者指向案外人，后者指向保健服务公司，两加盟信息均使用了涉案两注册商标，发布“×世修脚足疗加盟”信息所获取的客户并未提供给保健服务公司。科技公司确认以上信息为其自行发布，而非由第三方用户发布。涉案信息已在本案诉讼后从某加盟网上删除。科技公司称其商业模式是，通过爬虫采集全网公开信息并免费在其网页上展示，待品牌方搜索发现后，根据品牌方意愿进行处理，如果品牌方发函删除该免费发布，则对相应网页进行删除；如果品牌方联系推广合作，则科技公司会亲自参与制作并发布落地页、推送有效咨询商机等。保健服务公司诉称科技公司在涉案网站某加盟网擅自发布了有关案外人经营的“×氏足疗”和保健服务公司经营的“×世修脚足疗”相关加盟信息，都使用了保健服务公司的“×世”“Penson”等商标，其行为构成商标侵权；科技公司擅自在其网站上发布保健服务公司“×世修脚足疗”等相关加盟信息，抢夺了大量本应属于保健服务公司的意向客户和潜在交易机会，违反了《中华人民共和国反不正当竞争法》第二条的规定，构成不正当竞争。

【案件焦点】

1. 科技公司的行为是否构成商标侵权及不正当竞争；2. 科技公司的行为是否适用通知规则。

【法院裁判要旨】

广东省深圳市罗湖区人民法院经审理认为：科技公司所运营的某加盟网为招商信息发布平台，科技公司并不提供与保健服务公司涉案商标相同或类似的产品和服务，不构成商标侵权。科技公司与保健服务公司之间没有竞争关系，不构成不正当竞争。

广东省深圳市罗湖区人民法院依照《中华人民共和国民事诉讼法》第六十四条第一款、第一百四十二条之规定，判决如下：

驳回保健服务公司全部诉讼请求。

保健服务公司不服一审判决，提起上诉。

广东省深圳市中级人民法院二审认为，科技公司未经许可发布案外人的“×氏足疗加盟”商业信息时使用了涉案商标，其使用的标识和服务与涉案商标的标识、核定使用的服务相同，其行为构成商标侵权；其未经许可发布保健服务公司的“×世修脚足疗”信息时使用了涉案商标，因该商标指向商标权人，未引起混淆，不构成商标侵权；其未经同意发布保健服务公司“×世修脚足疗”信息，所获取的用户并未告知保健服务公司，目的在于利用保健服务公司的信息获取更多的点击量或者吸引客户，构成不正当竞争。综合涉案信息的内容、性质、发布主体、使用方式等因素考虑，科技公司发布涉案信息应事前取得信息主体同意，而非经信息主体通知后删除。其一，对于公开信息中不属于公共数据的部分，其数据本质上仍然是私人控制下的数据，他人对该类数据的使用有一定的限度限制，要结合数据内容、数据性质、公开方式、数据利用行为的性质、对信息主体的影响等内容，来看对数据的利用是否超出合理范围。科技公司发布的信息涉及企业的商业合作条件，其具体内容、公开平台、公开方式等关涉到公众对信息主体的认识和评价，进而实质影响人格利益、经济利益。科技公司在该网站上发布涉案信息，相当于在未经信息主体同意的情况下代替信息主体对网络用户作出了加盟的要约邀请，其对数据的利用行为可能会对信息主体的民事权利义务产生实质影响。科技公司对该信息的利用属于私人商业利用，而非出于公共利益，期待信息主体对科技公司的利用行为负担更大的容忍义务不具有合理性。其二，同业竞争者以技术手段爬取他人大量数据的集合，从而提供与竞争者同类的替代性商品或者服务的，有可能构成不正当竞争。科技公司以在先违法行为作出不侵权抗辩没有法理依据。其三，从鼓励数据有序流通的价值需求来看，唯有真实的信息才能真正发挥其作为生产要素的赋能作用，司法裁判应尽力引导市场主体规范、合法利用信息，利用、发布来源可靠的真实信息，而不是鼓励不负责任的数据滥用行为。

广东省深圳市中级人民法院依据《中华人民共和国商标法》第四十八条、第五十七条、第六十三条，《中华人民共和国反不正当竞争法》第二条、第十七条，《中华人民共和国民事诉讼法》第六十四条第一款、第一百七十条第二项之规定，判决如下：

一、撤销广东省深圳市罗湖区人民法院民事判决；

二、科技公司于本判决生效之日起十日内赔偿保健服务公司经济损失及维权合理开支人民币 5 万元；

三、驳回保健服务公司的其他诉讼请求。

【法官后语】

随着新一轮产业革命和全球数字经济的蓬勃发展，数据已成为重要的基础性和战略性发展资源，成为新型的市场化生产要素。本案探讨了爬取他人单一公开数据予以利用行为的合法性及其边界、是否适用通知删除规则、以及具体考量因素等问题，对如何评价公开数据利用行为提供了新的分析样本。

一、数据不正当竞争纠纷中通知规则的适用分析

通知规则也称“通知删除规则”“避风港规则”。通知规则免除了网络服务提供者对平台内容的全面事先审查义务，而是通过事后责任，即赋予网络服务提供者在权利人通知侵权的情况下删除侵权内容的义务，以应对互联网海量数据对效率价值的现实需求。通知删除规则几经发展，如今变得更加复杂细致，通知后的义务不再限于删除而是扩大到合理措施，也赋予了被通知人反通知等权利。但万变不离其宗的是，免除了善意网络技术服务提供者在被通知前的侵权审查义务。

早在信息网络产业尚处于起步阶段的2000年，最高人民法院便在《关于审理涉及计算机网络著作权纠纷案件适用法律若干问题的解释》中规定了该规则，成为我国首个涉网络侵权问题的裁判依据，随后在多个网络侵权领域得到发展和适用。2009年颁布的《中华人民共和国侵权责任法》遵循了我国侵权法的基础理论和脉络将通知规则作为互联网专条予以规定，将该规则从信息网络传播权保护领域扩大到了所有侵权领域。2018年，《中华人民共和国电子商务法》将该规则在电商领域的知识产权侵权中作了特别规定，将新的特别规定适用于“通过互联网等信息网络销售商品或者提供服务的经营活动”。2020年，《中华人民共和国民法典》进一步吸纳实践反馈，以民事基本法的地位规定了网络侵权中的通知规则，为互联网各领域的侵权行为适用通知规则提供了法律依据。本案为涉数据不正当竞争纠纷，具有适用该规则的空间。

从以上通知规则的内容、发端和流变可以看出，通知规则是对网络服务提供者所准备的规则，对于网络内容提供者并不适用。通知规则的核心要义是应否承担事先义务，如果根据公平原则不应该承担事先义务的，就具有适用通知规则的空间，将行为人的过错审查延迟到被通知之后；反之如果行为人负有事先义务的，则不适用通知规则。本案中，虽然科技公司并非网络服务提供者，

不适用《中华人民共和国侵权责任法》和《中华人民共和国民法典》关于通知规则的规定。但是，鉴于使用他人公开数据应否获得数据主体事先同意这一规则并不明确，故本案仍然有类推适用通知规则的空间。即本案能否适用通知规则免除科技公司的责任，取决于科技公司发布保健服务公司公开加盟信息的行为应否取得保健服务公司的事先同意，相关的数据使用规则应如何认定。

二、公开企业数据的使用规则

数据是信息的载体。数据根据不同标准可以划分为不同的类型，不同类型的数据特点不同、属性不同，他人对数据的使用规则也相应不同。例如，公共数据具有公益属性，数据主体对他人使用其数据信息负有更多的容忍义务；又如，个人数据具有很强的人身属性，使用他人个人信息数据一般应取得数据主体的同意等。数据使用规则的划定是一个复杂的系统问题，需要分类分析甚至个案分析。本案中，科技公司未经许可擅自发布保健服务公司的加盟信息，从其使用的信息特点来看，其使用的数据属于不涉及公共利益的公开数据。

公开数据是指可为社会公众公开获取的数据。一种观点认为，已经进入公共领域的数据不能获得法律保护。[①] 基于此观点，当数据公开面向社会公众时，数据权益者应当认识到外界主体可以自由获取并使用该数据，结合网络环境互联互通的特点，经营者应当对社会公众合法收集并利用该数据的行为予以一定程度的包容。无论是通过浏览还是通过网络爬虫等技术手段获取数据，只要遵守普遍认可的技术运用规则，数据获取行为就具有相同的本质，网络平台就不应在无合理理由的情况下，对不同获取数据方式区别对待。以上观点道出了公开数据最本质的特点，即信息主体在公开该数据之时，就已经作出了向社会公开该数据的心理准备。问题在于，鉴于互联网互联互通的特点，我们能否据此推定数据主体就作出了默许全社会任意公开使用该数据的意思表示？

数据同时具有无形性和易变性。数据的无形性决定了数据可以在不同场合被不同的主体同时使用，而数据的易变性决定了数据所承载的信息的准确度及其意思表示有特定的时间和环境限制，时间和环境变了，与该数据有关的意思

① 梅夏英：《数据权益原论：从财产到控制》，载《中外法学》2021 年第 5 期。

表示也相应应该允许得到改变。故数据的公开性质最多决定了获取他人公开数据的手段限制更少，但获取这些公开数据之后要如何利用，还要结合数据的内容、性质、发布主体、数据利用方式、数据利用后果等综合考虑。本案中，科技公司获取保健服务公司的公开加盟信息后，在自己的经营性网站上以该信息为“饵”获取相关用户的关注和联系方式。从数据本身来看，本案被使用数据具有如下特点：一是有很强的人身属性，加盟信息与企业商誉关联紧密，公开的平台及公开方式关涉到相关公众对信息主体的认识和评价，甚至会影响到信息主体的人格利益和经济利益；二是具有很强的时效性，曾经发布的加盟信息并非一直都有效，信息内容也并非会一成不变。因此，从涉案数据的内容和性质来看，数据利用主体应负有较高的注意义务。从利用方式来看，科技公司的数据利用行为并非出于公益目的，完全是为了商业获益，从一般商业道德的角度来讲，科技公司也应对其经营行为不得不当损害他人合法权益负有注意义务。从利用后果来看，涉案加盟信息相当于对相关公众作出了加盟该品牌的要约邀请的意思表示，具有法律效力，未经同意的数据利用行为会实质影响信息主体的权利义务。从价值选择和利益平衡的角度来看，高质量数据的有序流通才是数据赋能的前提，不负责任的数据滥用行为反而会制约数据产业的发展，故对数据利用规则的认定要以促进有序流通为原则，相比于科技公司从信息发布行为中的获益，其事先征求保健服务公司同意并未超出合理的成本承担范围。因此，法院综合考虑以上因素，最终认定科技公司行为本应经过保健服务公司同意，其行为不适用通知删除规则。

编写人：广东省深圳市中级人民法院　张婷

46

网络商业诋毁行为的法定代表人权益基础及共同侵权认定

——评测科技公司等诉网络科技公司、陶某商业诋毁案

【案件基本信息】

1. 裁判书字号

浙江省杭州市中级人民法院（2021）浙01民终6588号民事判决书

2. 案由：商业诋毁纠纷

3. 当事人

原告（上诉人）：评测科技公司、评测商务公司、魏某锋

被告（上诉人）：网络科技公司、陶某

【基本案情】

“网络评测”属于互联网时代的新型商业模式，原告评测科技公司、评测商务公司系从事商品检测及网上销售的知名企业，作为国内互联网民间测评的代表，旗下的“××评测××LAB”被誉为民间认可的安全放心标志，该评测品牌以中立评测的商业模式积累了较高的知名度与品牌美誉度。被告网络科技公司系从事商品抽检公司，通过受委托进行特定商品抽检获利，两被告多次在多家平台发布标题为“××评测婴儿手口湿巾抽检出禁用毒物，家长立刻停止使用”的视频，以及标题为“××评测非法添加有毒新生儿手口湿巾”的文章，内容包含“……全球唯一一款非法添加工业有毒湿巾被你选上了”“自己的商品都不靠谱，评测能靠谱吗？……”“做骗子也是要花成本的呀”等言论，指称原告商城中婴儿湿巾非法添加剧毒物质，公司具有欺骗性等。至该案庭审日，涉案言论所涉视频仅在某平台已经播放4.7万余次。涉案婴幼儿手口湿纸巾，检测

结果中总氰化物含量为1.4mg/l，该商品执行的卫生标准为《一次性卫生用品卫生标准（GB19579—2002）》，其中未明确针对氰化物或银离子作出禁用或限量规定。

原告认为：二被告发布内容，直接指向原告及其销售的产品。原告提交的毒理学试验检测报告显示其样品急性经口无毒。被告并无证据显示其言论属实，其发布的相关内容偏激，极易导致相关公众产生误解，直接影响了消费者的选择和心理认定，妨碍相关市场的健康发展，故诉请法院认定被告构成商业诋毁的不正当竞争，承担停止侵权、赔礼道歉、赔偿经济损失及合理费用200万元的侵权责任。被告答辩认为：涉案产品含有银离子和氰化物，且产品专用于婴幼儿，存在摄入风险。网络科技公司提供的急性经口无毒检测报告，只能说明不会造成急性中毒，无法证明产品对于婴儿是否存在慢性毒害，因此，被告并无侵权情形。

【案件焦点】

1. 公司法定代表人作为品牌形象原型，针对被诉诋毁行为是否具有权益基础；2. 在行业缺乏标准时，被诉发生于五个网络平台的行为，是否分别构成商业诋毁；3. 公司法定代表人于网络平台发布诋毁信息，是否承担共同侵权责任。

【法院裁判要旨】

杭州铁路运输法院经审理认为：第一，原告评测科技公司、评测商务公司具有权益基础，魏某锋不具有权益基础。魏某锋作为两个公司的法定代表人，其出镜参与的活动与公司经营业务密切相关，行为结果包括行为受益均指向公司，同时，被控行为均指向网络科技公司，并非魏某锋个人，应认为魏某锋针对涉案诋毁行为损害的商业利益不具有权益基础。第二，被控行为构成商业诋毁。涉案商品适用标准中未对氰化物及其含量限制作出规定，参考双方提交生活饮用水、蒸馏酒、化妆品、消毒剂等规范，氰化物剂量因不同行业、不同产品及产品类别和形态，差异较大。被告作为抽检机构及从业人员，在A平台、B平台、C平台、D平台发布被控内容，构成诋毁言论。在E平台发布的内容，不构成诋毁。第三，陶某、网络科技公司构成共同侵权。主观上，陶某系公司法定代表人、控股股东、执行董事、总经理，与公司意志具有共同性。被控视频在公司账号或陶某个人账号上均指向同一内容，且均为陶某本人出镜。客观上，各平台账号名称中均使用“×抽检”字样，且彼此关联；以个人为账号主体的平台页面介绍中，均提示产品信息，通过以公司为账号主体的微信公众号查询。结果上，侵权行为造成的损害后果具有同一性。

杭州铁路运输法院判决如下：

一、网络科技公司、陶某于本判决生效之日起立即停止发布并删除其在多家平台账号中的涉案虚假及误导性信息；

二、网络科技公司、陶某于本判决生效之日起十日内共同赔偿评测科技公司、评测商务公司经济损失（含合理支出）500000元；

三、驳回评测科技公司、评测商务公司的其他诉讼请求；

四、驳回魏某锋的诉讼请求。

双方当事人不服一审判决，均提起上诉。

浙江省杭州市中级人民法院同意一审法院的裁判意见，判决如下：

驳回上诉，维持原判。

【法官后语】

本案围绕网络商业诋毁行为的要件审查及共同侵权认定，特别是双方均以法定代表人为原、被告。案涉行业特殊，为网络评测抽检，涉案商品缺乏行业标准，分歧较大。通过对法定代表人权益基础和共同侵权的认定，以及虚假和误导性信息判断，提示了平台领域主体和账号关联的特殊模式，为新领域商业诋毁行为的认定和网络测评企业商誉的保护提供思路。

关于商业诋毁案件中法定代表人是否具备权益基础的审查，应注重区别于名誉权案件。商业诋毁行为的主体应为具备竞争关系的经营者，立法明确以竞争关系为诋毁行为构成之限定，着眼于保护经营者基于市场经济行为产生的竞争性权益，此为区别于侵害名誉权行为的重点，并非侧重自然人的人格权保护。在《中华人民共和国民法典》新增具有一定社会知名度的艺名、网名、姓名的相应权利条款时，本案对以个人形象、姓名参与公司经营的竞争类案件中，如何区分知名个人的姓名、名誉与商业诋毁保护的商誉，作出了认定。在具体案件审理中，可结合原告行为经营的对象及被控行为指向的对象进行判断。公司法定代表人虽然经常以个人形象出镜参与品牌推广的各项活动，但其活动内容均与公司经营业务相关，构成公司为积累商誉所作付出的重要组成，行为结果包括行为受益亦指向公司而非个人。被控的诋毁行为亦均指向公司，通过实施被控行为以损害商誉，继而获取竞争优势亦针对公司，未涉及其个人身份及知名度。

关于商业诋毁纠纷中法定代表人共同侵权责任的认定，需注重区别法定代表人系履行公司职务行为，其行为为公司行为吸收，还是作为独立主体参与侵权行为。此处应围绕共同侵权构成要件进行判断，法定代表人作为实际从事生产经营活动的市场主体，在主观要件上，与公司具有共同故意或共同过失，如依据公司股权结构可知该法定代表人对公司具有控制权，其个人意志可以作为或者极大影响公司意志；在客观要件上，法定代表人存在独立的行为，该行为与公司行为存在相互协助、配合或者支持。如本案五个平台账号相互关联，客观上存在紧密协作，体现平台商业诋毁行为的典型模式；在结果要件上，各主体行为造成的损害后果在其共同意思的范围内，受到侵害的民事权益为同一类别，被侵权人为相同主体，共同侵权行为与损害后果之间具有因果关系。对此，应认为构成共同侵权。

数字经济时代，企业依托网络可以更为广泛提升品牌知名度，但其言行更应谨慎客观。本案在缺乏行业标准情形下，通过充分参考其他行业标准及专家证人证言，分层次提出了诋毁陈述的认定标准。反不正当竞争法既规制虚假陈述，也规制不当陈述误导受众，经营者基于保障产品质量安全，可呼吁行业逐步限制或规范使用特定物质，但基于同业竞争者，特别是作为产品抽检机构，应承担更高的注意义务。本案一方面提示相关生产销售企业，在行业标准未明确规定的前提下，以更为谨慎、安全的态度对产品原材料、生产工序作出要求，肩负起企业经营的社会责任。另一方面通过引导经营者正当客观发言，保障消费者知情权与企业商誉，促进市场良性发展。

编写人：杭州互联网法院　江怡

四、商标行政纷纷

47

对含地名集体商标的注册申请不应适用商标法第十条第二款予以驳回

——乳制品公司诉国家知识产权局商标申请驳回复审决定行政案

【案件基本信息】

1. 裁判书字号

北京知识产权法院（2021）京 73 行初 323 号行政判决书

2. 案由：商标申请驳回复审决定行政纠纷

3. 当事人

原告：乳制品公司

被告：国家知识产权局

【基本案情】

原告系诉争商标的申请人。商标标志由英文“PROUDLY”“WISCONSIN”“CHEESE”与图形组成（详见附图）。诉争商标指定使用在“乳制品，即产自威斯康星州的奶酪、奶酪抹酱、加工过的奶酪和奶酪食品”商品上。

原告向被告国家知识产权局申请诉争商标在中国的领土延伸保护申请被驳回，后向被告申请复审。被告经复审于 2020 年 1 月 3 日作出《关于国际注册第

14347××号“PROUDLY WISCONSIN CHEESE 及图”商标驳回复审决定书》（以下简称被诉决定）。被告在被诉决定中认为，诉争商标中含有公众所熟知的外国地名“WISCONSIN”（译为“威斯康星州”），且诉争商标整体未形成强于地名的特定含义，已构成《中华人民共和国商标法》第十条第二款所指的不得作为商标使用的情形，故依照《中华人民共和国商标法》第十条第二款、第三十条和第三十四条的规定，决定驳回诉争商标指定使用在第 29 类复审商品上在中国的领土延伸保护申请。原告不服该决定，于法定期限内诉至北京知识产权法院。

原告诉称：第一，诉争商标中包含的“WISCONSIN”为原告注册地和营业地，仅表示原告及其产品真实所在地，并不会造成公众的混淆或误认；且除了“WISCONSIN”以外，诉争商标还有其他显著部分，整体上含有其他含义，诉争商标可以作为商标使用和注册。第二，诸多公众知晓度很高的外国地名均已作为商标或商标的一部分获准注册，被告审查标准不一致。第三，法院也通过判决认可了多个包含公众知晓度很高的外国地名商标具有可注册性。第四，诉争商标是集体商标。原告请求法院撤销被诉决定，并判令被告重新作出决定。

被告提交的商标档案显示诉争商标系集体商标，经询，被告也认可诉争商标系集体商标，但被告辩称，原告至今未提交主体资格证明文件、使用管理规则等材料。

诉争商标的标志见下图：

【案件焦点】

诉争商标的注册申请是否违反《中华人民共和国商标法》第十条第二款之规定。

【法院裁判要旨】

北京知识产权法院经审理认为：诉争商标中“CHEESE”的通常含义是“奶酪”“PROUDLY”的中文含义是“骄傲地、得意地”等；“WISCONSIN”的中文含义系“威斯康星州”，属于公众知晓的外国地名。由于诉争商标还包含显著性较强的英语单词“PROUDLY”，且外国地名“WISCONSIN”系集体商标的组成部分。因此，诉争商标未构成《中华人民共和国商标法》第十条第二款规定的不得作为商标的情形，被诉决定适用法律有误，本院依法予以撤销。至于诉争商标作为集体商标在中国的领土延伸保护申请是否应当予以核准，被告可以在重新作出复审决定时适用相关法律规定进行审查。

北京知识产权法院判决如下：

一、撤销被告国家知识产权局作出的《关于国际注册第14347××号“PROUDLY WISCONSIN CHEESE及图”商标驳回复审决定书》；

二、被告国家知识产权局就原告乳制品公司针对国际注册第14347××号“PROUDLY WISCONSIN CHEESE及图”商标提出的驳回复审申请重新作出决定。

判决后，双方当事人均未上诉，本判决现已生效。

【法官后语】

一、《中华人民共和国商标法》（以下简称《商标法》）第十条第二款规定的“除外”情形

《商标法》第十条第二款规定“县级以上行政区划的地名或者公众知晓的外国地名，不得作为商标。但是，地名具有其他含义或者作为集体商标、证明商标组成部分的除外；已经注册的使用地名的商标继续有效。”该法条规定的“除外”情形包括两种情形：一是地名具有其他含义；二是地名作为集体商标、证明商标的组成部分。

第一种情形具体是指地名本身或者包含地名的商标具有强于地名的其他含义，或者包含地名的商标经长期使用已经被相关公众视为商标，获得了法律上

的第二含义。第二种情形是基于集体商标与证明商标的特殊性。集体商标是指以团体、协会或者其他组织名义注册，供该组织成员在商事活动中使用，以表明使用者在该组织中的成员资格的标志。证明商标是指由对某种商品或者服务具有监督能力的组织所控制，而由该组织以外的单位或者个人使用于其商品或者服务，用以证明该商品或者服务的原产地、原料、制造方法、质量或者其他特定品质的标志。许多集体商标与证明商标具有地域性，商标可能包含组织及其成员所在地，也可能包含商品的原产地，若一律禁止集体商标与证明商标使用县级以上行政区划的地名或者公众知晓的外国地名，将使上述商标无法充分发挥识别商品来源或证明商品特定品质的作用。

本案中，诉争商标所包含的“WISCONSIN”虽属于公众知晓的外国地名，但诉争商标属于集体商标，“WISCONSIN”只是作为诉争商标的构成要素之一，因此，诉争商标符合《商标法》第十条第二款规定的第二种“除外”情形。

二、包含地名的集体商标可能违反《商标法》其他禁止性规定

有观点认为，集体商标与证明商标构成《商标法》第十条第二款规定的第二种“除外”情形有一个前提条件，即集体商标与证明商标除了地名之外还包含有显著性较强的其他构成要素，如本案中，诉争商标还包含有显著性较强的构成要素“PROUDLY”，故符合该前提条件。

笔者认为，上述观点并无不当之处，但缺乏必要性。如果集体商标仅由显著性较弱的图形与“WISCONSIN”或仅由“WISCONSIN”构成，该商标可能缺乏显著性，构成《商标法》第十一条第一款第二项或第三项规定的不得作为商标注册的情形，没有必要在第十条第二款规定的“除外”情形中再附加这一前提条件。

集体商标与证明商标构成《商标法》第十条第二款规定的第二种“除外”情形，并不代表集体商标与证明商标均能将县级以上行政区划的地名或者公众知晓的外国地名作为标志的构成要素，包含地名的集体商标与证明商标还应当符合商标法的其他规定，如《商标法》第十条第一款第七项、第十一条、第十六条之规定。也就是说，国家知识产权局审查包含地名的集体商标和证明商标

的注册申请时，不应适用《商标法》第十条第二款驳回注册申请，但如果该商标具有欺骗性或缺乏显著性，则应当适用第十条第一款第七项、第十一条或第十六条驳回注册申请。

三、申请人自身过错不是包含地名的集体商标可以适用商标法第十条第二款予以驳回的理由

《商标法》第三条第四款规定："集体商标、证明商标注册和管理的特殊事项，由国务院工商行政管理部门规定。"《中华人民共和国商标法实施条例》第十三条第六款规定："申请注册集体商标、证明商标的，应当在申请书中予以声明，并提交主体资格证明文件和使用管理规则。"《集体商标、证明商标注册和管理办法》对申请注册集体商标、证明商标应当提交的材料作了详细的规定。

本案中，诉争商标属于国际注册商标，且该商标是集体商标，原告在向国家知识产权局申请诉争商标在中国的领土延伸保护申请时，应当按照相关规定提交主体资格证明文件和使用管理规则。而原告未提交主体资格证明文件和使用管理规则，甚至在审查阶段、复审阶段均未明确声明诉争商标是集体商标，导致国家知识产权局将诉争商标视为普通商标进行审查，原告自身存在过错。但原告自身过错并不是诉争商标可以适用商标法第十条第二款予以驳回的理由。由于诉争商标确实是集体商标，被告在被诉决定中未查明该事实，进而适用法律错误，应当予以撤销。至于诉争商标作为集体商标在中国的领土延伸保护申请是否应当予以核准，被告可以在重新作出复审决定时适用《中华人民共和国商标法实施条例》《集体商标、证明商标注册和管理办法》的相关规定进行审查。

编写人：北京知识产权法院　王建宏

48

仅易导致相关公众对商品来源产生混淆而未损害社会公共利益的商标不具有欺骗性

——珠宝公司诉国家知识产权局商标申请驳回复审决定行政案

【案件基本信息】

1. 裁判书字号

北京市高级人民法院（2021）京行终6126号行政判决书

2. 案由：商标申请驳回复审决定行政纠纷

3. 当事人

原告（被上诉人）：珠宝公司

被告（上诉人）：国家知识产权局

【基本案情】

2018年7月18日，原告珠宝公司向被告国家知识产权局申请注册诉争商标。诉争商标的申请号是323283××，商标标志由横向排列的汉字“金六×××”构成，指定使用的商品包括：贵重金属艺术品、翡翠、首饰盒、项链（首饰）、戒指（首饰）、珠宝首饰、手镯（首饰）、宝石、表、贵重金属锭。国家知识产权局驳回珠宝公司的注册申请后，珠宝公司向国家知识产权局申请复审。国家知识产权局经复审认定诉争商标使用在指定商品上易使公众对商品的来源产生误认，违反了《中华人民共和国商标法》第十条第一款第七项的规定，故作出“金六×××”商标驳回复审决定书》（以下简称被诉决定），决定驳回诉争商标在复审商品上的注册申请。珠宝公司不服上述复审决定，诉至本院。

【案件焦点】

诉争商标的注册申请是否违反《中华人民共和国商标法》（以下简称《商标法》）第十条第一款第七项之规定。

【法院裁判要旨】

北京市知识产权法院经审理认为：诉争商标整体上没有固定含义，也不包含超出其指定使用商品的固有属性的描述性用语。诉争商标用在指定使用的商品上，公众在通常情况下根据其一般认知不会对商品的特点或产地产生误认，并被误导消费。《商标法》第十条第一款第七项属于商标绝对禁用条款，该条款所禁止注册的标志是其本身具有欺骗性且足以导致相关公众对商品特点或内容产生错误认识的标志，并不包括与他人商品或服务来源产生混淆误认的标志，后者属于《商标法》相对条款的调整范围。因此，诉争商标并不违反《商标法》第十条第一款第七项的规定，被诉决定对此认定有误。

此外，《中华人民共和国商标法实施条例》第五十二条第二款规定："商标评审委员会审理不服商标局驳回商标注册申请决定的复审案件，发现申请注册的商标有违反《商标法》第十条、第十一条、第十二条和第十六条第一款规定情形，商标局并未依据上述条款作出驳回决定的，可以依据上述条款作出驳回申请的复审决定。商标评审委员会作出复审决定前应当听取申请人的意见。"被告在被诉决定作出之前已就新的驳回事由依法听取了原告的意见，故被告根据《商标法》第十条第一款第七项进行审查并作出被诉决定，在程序上并无不当之处。

北京知识产权法院依照《中华人民共和国行政诉讼法》第七十条第一项、第二项之规定，判决如下：

一、撤销被告国家知识产权局作出的《关于第323283××号"金六×××"商标驳回复审决定书》；

二、被告国家知识产权局就原告珠宝公司针对第323283××号"金六×××"商标提出的驳回复审申请重新作出决定。

国家知识产权局不服一审判决，提起上诉。

北京市高级人民法院同意一审法院的裁判意见，作出如下判决：

驳回上诉，维持原判。

【法官后语】

根据《商标法》第十条第一款第七项的规定，带有欺骗性，容易使公众对商品的质量等特点或者产地产生误认的不得作为商标使用。也就是说，如果商标的标志本身或其构成要素容易使公众对其指定使用商品的质量等特点或者产地产生错误认识，并被误导消费，则构成《商标法》第十条第一款第七项规定的带有欺骗性的情形。

在审判实践中，商标被认定违反《商标法》第十条第一款第七项规定，包括以下几种常见情形：1. 商标的标志包含对商品或服务的质量、品质、功能、用途、原料、内容、重量、数量、价格、工艺、技术等特点进行不实描述或夸大宣传的用语，容易使公众对商品或服务的特点产生误认的；2. 商标的标志包含地名，而申请人并非来自该地，容易使公众对商品的产地产生误认的；3. 商标的标志包含主体名称，而该名称与商标申请人名义存在实质性差异，容易使公众对商品或服务的特点产生误认的；4. 商标或其构成要素与公众人物姓名、肖像等相同或近似，容易使公众对商品或服务的特点产生误认的；5. 商标或其构成要素与重要赛事、重要展会、重大考古发现的名称、标志相同或近似，而商标申请人未经主办方或主管单位授权，容易使公众对商品或服务的特点产生误认的。

从审判实践的常见情形与法条本身的文字表述均能看出，判断商标是否具有《商标法》第十条第一款第七项规定的欺骗性，主要以其已经发生或可能发生的危害后果来定论，直接的危害后果是使公众（主要指消费者）产生误认并被误导消费，实质的危害后果是违背诚实信用原则、损害社会公共利益。具有欺骗性的商标正是因为损害的是社会公共利益，所以才被《商标法》规定为禁止注册、禁止使用的一类商标。

如果商标的注册和使用仅会损害某一特定主体的商标权或其他权利，而未损害社会公共利益，则该商标不具有《商标法》第十条第一款第七项规定的欺骗性。仅易使相关公众对商品或服务的来源产生误认而不致以对商品或服务的特点或产地产生误认的，属于上述仅损害特定主体权益的典型情形。本案中，被告所辩称诉争商标标志与其他商标标志近似，容易使相关公众对商品来源产生混淆、误认，虽然这样的危害后果可以说是在一定程度上损害了消费者权益，但其主要危害仍不是对社会公共利益的损害，而属于对某一特定主体权利的损害，被告不应适用《商标法》第十条第一款第七项驳回商标注册申请。被告还辩称与诉争商标近似的其他商标知名度较高，这种说法看似与社会公共利益紧密相关，因为如果诉争商标知名度低而其他商标知名度高，就会导致消费者对商品或服务的质量产生误认并被误导消费。但是，对商标知名度的认定需要程序公正的保障。在适用《商标法》第三十条、第三十一条驳回商标注册申请的商标授权行政案件中，由于引证商标权利人不可能作为当事人参与到该程序中，有关引证商标知名度的证据因而在该程序中无法得以出示，对于诉争商标与引证商标的知名度谁高谁低无法作出公正的判断，所以在这类案件审理过程中一般不考虑诉争商标与引证商标的知名度。同理，在涉及《商标法》第十条第一款第七项的商标授权行政案件中，在无法保障对诉争商标与其他商标的知名度谁高谁低进行公正判断的情况下，也不能以诉争商标的标志与其他知名度较高的商标的标志近似为由，认定诉争商标具有欺骗性。

《商标法》第十条第一款第七项属于禁止注册、禁止使用的绝对条款，在适用时应当更加审慎。对于与其他商标近似容易导致相关公众对商品或服务来源产生混淆的商标，应当适用相对条款（《商标法》第三十条、第三十一条）驳回注册申请，而尽量避免适用绝对条款予以驳回。如果诉争商标仅是与其他在先商标（引证商标）构成《商标法》第三十条或第三十一条的近似商标，诉争商标仍有使用或注册的可能。例如，引证商标被转让至诉争商标申请人名下，或引证商标被撤销注册或宣告无效，或引证商标权利人与诉争商标申请人签订共存协议。而一旦诉争商标被认定违反了商标法第十条第一款第七项这一绝对条款，诉争商标则被禁止注册、禁止使用，无法通过与引证商标权利人进行协商或其他合法途径获得使用或注册的机会。当然，如果商标既损害社会公共利益，又损害某一特定主体的权利，也可以同时适用相对条款与绝对条款驳回注册申请，审判实践中也不乏这类案件。

编写人：北京知识产权法院 王建宏 庞学硕

49

商标所有人收购其被抢注商标不宜认定为“以其他不正当手段取得注册”情形

——科技公司诉国家知识产权局、甲电器公司注册商标无效宣告行政案

【案件基本信息】

1. 裁判书字号

北京市高级人民法院（2021）京行终3933号行政判决书

2. 案由：注册商标无效宣告行政纠纷

3. 当事人

原告（上诉人）：科技公司

被告（被上诉人）：国家知识产权局、甲电器公司

【基本案情】

诉争商标系“爱妻”商标，其申请日为2011年10月19日，原注册人为周某葆，并于2015年10月5日转让至咨询服务公司，于2018年6月6日转让至甲电器公司，于2018年12月20日转让至科技公司。诉争商标核定使用商品为第11类：厨房用抽油烟机；风扇；空气调节设备；干燥设备；润湿空气装置；空气冷却装置；空气加热器；换气扇；排气风扇；空气消毒器。

引证商标二系甲电器公司于2010年10月12日申请注册的“爱妻×××××AIQI××”，专用期限至2021年12月27日，核定使用商品为第11类：灯；电炊

具；煤气灶；热水器；电热壶；厨房用抽油烟机；消毒碗柜；饮水机；沐浴用设备；浴霸。案外人针对引证商标二以连续三年停止使用为由提起商标撤销申请和商标撤销复审申请，国家知识产权局于2020年9月18日作出《关于“爱妻×××××AIQI××”商标撤销复审决定书》，决定引证商标二在电炊具、煤气灶、热水器、电热壶商品上予以维持，在灯、厨房用抽油烟机、消毒碗柜、饮水机、沐浴用设备、浴霸商品上予以撤销。甲电器公司对该决定不服并提起诉讼，北京知识产权法院于2021年2月25日作出行政判决，认定甲电器公司于指定期间内对引证商标二在核定使用的厨房用抽油烟机商品上进行了公开、真实、有效的商业使用，但在案证据尚不足以证明本案甲电器公司于指定期间内对引证商标二在核定使用的灯、消毒碗柜、饮水机、沐浴用设备、浴霸商品上进行了商标法意义上的使用，故判决撤销《关于“爱妻×××××AIQI××”商标撤销复审决定书》并由国家知识产权局重新作出决定。

2019年9月17日，甲电器公司针对诉争商标提起无效宣告请求，国家知识产权局作出《商标评审案件答辩通知书》，并以挂号信的方式向科技公司送达。科技公司在收到答辩通知后于2020年3月12日提交了商标无效宣告答辩书，同时将其收到答辩通知书的挂号信信封提交给国家知识产权局。该信封邮戳显示，科技公司于2020年3月4日收到商标评审案件答辩通知书。同时，科技公司还在商标无效宣告答辩书中声明证据材料将于三个月内补充提交。2020年6月5日，科技公司补充提交商标无效宣告答辩，并提交了证据，国家知识产权局认为科技公司提交的上述证据均为逾期提交，未将证据送达给甲电器公司，甲电器公司亦未对上述证据发表质证意见。

2020年8月11日，国家知识产权局经审查作出《关于第10082×××号“爱妻”商标无效宣告请求裁定书》（以下简称被诉裁定）认定：一、甲电器公司未提交证据证明其与引证商标一所有人具有利害关系，故甲电器公司关于诉争商标与引证商标一构成2014年《中华人民共和国商标法》第三十条所指情形的主张不能成立。诉争商标与引证商标二构成使用在相同或类似商品上的近似商标。二、诉争商标原注册人周某葆在多个类别上还申请注册了包括“飞利×”

“好太×”等在内的300余件商标，明显超出正常使用范围，其行为已构成2014年《中华人民共和国商标法》第四十四条第一款规定的“以其他不正当手段取得注册”情形。三、诉争商标未构成2014年《中华人民共和国商标法》第三十二条所指的损害他人在先字号权之情形。裁定：诉争商标予以无效宣告。

科技公司不服被诉裁定并提起诉讼，北京知识产权法院判决驳回科技公司的诉讼请求。科技公司不服原审判决并提起上诉。

北京市高级人民法院查明：科技公司最早在1994年11月就在第11类煤气灶等商品上申请注册“爱妻”商标，至今已在包括第11类商品等多项商品或服务上申请注册了200余项“爱妻”系列商标。诉争商标的申请日为2011年10月19日，原注册人为周某葆。在诉争商标的申请过程中，科技公司曾指派专人对诉争商标提出异议，国家知识产权局初审时支持了科技公司的异议申请，但复审时未支持科技公司的申请，诉争商标遂得以注册。在诉争商标核准注册后，科技公司一方面准备对诉争商标提出无效宣告请求；另一方面亦同诉争商标当时的注册人协商诉争商标的转让事宜，后诉争商标有偿转让至科技公司。国家知识产权局与甲电器公司均认可上述事实。

科技公司曾于2019年7月起诉甲电器公司、乙电器公司侵害其商标权并构成不正当竞争，甲电器公司遂于2019年9月17日针对诉争商标提起本案无效宣告请求。广东省中山市第二人民法院于2019年11月8日作出（2019）粤2072民初10191号民事判决书，判决甲电器公司、乙电器公司立即停止生产销售含“广东·爱妻”“爱妻”“爱妻电器”“爱妻厨电”“爱妻牌”等字样的消毒柜、抽油烟机、燃气灶产品，停止在厂区、宣传、广告、网站中使用含有“爱妻”字样的标识，销毁含有“爱妻”字样的消毒柜、抽油烟机、燃气灶产品及外包装，甲电器公司立即停止生产销售标有“乙电器公司”字样的消毒柜、抽油烟机、燃气灶等电器产品。上述判决为生效判决。国家知识产权局与甲电器公司亦认可上述事实。

国家知识产权局作出的第241597号决定维持了引证商标二在电炊具、煤气灶、热水器、电热壶商品上的注册，撤销了引证商标二在灯、厨房用抽油烟机、消毒碗柜、饮水机、沐浴用设备、浴霸商品上的注册。甲电器公司对该决定不服并提起诉讼，原审法院于2021年2月25日作出（2020）京73行初15725号行政判决，认定引证商标二在厨房用抽油烟机商品上的注册亦应予维持，故判决撤销第241597号决定并由国家知识产权局重新作出决定。该案上诉后本院经审理作出（2021）京行终6312号行政判决，认定甲电器公司提交的在案证据不足以证明其在指定期间内对引证商标二在厨房用抽油烟机商品上进行了具有《中华人民共和国商标法》意义上的实际使用，国家知识产权局作出的第241597号决定并无不当，并判决撤销北京知识产权法院（2020）京73行初15725号行政判决，驳回甲电器公司的诉讼请求。

【案件焦点】

诉争商标是否构成2013年《中华人民共和国商标法》第四十四条第一款规定的“以其他不正当手段取得注册”情形。

【法院裁判要旨】

北京知识产权法院经审理认为：国家知识产权局认为科技公司逾期答辩且未将其答辩书及证据材料送达给甲电器公司质证，确属程序违法。但该程序违法导致的后果是甲电器公司未能就科技公司在行政阶段提交的证据发表质证意见，主要是未能保障甲电器公司的权利，而甲电器公司对被诉裁定作出的程序并无异议，因此对于科技公司的权利未产生实际影响。此外，即便考虑科技公司在行政阶段提交的证据，被诉裁定的实体审查结论亦无不当之处。诉争商标使用于厨房用抽油烟机等商品与引证商标二使用于厨房用抽油烟机等商品已构成2013年《中华人民共和国商标法》第三十条规定的使用在同一种或类似商品上的近似商标。诉争商标的申请注册已构成2013年《中华人民共和国商标法》第四十四条第一款规定的“以其他不正当手段取得注册”情形。目前，引证商标二仍为有效的在先注册商标，仍构成诉争商标维持有效的权利障碍。而且，无论引证商标二是否被撤销，诉争商标的申请注册仍构成2013年《中华人民共和国商标法》第四十四条第一款规定的“以其他不正当手段取得注册”情形，对本案结论不会产生影响。

北京知识产权法院判决如下：

驳回科技公司的诉讼请求。

科技公司不服一审判决，提起上诉。

北京市高级人民法院经审理认为：原审法院指出国家知识产权局行政程序违法并无不当，科技公司就有关国家知识产权局作出被诉裁定的行政程序违法并损害其合法权益的上诉主张依据不足。诉争商标未构成2013年《中华人民共和国商标法》第四十四条第一款规定的“以其他不正当手段取得注册”情形。鉴于本院在另案终审判决书中已经认定甲电器公司提交的在案证据不足以证明其在该案指定期间内对引证商标二在厨房用抽油烟机等商品上进行了具有《中华人民共和国商标法》意义上的实际使用，并已终审判决撤销北京知识产权法院（2020）京73行初15725号行政判决，驳回甲电器公司的诉讼请求，故引证商标二已不再构成诉争商标核定使用在厨房用抽油烟机商品上的有效在先注册商标。因此，国家知识产权局应当在该事实基础上重新作出审查决定。

北京市高级人民法院判决如下：

撤销原审判决和被诉裁定，国家知识产权局重新作出裁定。

【法官后语】

一、关于被诉裁定的程序违法是否实质损害科技公司的合法权益

《中华人民共和国商标法实施条例》第十条规定：“商标局或者商标评审委员会的各种文件，可以通过邮寄、直接递交、数据电文或者其他方式送达当事人；以数据电文方式送达当事人的，应当经当事人同意。当事人委托商标代理机构的，文件送达商标代理机构视为送达当事人。商标局或者商标评审委员会向当事人送达各种文件的日期，邮寄的，以当事人收到的邮戳日为准；邮戳日不清晰或者没有邮戳的，自文件发出之日起满15日视为送达当事人，但是当事人能够证明实际收到日的除外；直接递交的，以递交日为准；以数据电文方式送达的，自文件发出之日起满15日视为送达当事人，但是当事人能够证明文件进入其电子系统日期的除外。文件通过上述方式无法送达的，可以通过公告方

式送达，自公告发布之日起满30日，该文件视为送达当事人。”第五十八条规定：“商标评审委员会受理商标评审申请后应当及时将申请书副本送交对方当事人，限其自收到申请书副本之日起30日内答辩；期满未答辩的，不影响商标评审委员会的评审。”第五十九条规定：“当事人需要在提出评审申请或者答辩后补充有关证据材料的，应当在申请书或者答辩书中声明，并自提交申请书或者答辩书之日起3个月内提交；期满未提交的，视为放弃补充有关证据材料。但是，在期满后生成或者当事人有其他正当理由未能在期满前提交的证据，在期满后提交的，商标评审委员会将证据交对方当事人并质证后可以采信。”

本案中，科技公司随商标无效宣告答辩书提交的挂号信信封邮戳显示，科技公司于2020年3月4日收到国家知识产权局作出的商标评审案件答辩通知书，于2020年3月12日提交商标无效宣告答辩书，并在声明有补充材料的情况下，于2020年6月5日补充提交商标无效宣告答辩及证据。科技公司提交商标无效宣告答辩书的时间距其收到商标无效宣告答辩书的时间未超过法定30日期限，其补充提交证据材料的时间距第一次提交商标无效宣告答辩书的时间，亦未超过法定3个月期限，因此科技公司并不存在逾期答辩的情况。国家知识产权局认为科技公司逾期答辩且未将其答辩书及证据材料送达给甲电器公司质证，确属程序违法，但该程序违法导致的后果是甲电器公司未能就科技公司在行政阶段提交的证据发表质证意见，主要是未能保障甲电器公司的权利，而甲电器公司对被诉裁定作出的程序并无异议，故该程序违法对科技公司的权利未产生实际影响。因此，原审法院指出国家知识产权局行政程序违法并无不当。

二、诉争商标与引证商标二是否构成使用在相同或类似商品上的近似商标

2013年《中华人民共和国商标法》第三十条规定：“申请注册的商标，凡不符合本法有关规定或者同他人在同一种商品或者类似商品上已经注册的或者初步审定的商标相同或者近似的，由商标局驳回申请，不予公告。”类似商品是指在功能、用途、生产部门、销售渠道、消费群体等方面相同，或者相关公众一般认为其存在特定联系、容易造成混淆的商品。类似服务，是指在服务的目的、内容、方式、对象等方面相同，或者相关公众一般认为存在特定联系、

容易造成混淆的服务。商标近似是指商标文字的字形、读音、含义或者图形的构图及颜色，或者其各要素组合后的整体结构相似，或者其立体形状、颜色组合近似，易使相关公众对商品来源产生误认，或者认为其与他人在先注册商标具有特定联系。判定商标是否构成近似，应当以相关公众的一般注意力为标准，既要考虑商标标志构成要素及其整体的近似程度，也要考虑相关商标的显著性和知名度、所使用商品的关联程度，以是否容易导致混淆作为判断标准。在判断商标是否近似时，尽管可以考虑商标的知名度、相关商品或服务的关联性或类似程度等因素，但商标标志本身的近似程度是判断商标是否近似的基础因素。

本案中，鉴于另案终审判决书中已经认定甲电器公司提交的在案证据不足以证明其在该案指定期间内对引证商标二在厨房用抽油烟机等商品上进行了具有《中华人民共和国商标法》意义上的实际使用，并已终审判决撤销北京知识产权法院（2020）京73行初15725号行政判决，驳回甲电器公司的诉讼请求，故引证商标二已不再构成诉争商标核定使用在厨房用抽油烟机商品上的有效在先注册商标。因此，国家知识产权局应当在该事实基础上重新作出审查决定。

三、诉争商标是否应依据2013年《中华人民共和国商标法》第四十四条第一款有关“以其他不正当手段取得注册”的规定宣告无效

2013年《中华人民共和国商标法》第四十四条第一款规定：“已经注册的商标，违反本法第十条、第十一条、第十二条规定的，或者是以欺骗手段或者其他不正当手段取得注册的，由商标局宣告该注册商标无效；其他单位或者个人可以请求商标评审委员会宣告该注册商标无效。”该项规定在于树立公序良俗原则，维护健康的商标注册和管理秩序，营造良好的社会主义市场环境。一般认为，所谓“其他不正当手段”是指欺骗手段以外的扰乱商标注册秩序、损害公共利益、不正当占用公共资源或者牟取不正当利益的手段；“以其他不正当手段取得注册”规制的是除《中华人民共和国商标法》第十条、第十一条、第十二条及欺骗手段之外，其他以扰乱商标注册秩序、损害公共利益、不正当占用公共资源或者牟取不正当利益的手段取得商标注册的行为。商标注册原则上应当以使用为目的，超出使用需求之外囤积商标、以销售或转让为目的的注册

商标，不仅影响有正当注册需求的市场主体依法注册商标，增加其注册商标的成本，亦会对商标注册秩序产生冲击。非以使用为主要目的，没有正当理由大量注册或囤积商标，特别是具有以牟利为目的的转让或者意图转让其注册或囤积商标的情节的，通常可认定为“其他不正当手段”。如果商标注册行为仅仅损害特定民事权益，一般不属于该条款调整范围，但如果商标注册行为不仅损害特定民事权益，亦损害商标注册秩序和社会公共利益，则可以由本条款加以调整。

本案中，无论诉争商标的原注册人周某葆或咨询服务公司申请注册商标是否构成2013年《中华人民共和国商标法》第四十四条第一款规定的“其他不正当手段取得注册”情形，本院基于如下事实认定诉争商标未构成2013年《中华人民共和国商标法》第四十四条第一款规定的“以其他不正当手段取得注册”情形。第一，科技公司自1994年首次在第11类煤气灶等商品上申请注册“爱妻”商标以来，其在第11类小家电类商品上已经申请注册了数百件“爱妻”系列商标。科技公司通过对“爱妻”品牌的持续使用，其“爱妻”品牌在中国市场已经具有较高的市场知名度。第二，诉争商标在申请注册过程中，科技公司已经提出了异议申请，在其异议申请未获支持的情况下，科技公司在准备对诉争商标提出无效宣告申请的同时，通过协商有偿受让了诉争商标，即科技公司在其认为自身合法权益受到侵害后已经努力寻求了救济手段，只是在救济未获成功时出于市场理性等因素才不得不通过协商有偿受让诉争商标。第三，从科技公司自1994年在第11类煤气灶等商品上首先申请注册并使用“爱妻”商标以来，其持续使用“爱妻”品牌至今已近30年，同时结合科技公司受让诉争商标后的实际使用情况来看，其确系出于实际使用目的有偿受让诉争商标，并且诉争商标经过科技公司多年的实际使用已经具有较高的市场知名度。第四，从广东省中山市第二人民法院于2019年11月8日作出（2019）粤2072民初10191号民事判决书内容来看，甲电器公司主观上具有不当使用“爱妻”标识的故意，客观上也具有不当使用“爱妻”标识的行为，在一定程度上形成了对科技公司具有一定知名度的“爱妻”品牌的不当攀附。基于上述理由，诉争商标也不宜再依据2014年《中华人民共和国商标法》第四十四条第一款规定予以宣告无效。

编写人：北京市高级人民法院　刘晓军

50

一物多标情况下如何认定商标使用

——孙某双诉国家知识产权局商标权撤销复审决定行政案

【案件基本信息】

1. 裁判书字号

北京市高级人民法院（2021）京行终6110号民事判决书

2. 案由：商标权撤销复审决定行政纠纷

3. 当事人

原告（被上诉人）：孙某双

被告（上诉人）：国家知识产权局

第三人（上诉人）：汽车公司

【基本案情】

2011年3月10日，汽车公司申请注册了诉争商标，核定使用在第12类"方向盘罩、风挡刮水器"等商品上，2012年3月14日予以核准注册。

2019年1月21日，孙某双以诉争商标连续三年不使用为由，向国家知识产权局申请撤销诉争商标的注册。2019年8月23日，国家知识产权局作出决定，驳回孙某双的撤销申请，诉争商标予以维持。孙某双不服该决定，向国家知识产权局申请复审。

2020年11月9日，国家知识产权局作出被诉决定，对诉争商标予以维持。

孙某双不服被诉决定，向北京知识产权法院提起行政诉讼。其诉称，第一，汽车公司提交的产品及包装照片、一次性纸杯、名片照片等证据，显示汽车公司在第三方品牌的产品上粘贴了诉争商标，该行为应视为伪造证据，对其提交的其他证据应从严审查。第二，汽车公司提交的网店“××车品专营店”网页截屏，仅在宝贝详情页标注诉争商标的文字部分，不能判定为对诉争商标的使用。故请求依法撤销被诉决定，并判令被告重新作出决定。

汽车公司为证明诉争商标的使用情况，提交了以下证据：

（1）产品外观图片、出库单及纸杯、信笺、名片图片复印件或视频光盘，显示在其他商品品牌上附有诉争商标标识；

（2）汽车公司注册的“××车品专营店”旗舰店截屏，包括交易快照的产品基本信息和宝贝详情的文字部分、订单信息的买家信息等内容，其中店铺头像为诉争商标标识，“固×异 3D 汽车丝圈脚垫”商品的主图显示有“GOOD YEAR 固×异”标识，该商品宝贝详情中显示品牌名称为“×× JUST DO IT”；其他商品的图片和名称中均未显示诉争商标，仅商品宝贝详情中显示品牌名称为“×× JUST DO IT”。

庭审中，汽车公司自认其销售的商品一部分是向第三方采购，在第三方已经贴附其自有商标的基础上再贴附诉争商标。汽车公司确认除证据中显示的“固×异 3D 汽车丝圈脚垫”商品外，其余商品均为自有商品，且仅在宝贝详情中标注“×× JUST DO IT”证明诉争商标的使用。

【案件焦点】

同一商品上使用多个商标，如何判断这些商标的使用行为能否产生维持商标注册的效力。

【法院裁判要旨】

北京知识产权法院经审理认为：本案的争议焦点为诉争商标于指定期间内在核定使用的方向盘罩等商品上是否进行了真实、合法、有效的商业使用。

本案中，汽车公司提交的证据 1 均为自制证据，形成时间不明，真实性存疑，无法实现其证明目的。证据 2“××车品专营店”旗舰店截屏，交易快照截图和订单信息，内容之间不具有连续性，不能形成稳定且唯一的对应关系，据此难以认定交易快照的交易时间是否在指定期间内，亦难以认定订单信息中的商品是否附有诉争商标标识。汽车公司销售的采购自案外人的汽车零部件商品本身自带商标，同时贴附诉争商标，结合汽车公司的经营范围可以判断，相关公众见到所销售的商品必然认为该商品的提供者并非汽车公司，诉争商标的此种使用行为未起到识别商品来源的作用，标有诉争商标的上述商品的销售行为不能视为汽车公司使用诉争商标的行为。

对于汽车公司所称的自有商品，其仅在旗舰店商品宝贝详情中显示品牌“×× JUST DO IT”，该标识一方面与诉争商标存在明显差异；另一方面在不与具体商品相结合的情况下，亦难以发挥识别商品来源的作用，不能证明诉争商标的真实、有效的商业使用。

北京知识产权法院依照《中华人民共和国行政诉讼法》第七十条第一项之规定，作出如下判决：

一、撤销关于“×× JUST DO IT”商标撤销复审决定；

二、国家知识产权局就孙某双针对“×× JUST DO IT”商标提出的商标权撤销复审请求重新作出决定。

国家知识产权局和汽车公司不服一审判决，提起上诉。

北京市高级人民法院同意一审法院的裁判意见，依照《中华人民共和国行政诉讼法》第八十九条第一款第一项规定，判决如下：

驳回上诉，维持原判。

【法官后语】

我国商标保护制度采用注册原则和申请在先原则，注册商标权人对其注册商标享有专用权。为激活商标资源，清理闲置商标，维护商标注册和使用秩序，《中华人民共和国商标法》第四十九条规定了注册商标连续三年不使用予以撤销的制度。

《中华人民共和国商标法》第四十九条第二款规定，注册商标成为其核定使用的商品的通用名称或者没有正当理由连续三年不使用的，任何单位或者个人可以向商标局申请撤销该注册商标。

为避免商标因连续三年不使用被撤销，商标注册人应提交指定三年期间内商标的使用证据，用以证明商标的使用情况。商标的使用，是指将商标用于商品、商品包装或者容器以及商品交易文书上，或者将商标用于广告宣传、展览以及其他商业活动中，用于识别商品来源的行为。

商标是使用在商品或服务上的标志，商标最基本的特征是区分商品或服务的来源，具有区分性。商标区分性所指向的主体应为商标的权利人，即相关公众能够将商品或服务与诉争商标的权利人建立唯一的对应关系，相关公众见到标有诉争商标的商品或服务时能够识别该商品或服务的提供者应为诉争商标的相关权利人。实践中，商标的使用形式多种多样，常常出现在同一商品上使用多个商标的情形，判断这些商标的使用行为能否产生维持商标注册的效力，一般需考量该商标使用行为是否产生了区分商品来源的效果。

当诉争商标与其他多个商标均属于同一主体，相关公众通常情况下不会对商品的来源产生混淆，此时需考虑相关公众能否将诉争商标作为识别商品来源的标志。若相关公众仅仅将诉争商标作为广告宣传语、背景图案等，而将其他标识作为商标标识区分商品来源，则该商品不能视为诉争商标的使用情况。若诉争商标标识有“©”标识，或者以其他显著的方式表明其为该商品商标，能够与商品来源建立固定联系，相关公众看到标有诉争商标的商品能够识别相关的权利人，则可以认定为诉争商标在该商品上的使用。

当诉争商标与其他多个商标不属于同一主体，则需要结合商标使用权和禁用权综合考虑。注册商标专用权以核准注册的商标和核定使用的商品为限。商标注册人可以合法使用自己的商标，也可以排除他人使用自己的商标，在他人商标上贴附诉争商标一般应经过他人许可，否则该行为可能侵害他人商标权。通常情况下，在他人商品上贴附商标是以该商标表明为第三方商品提供相关服务的来源，若贴附商标核定使用的商品确为该相关服务内容，则此类情况下可以认定为对该商标进行了商标法意义上的使用。例如，在奢侈品商品上标注核定使用在典当、估价等服务上的商标，可以使相关公众知悉该奢侈品商品来源于该典当商或估价商；在电器外包装上标注核定使用在快递服务上的商标，可以使相关公众知悉该电器由该快递服务进行运输；在汽修店展示的知名品牌轮胎上标注核定使用在陆地机械车辆维修服务上的商标，可以使相关公众知悉该轮胎为知名品牌，而该汽修店可以提供包括该品牌在内的轮胎的维修服务。但是，在标注他人商标的商品上同时贴附诉争商标，若相关公众不易识别该商品来源于诉争商标注册人的，可以认定不构成商标使用。本案中，汽车公司销售的采购自案外人的汽车零部件商品本身自带商标，且该自带商标“固×异”在轮胎等汽车零部件商品上本身具有一定知名度，汽车公司在该汽车零部件上贴附了诉争商标，该诉争商标核定使用在方向盘罩等商品上。汽车公司的经营范围为销售汽车配件，而非制造汽车配件，因此相关公众基于对“固×异”商标较为普遍的认知，见到该汽车零部件商品时，自然会将商品自带“固×异”商标视为商品品牌，认为该商品源于案外人，汽车公司为该商品提供经销服务等，但不易识别该商品本身来源于诉争商标的注册人汽车公司。因此，本案中汽车公司虽然在汽车零部件上贴附了诉争商标，但未发挥区分商品来源作用，不能认定为诉争商标的使用。此外，该行为若认定为诉争商标的使用，极有可能影响案外人商标的使用，甚至导致相关公众对商品来源产生混淆。因此本案最终认定汽车公司提交的证据均不能证明其于指定期间在核定商品上对诉争商标进行了真实、合法、有效的商业使用。

编写人：北京知识产权法院　范米多　杜文婷

ISBN 978-7-5216-3284-2

图书在版编目（CIP）数据

中国法院2023年度案例．知识产权纠纷／国家法官学院，最高人民法院司法案例研究院编．—北京：中国法制出版社，2023.5

ISBN 978-7-5216-3284-2

Ⅰ.①中… Ⅱ.①国… ②最… Ⅲ.①知识产权-民事纠纷-案例-汇编-中国 Ⅳ.①D920.5

中国国家版本馆CIP数据核字（2023）第026378号

策划编辑：李小草　韩璐玮（hanluwei666@163.com）
责任编辑：韩璐玮　　封面设计：李宁

中国法院2023年度案例．知识产权纠纷

ZHONGGUO FAYUAN 2023 NIANDU ANLI. ZHISHI CHANQUAN JIUFEN

编者/国家法官学院，最高人民法院司法案例研究院
经销/新华书店
印刷/三河市紫恒印装有限公司
开本/730毫米×1030毫米　16开　　印张/17　字数/209千
版次/2023年5月第1版　　2023年5月第1次印刷

中国法制出版社出版
书号ISBN 978-7-5216-3284-2　　定价：69.00元

北京市西城区西便门西里甲16号西便门办公区
邮政编码：100053　　传真：010-63141600
网址：http：//www.zgfzs.com　　**编辑部电话：010-63141790**
市场营销部电话：010-63141612　　**印务部电话：010-63141606**

（如有印装质量问题，请与本社印务部联系。）